EL HOMBRE Y
SUS SIMBOLOS

Cart Jung

EL HOMBRE Y SUS SIMBOLOS

M.L. Von Franz
Joseph L. Henderon
Jolande Jacobi
Aniela Jaffé

Cuarta edición: diciembre 1984
RESERVADOS TODOS LOS DERECHOS
Título original: Man and his Symbols
Traducción: Luis Escolar Bareño
Cubierta: Ubach
ISBN: 84-217-4208-6
© Carl Jung
© Luis de Caralt Editor, S.A., Paeo García, 96, Barcelona, 1976
  para publicación en lengua española.

Impreso en España - printed in Spain
Depósito legal: B.36.518-1984
Impreso por TENESA, c/Feixa llarga, 19, L´Hospitalet de
Llobregat (Barcelona)

Introducción

JOHN FREEMAN

Los orígenes de este libro son lo bastante inusitados para que sean de interés y mantienen relación directa con su contenido y con la labor que expone, por lo cual, permítaseme contar cómo se empezó a escribir.

Cierto día de la primavera de 1959, la British Broadcasting Corporation me invitó a que entrevistara, en la televisión inglesa, al doctor Carl Gustav Jung. La entrevista tenía que hacerse "a fondo". Por entonces yo sabía muy poco acerca de Jung y su obra e inmediatamente fui a conocerle a su hermosa residencia a orillas del lago de Zurich. Eso fue el comienzo de una amistad que significó mucho para mi y, confío, fuera agradable para Jung en los últimos años de su vida. La entrevista para la televisión no tiene más espacio en este relato, salvo que se la consideró de buen éxito y que este libro, por una casual combinación de circunstancias, es el resultado final de aquel acontecimiento.

Uno de los que vieron a Jung en la pantalla del televisor fue Wolfang Foges, gerente de la editorial Aldus Books. Foges se había interesado vivamente, desde su infancia, por el desarrollo de la psicología moderna, cuando vivía cerca de los Freud en Viena. Y mientras observaba a Jung hablando de su vida, su obra y sus ideas, Foges reflexionó qué lástima era que, mientras el esquema general de la obra de Freud era conocido de sobra por los lectores cultos en todo el mundo occidental, Jung jamás había conseguido abrirse paso hacia el público general y siempre se le consideró demasiado difícil para el lector popular.

De hecho, Foges es el creador de *El hombre y sus símbolos*. Al saber por la TV que existía una cálida amistad entre Jung y yo, me preguntó si querría unirme sus intentos de persuadir a Jung para que expusiera sus ideas más importantes y básicas en un lenguaje y una amplitud que resultaran inteligibles e interesantes para los lectores adultos pero no especializados. Acepté inmediatamente la idea y partí de nuevo para Zurich, seguro de que podría convencer a Jung del valor y la importancia de semejante labor. Jung me escuchó en su jardín durante dos horas casi sin interrupción y después dijo no. Lo dijo de la forma más amable posible, pero con gran firmeza; nunca había intentado popularizar su obra y no estaba seguro de que pudiera hacerlo ahora con buen éxito; en todo caso, ya era viejo, se sentía un tanto cansado y poco inclinado a aceptar un compromiso tan largo acerca del cual tenía tantas dudas,

Todos los amigos de Jung estarán de acuerdo conmigo en que era un hombre de lo más absoluto en sus decisiones. Sopesaba un problema con cuidado y sin prisa; pero cuando daba su respuesta, comúnmente era definitiva. Regresé a Londres muy desilusionado pero convencido de que la negativa de Jung era el final de la cuestión. Así hubiera sido a no ser por la intervención de dos factores que yo no había podido prever.

Uno de ellos fue la pertinacia de Foges, el cual insistió en que volviera a dirigirme a Jung antes de aceptar la derrota. El otro fue un suceso que, cuando vuelvo a recordarlo, aun me sigue asombrando.

Como dije, el programa de televisión se consideró de muy buen éxito. Hizo que le llegaran a Jung muchísimas cartas de toda clase de gente, muchas de ellas personas comunes sin conocimientos médicos ni psicológicos, que se habían sentido cautivadas por la presencia, el humor y la encantadora modestia de este verdadero gran hombre, el cual había entrevisto en su idea de la vida y de la persona humana algo que podría serles útil. Y Jung quedó muy complacido, no sólo por recibir las cartas (el volumen de su correo era siempre enorme) sino por recibirlas de gentes que, normalmente, no hubieran tenido contacto con él.

Fue entonces cuando tuvo un sueño de la mayor importancia para él (y al leer este libro, se comprenderá lo importante que fue). Soñó que, en vez de estar sentado en su despacho y hablando a los grandes doctores y psiquiatras que solían acudir de todo el mundo a verle, estaba sentado en una plaza pública y dirigiéndose a una multitud de gente que le escuchaba con embebida atención y *entendiendo lo que decía...*

Cuando una o dos semanas después Foges renovó su ruego Jung se dejó persuadir. Puso dos condiciones. Primera, que el libro no fuera de uno solo, sino el esfuerzo colectivo de él mismo y de un grupo de sus más íntimos colaboradores, por medio de los cuales había intentado perpetuar sus métodos y enseñanzas. Segunda, que se me encargara a mi la tarea de coordinar la obra y de resolver todos los problemas que pudieran surgir entre los autores y los editores.

Para que no parezca que esta introducción rebasa los límites de una modestia adecuada, me apresuraré a decir que me halagó esa segunda condición, aunque comedidamente. Porque muy pronto me enteré de que la razón por la cual me escogió Jung fue, esencialmente, que me consideraba de inteligencia adecuada, pero no excepcional, y sin el menor conocimiento serio de psicología. Así es que, para Jung, yo era el "lector medio" de este libro; lo que yo pudiera entender sería inteligible para todo el que tuviera interés; donde yo me atascara, quizá fuera demasiado difícil y oscuro para algunos. Aunque no me sentía indebidamente halagado con esta apreciación de mi papel, no por eso dejé de insistir escrupulosamente (temo que, a veces, para exasperación de los autores), para que todos los párrafos estuvieran escritos y, si era necesario, vueltos a escribir con una claridad y una brevedad que me permitieran decir con confianza que este libro, en sus totalidad, está destinado y dirigido al lector general y que los temas complejos en que versa están tratados con un sencillez poco frecuente y alentadora.

Después de mucha discusión, se acordó que el tema general del libro sería el hombre y sus símbolos; y el propio Jung escogió sus colaboradores en la obra: la doctora Marie-Louise von Franz, de Zurich, quizá su más íntima confidente profesional y amiga; el doctor Joseph L. Henderson, de San Francisco, uno de los más eminentes leales seguidores norteamericanos de Jung; la señora Aniela Jarffé, de Zurich, quien, además de ser una experimentada analista, era secretaria privada de Jung y su biógrafa; y la doctora Jolande Jacobi que, después del propio Jung, es la autoridad de mayor experiencia del círculo de Jung en Zurich. Estas cuatro personas fueron elegidas en parte, por su destreza y experiencia en los temas particulares que se les asignaron y, en parte, porque todas ellas tenían la plena confianza de Jung de que trabajarían desinteresadamente, bajo su instrucciones, como miembros de un equipo. El cometido personal de Jung era planear la estructura total del libro, supervisar y dirigir la obra de sus colaboradores y escribir, por su parte, el capítulo clave "Acercamiento al inconsciente".

El último año de su vida lo dedicó casi totalmente a este libro; y cuando murió, en junio de 1961, su sección estaba completa (de hecho, la terminó sólo unos diez días antes de su enfermedad final) y había aprobado todos los borradores de los capítulos de su colegas. Después de su muerte, la doctora Von Franz asumió toda la responsabilidad para la conclusión del libro, de acuerdo con la instrucciones expresas de Jung. Por lo tanto, el tema de *El hombre sus símbolos* y su bosquejo fueron determinados hasta en su detalles por Jung. El capítulo que lleva su nombre es obra suya (aparte de algunas leves ampliaciones editoriales para mejorar la comprensión del lector general) de nadie más. Fortuitamente, fue escrito en inglés. Los demás capítulos fueron escritos por los otros autores según las instrucciones de Jung y bajo su supervisión. La labor final de la edición de la obra completa, después de la muerte de Jung, la realizó la doctora Von Franz con una paciencia, comprensión y buen humor que nos dejaron a los editores y a mí mismo muy agradecidos.

Por último, respecto al contenido del libro; el pensamiento de Jung transformó el mundo de la psicología moderna más de lo que puedan comprender muchos de los que sólo tienen conocimientos someros. Términos tan conocidos como, por ejemplo, "extravertido", "introvertido" y "arquetipo" son conceptos junguianos, tomados y, a veces, mal usados por otros. Pero su abrumadora contribución la comprensión psicológica es su concepto del inconsciente; no (corno el "subconsciente" de Freud) un mero tipo de desván para los deseos reprimidos, sino un mundo que es precisamente una parte tan vital y tan real de la vida de un individuo como la conciencia, el mundo "cogitativo" del ego, e infinitamente más rico. El lenguaje y la "gente" del inconsciente son símbolos, y los medios comunicación son los sueños.

Por lo cual, el exámen del hombre y de sus símbolos es, de hecho, el exámen do la relación del hombre con su propio inconsciente. Y como, según las ideas de Jung, el inconsciente es el gran guía, amigo y consejero de lo consciente, este libro se refiere en los términos más directos al estudio de los seres humanos y sus problemas espirituales. Conocemos el inconsciente y comunicamos con él (un servicio de doble camino) principalmente por medio de los sueños; y a lo largo de este libro (sobre todo en el capítulo del propio Jung) se encontrará una notable insistencia en la importancia del soñar en la vida de la persona.

Sería una impertinencia de mi parte el intento de interpretar a los lectores la obra de Jung, pues muchos de ellos, con seguridad, tendrán mayor capacidad para comprenderla que yo mismo. Recuérdese que mi papel era meramente el de servir de "filtro de inteligibilidad", pero en modo alguno de intérprete. No obstante, me atrevo a ofrecer dos puntos generales que, como profano en la materia, me parecen importantes y que pudieran ayudar a otros indoctos. El primero es acerca de los sueños. Para los junguianos el sueño no es una especie de criptograma típico que puede descifrarse mediante un glosario de significados simbólicos. Es una expresión integral, importante y personal del inconsciente individual. Y es, precisamente, tan "real" como cualquier otro fenómeno concerniente al individuo. El inconsciente individual del soñante está en comunicación con el soñante sólo para ese fin y está seleccionando símbolos que tengan significado para el soñante y para nadie más. Por tanto, la interpretación de lo sueños, ya sea por el analista o por el propio sonante, es para los psicólogos junguianos un asunto totalmente personal e individual (y, a veces, también experimental y muy largo) que en modo alguno, puede confiarse a normas empíricas.

Lo contrario de esto es que las comunicaciones del inconsciente son de la mayor importancia para el soñante es natural que así sea, ya que el inconsciente es, por lo menos, la mitad de su ser y con frecuencia le ofrece consejo o guía que no podría obtener de ningún otro origen. Así es que, cuando describí el sueño que tuvo Jung referente a que hablaba a una multitud, no estaba describiendo un cuadro de magia o sugiriendo que Jung fue '"aconsejado" por su propio inconsciente que recapacitara sobre un juicio inadecuado hecho por la parte consciente de su mente.

Ahora bien: de aquí se deduce que el soñar no es una cuestión que los junguianos consecuentes puedan considerar tan sencilla como una cuestión casual. Contrariamente, la capacidad para establecer comunicación con el inconsciente es una parte de la totalidad del hombre, y los junguianos "enseñan" (no se me ocurre un término mejor) a ser receptivo para los sueños. Por tanto, cuando el propio Jung se halló frente a la decisión crítica de si escribir este libro o no escribirlo, pudo acudir al doble recurso de su consciente y su inconsciente para decidirse. Y en todo este libro se encontrará que al sueño se le traía como una comunicación que utiliza símbolos comunes a toda la humanidad, pero que los utiliza en todas las ocasiones de una forma completamente individual que solo puede ser interpretada con una "clave" por entero individual.

El segundo punto que deseo señalar se refiere a una característica particular del método argumentativo que es común a todos los escritores de este libro y, quizá, de todos los junguianos. Quienes se han limitado a vivir totalmente en el mundo de lo consciente y rechazan la comunicación con el inconsciente, se atan por las leyes de la vida consciente y convencional. Con la lógica infalible (pero frecuentemente sin sentido) de la ecuación algebraica, razonan con premisas supuestas para deducir conclusiones incontestables. Me parece que Jung y sus colegas, se- den o no cuenta de ello, rechazan las limitaciones de ese método de argumentación. No es que desdeñen la lógica sino que, en todo momento, parecen estar argumentando para el inconsciente y el consciente. Su método dialéctico es simbólico y, con frecuencia, indirecto. Convencen no por medio de la luz minuciosamente enfocada del silogismo, sino bordeando, repitiendo, presentando una visión reiterada del mismo tema visto, cada vez, desde un ángulo ligeramente distinto, hasta que, de repente, el lector, que en ningún momento se dio cuenta de que hubiera ninguna demostración conclusiva, halla que se ha apoderado, e incorporado dentro de sí, de alguna verdad más amplia.

Los argumentos de Jung (y los de sus colegas) se elevan en espiral sobre su lema como un pájaro volando en torno a un árbol. Al principio, cerca del suelo, sólo ve una confusión de hojas y de ramas. Paulatinamente, según va ascendiendo más y más en sus vueltas, los reiterados aspectos del árbol forman un todo y están en relación con sus contornos. Algunos lectores pueden encontrar este método de argumentación "en espiral'" un tanto oscuro y hasta confuso en unas pocas páginas, pero no creo que más. Es característico del método de Jung, y el lector bien pronto se verá arrastrado por él a un viaje persuasivo y absorbente.

Las diferentes secciones de este libro hablan por si mismas; apenas necesitan introducción mía. El capítulo de Jung introduce al lector en el inconsciente, en los arquetipos y símbolos que forman su lenguaje, y en los sueños por los cuales se comunica. En el capítulo siguiente, el doctor Henderson explica la aparición de diversos arquetipos en la mitología antigua, la leyenda popular y el ritual primitivo. En el capítulo titulado "el proceso de individuación" la doctora Von Franz describe el proceso p r el cual el consciente y el inconsciente, dentro de un individuo, aprenden a conocerse, respetarse y acomodarse reciprocamente. En cierto sentido, este capítulo no sólo contiene el quid de todo el libro, sino, quizá, la filosofía de Jung acerca de la vida: el hombre se totaliza, integra, calma, se hace fértil y feliz cuando (y sólo entonces) se completa el proceso de individuación, cuando el consciente y el inconsciente han aprendido a vivir en paz y a complementarse recíprocamente. La señora Jaffé al igual que el doctor Henderson, se ocupa en demostrar el reiterado

interés del hombre casi una obsesión- por los símbolos del inconsciente. Tienen para él una última atracción profundamente significativa, casi nutricia y fortalecedora, ya se produzcan en los mitos y
cuentos de hadas que analiza el doctor Henderson o en las artes plás-
ticas que, como demuestra la señora Jaffé, nos satisfacen y deleitan
la incitación continua al inconsciente.

Finalmente, debo decir unas palabras acerca del capítulo de la
doctora Jacobi que, en cierto modo, se separa del resto del libro. En
realidad, es el resumen de la historia clínica de un análisis interesan-
sante y positivo, es evidente el valor de un capítulo semejante en un
libro como éste; sin embargo, son necesarias dos palabras de advertencia, primero, como señala la doctora Von Franz, no hay lo que podría llamarse análisis típico junguiano. No puede haberlo porque
cada sueño es una comunicación individual y privada y no hay dos
sueños que utilicen los símbolos del inconsciente de la misma manera. Por lo cual, cada análisis junguiano es único; y es erróneo tomar
éste, sacado del archivo clínico de la doctora Jacobi (o cualquier otro
de los que haya), como "representativo" o "típico". Todo lo que se
puede decir del caso de Henry y sus sueños, a veces sombríos, es
que forman un ejemplo auténtico do la forma en que el método junguiano puede aplicarse a un caso particular. Segundo, la historia
completa, aun de un caso relativamente sencillo, requeriría un libro
entero para contarla. Inevitablemente, la historia del análisis de
Henry se perjudica un poco al resumirse. Las referencias, por ejemplo al *I Ching*, quedan un tanto oscuras y le dan un sabor artificioso
(y para mí insatisfactorio) de ocultismo al ser presentadas fuera de su
contexto. No obstante, llegamos a la conclusión y estoy seguro de
que el lector estará de acuerdo- de que, con las advertencias hechas,
la claridad, por no mencionar el interés humano, del análisis de
Henry enriquece mucho este libro.

Comencé describiendo como Jung llegó a escribir *El hombre y
sus símbolos*. Concluyo recordando al lector la notabilidad quizá
única- de esta publicación. Carl Gustav Jung fue uno de los grandes
doctores de todos los tiempos y uno de los grandes pensadores de
este siglo. Su finalidad fue siempre ayudar a los hombres y a las mu-

jeres a conocerse a si mismos, de tal modo que, conociéndose y utilizándose sensatamente, pudieran llevar una vida plena, fértil y feliz. En el mismo final de su vida que fue tan plena, fértil y feliz como jamás he conocido otra, decidió utilizar la fuerza que le quedaba para dirigir su mensaje a un público más amplio que el intentado alcanzar hasta entonces. Terminó su tarea y su vida en el mismo mes. Este libro es un legado al amplio público lector.

1

Acercamiento al inconsciente
CARL G. JUNG

La importancia de los sueños

El hombre emplea la palabra hablada o escrita para expresar el significado de lo que desea transmitir. Su lenguaje está lleno de símbolos, pero también emplea con frecuencia signos o imágenes que no son estrictamente descriptivos. Algunos son meras abreviaciones o hilera de iniciales como ONU, UNICEF o UNESCO; Otros son conocidas marcas de fábrica, nombres de medicamentos patentados, emblemas o insignias. Aunque éstos carecen de significado en sí mismos, adquirieron un significado reconocible mediante el uso común o una intención deliberada. Tales cosas no son símbolos. Son signos y no hacen más que denotar los objetos a los que están vinculados.

Lo que llamamos símbolo es un término, un nombre o aún una pintura que puede ser conocido en la vida diaria aunque posea connotaciones específicas además de su significado corriente y obvio. Representa algo vago, desconocido u oculto para nosotros. Muchos monumentos cretenses, por ejemplo, están marcados con el dibujo de la azuela doble. Este es un objeto que conocemos, pero desconocemos sus proyecciones simbólicas. Como otro ejemplo, tenemos el caso del indio que, después de una visita a Inglaterra, contó a sus amigos, al regresar a la patria, que los ingleses adoraban animales porque había encontrado águilas, leones y toros. No se daba cuenta (ni se la dan muchos cristianos), que esos animales son símbolos de los evangelistas, y se derivan de la visión de Ezequiel, y que eso, a su vez, tiene cierta analogía con el dios egipcio Horus y sus cuatro hijos. Además, hay objetos, tales como la rueda y la cruz, que son conocidos en todo el mundo y que tienen cierto significado simbólico bajo ciertas condiciones. Precisamente lo que simbolizan sigue siendo asunto de especulaciones de controversia.

Así es que una palabra o una imagen es simbólica cuando representa algo más que su significado inmediato y obvio. Tiene un aspecto "inconsciente" más amplio que nunca está definido con precisión o completamente explicado. Ni se puede esperar definirlo o explicarlo. Cuando la mente explora el símbolo, se ve llevada a ideas que yacen más allá del alcance de la razón. La rueda puede conducir nuestros pensamientos hacia el concepto de un sol "divino", pero en ese punto, la razón tiene que admitir su incompetencia: el hombre es incapaz de definir un ser "divino". Cuando, con todas nuestras limitaciones intelectuales, llamamos "divino" a algo, le hemos dado meramente un nombre que puede basarse en un credo, pero jamás en una prueba real.

Como hay innumerables cosas más allá del alcance del entendimiento humano, usamos constantemente términos simbólicos para representar conceptos que no podemos definir o comprender del todo. Esta es una de las razones por las cuales todas las religiones emplean lenguaje simbólico o imágenes. Pero esta utilización consciente de los símbolos es sólo un aspecto de un hecho psicológico de gran importancia: el hombre también produce símbolos inconsciente y espontáneamente en forma de sueños.

No es fácil captar este punto. Pero hay que captarlo si queremos saber más acerca de las formas en que trabaja la mente humana. El hombre, como nos damos cuenta si reflexionamos un momento, jamás percibe cosa alguna por entero o la comprende completamente. Puede ver, oír, tocar y gustar; pero hasta dónde ve, cuánto oye, qué le dice el tacto, y qué saborea, dependen del número y calidad de sus sentidos. Estos limitan su percepción del mundo que le rodea. Utilizando instrumentos científicos, puede compensar parcialmente las deficiencias de sus sentidos. Por ejemplo, puede ampliar el alcance de su vista con prismáticos o el de su oído mediante amplificación eléctrica. Pero los más complicados aparatos no pueden hacer más que poner al alcance de sus ojos los objetos distantes o pequeños o hacer audibles los sonidos débiles. No importa qué instrumentos use, en determinado punto alcanza el límite de certeza más allá del cual no puede pasar el conocimiento consciente.

Además, hay aspectos inconscientes de nuestra percepción de la realidad. El primero es el hecho que, aún cuando nuestros sentidos reaccionan ante fenómenos reales, visuales y sonoros, son trasladados en cierto modo desde el reino de la realidad al de la mente. Dentro de la mente, se convierten en sucesos psíquicos cuya naturaleza última no puede conocerse (porque la psique no puede conocer su propia sustancia psíquica). Por tanto, cada experiencia contiene un número ilimitado de factores desconocidos, por no mencionar el hecho de que cada objeto concreto es siempre desconocido en ciertos respectos, porque no podemos conocer la naturaleza última de la propia materia.

Después hay ciertos sucesos de los que no nos hemos dado cuenta conscientemente, han permanecido, por así decir, bajo el umbral de la consciencia. Han ocurrido, pero han sido absorbidos subliminalmente, sin nuestro conocimiento consciente. Podemos darnos cuenta de tales sucesos sólo en un momento de intuición, o mediante un proceso de pensamiento profundo que conduce a una posterior comprensión de que tienen que haber ocurrido; y aunque primeramente podamos haber desdeñado su importancia emotiva y vital, posteriormente surgen del inconsciente como una especie de reflexión tardía.

Podría aparecer, por ejemplo, en forma de sueño. Por regla general, el especto inconsciente de cualquier suceso se nos revela en sueños, donde aparece no como un pensamiento racional, sino como una imagen simbólica. Como cuestión histórica, fue el estudio de los sueños lo que primeramente facilitó a los psicólogos investigar el aspecto inconsciente de los sucesos de la psique consciente.

Basándose en esa prueba, los psicólogos supusieron la existencia de una psique inconsciente, aunque muchos científicos y filósofos niegan su existencia. Razonan ingenuamente que tal suposición implica la existencia de dos "sujetos" o (expresándolo en frase común), dos personalidades dentro del mismo individuo. Pero es precisamente lo que representa con toda exactitud. Y una de las maldiciones del hombre moderno es que mucha gente sufre a causa de esa personalidad dividida. En modo alguno es un síntoma patológico; es un hecho normal que puede ser observado en todo tiempo y en cualquier lugar. No es simplemente el neurótico cuya mano derecha ignora lo que hace la mano izquierda. Ese conflicto es un síntoma de una inconsciencia general que es innegable herencia común de toda la humanidad.

El hombre fue desarrollando la consciencia lenta y laboriosamente, en un proceso que necesitó incontables eras para alcanzar el estado civilizado (que, arbitrariamente, se fecha con la invención de la escritura, hacia el 4000 a. C). Y esa evolución está muy lejos de hallarse completa, pues aún hay grandes zonas de la mente humana sumidas en las tinieblas. Lo que llamamos la "psique" no es, en modo alguno, idéntica a nuestra consciencia y su contenido.

Quienquiera que niegue la existencia del inconsciente supone, de hecho, que nuestro conocimiento actual de la psique es completo. Y esta creencia es, claramente, tan falsa como la suposición de que sabemos todo lo que hay que saber acerca del universo. Nuestra psique es parte de la naturaleza y su enigma es ilimitado. Por tanto, no podemos definir ni la psique ni la naturaleza. Sólo podemos afirmar qué creemos que son y describir, lo mejor que podamos, cómo funcionan. Por lo cual, completamente aparte de las pruebas acumuladas por la investigación médica, hay firmes bases lógicas para rechazar afirmaciones como "No hay inconsciente". Quienes dicen tales cosas no hacen más que expresar un anticuado "misoneísmo": miedo a lo nuevo y desconocido.

Hay razones históricas para esa resistencia a la idea de una parte desconocida de la psique humana. La consciencia es una adquisición muy reciente de la naturaleza y aún está en período "experimental". Es frágil, amenazada por peligros específicos, y fácilmente dañada. Como han señalado los antropólogos, uno de los desórdenes más comunes producidos entre los pueblos primitivos es el que llaman "la pérdida de un alma", que significa, como la denominación indica, una rotura perceptible (o, más técnicamente, una disociación) de la consciencia. Entre tales pueblos, cuya consciencia está en un nivel de desarrollo distinto al nuestro, el "alma" (o psique) no se considera unitaria. Muchos primitivos suponen que el hombre tiene un "alma selvática", además de la suya propia, y que esa alma selvática está encarnada en un animal salvaje o en un árbol, con el cual el individuo humano tiene cierta clase de identidad psíquica. Esto es lo que el eminente etnólogo francés Lucien Lévy-Bruhl llamó "una participación mística". Posteriormente, retiró ese término por presiones de las críticas adversas, pero creo que sus críticos estaban equivocados. Es un hecho psicológico muy conocido que un individuo puede tener tal identidad inconsciente con alguna otra persona o con un objeto.

Sin duda alguna, aún en lo que llamamos un elevado nivel de civilización, la consciencia humana todavía no ha conseguido un grado conveniente de continuidad. Aún es vulnerable y susceptible de fragmentación. Esta capacidad de aislar parte de nuestra mente es una característica valiosa. Nos permite concentrarnos sobre una cosa en un momento determinado, excluyendo todo lo demás que pueda reclamar nuestra atención. Pero hay un mundo de diferencia entre una decisión consciente de separar y suprimir temporalmente una parte de nuestra psique y una situación en la que esto ocurra espontáneamente sin nuestro conocimiento o consentimiento, y aún contra nuestra intención. Lo primero es una hazaña civilizada, lo último una primitiva "pérdida de un alma" o, aún, la causa patológica de una neurosis.

De este modo, incluso en nuestros días, la unidad de consciencia es todavía un asunto dudoso; puede romperse con demasiada facilidad. La capacidad de dominar nuestras emociones, que puede parecernos muy deseable, sería una consecución discutible desde otro punto de vista, porque privaría a las relaciones sociales de variedad, color y calor.

Es ante este fondo donde tenemos que revisar la importancia de los sueños, esas fantasías endebles, evasivas e inciertas. Para explicar mi punto de vista, desearía describir cómo se desarrolló durante un período de años y cómo fue llevado a concluir que los sueños son la fuente más frecuente y universalmente accesible para la investigación de la facultad simbolizadora del hombre.

Sigmund Freud fue el precursor que primero intentó explorar empíricamente el fondo inconsciente de la inconsciencia. Trabajó con la presuposición general de que los sueños no son algo casual, sino que están asociados con pensamientos y problemas conscientes. Esta presuposición, por lo menos, no era arbitraria. Se basaba en la conclusión de eminentes neurólogos (por ejemplo Pierre Janet), de que los síntomas neuróticos se relacionan con cierta experiencia consciente. Hasta parecen ser zonas escindidas de la mente consciente que, en otra ocasión y bajo circunstancias distintas, pueden ser conscientes.

Antes del comienzo de este siglo, Freud y Josef Breuer habían reconocido que los síntomas neuróticos – histeria, ciertos tipos de dolor, y la conducta anormal -, tienen, de hecho, pleno significado simbólico. Son un medio por el cual se expresa el inconsciente, al igual que hace por medio de los sueños que, del mismo modo, son simbólicos. Un paciente, por ejemplo, que se enfrenta con una situación intolerable, puede provocar un espasmo siempre que trate de tragar: "No puede tragarlo". En situaciones análogas de tensión psíquica, otro paciente tiene un ataque de asma: "No puede respirar el aire de casa". Un tercero sufre una peculiar parálisis de las piernas: no puede andar, es decir, "ya no puede andar más". Un cuarto, que vomita cuando come, "no puede digerir" cierto hecho desagradable. Podría citar muchos ejemplos de esta clase, pero tales reacciones físicas son sólo una forma en la que los problemas que nos inquietan pueden expresarse inconscientemente. Con mayor frecuencia, encuentran expresión en nuestros sueños.

Todo psicólogo que haya escuchado a numerosas personas contar sus sueños, sabe que los símbolos del sueño tienen mucha mayor variedad que los síntomas físicos de la neurosis. Muchas veces consisten en fantasías elaboradas y pintorescas. Pero si el analista que se enfrenta con ese material onírico emplea la técnica primitiva de Freud de "asociación libre", encuentra que los sueños pueden reducirse, en definitiva, a ciertos tipos básicos. Esta técnica desempeñó un papel importante en el desarrollo del psicoanálisis, porque permitió a Freud utilizar los sueños como punto de partida desde el cual podía explorarse el problema inconsciente del paciente.

Freud hizo la sencilla pero penetrante observación de que si se alienta al soñante a seguir hablando acerca de las imágenes de su sueño y los pensamientos que ellas suscitan en su mente, se traicionará y revelará el fondo inconsciente de sus dolencias, tanto en lo que dice como en lo que omite deliberadamente. Sus ideas pueden parecer irracionales y disparatadas, pero poco después es relativamente fácil ver qué es lo que está tratando de evitar, qué pensamiento o experiencia desagradable está suprimiendo. No importa cómo trate de enmascararlo, cuanto diga apunta hacia el meollo de su malestar. Un médico ve tantas cosas desde el lado desagradable de la vida que, con frecuencia, se halla lejos de la verdad cuando interpreta las insinuaciones hechas por su paciente como signos de una conciencia turbada. Por desgracia, lo que casualmente descubre confirma sus suposiciones. Hasta aquí, nadie puede decir nada contra la teoría de Freud de la represión y satisfacción de deseos como causas aparentes del simbolismo de los sueños.

Freud concedió particular importancia a los sueños como punto de partida de un proceso de "asociación libre". Pero algún tiempo después, comencé a pensar que eso era utilización errónea e inadecuada de las ricas fantasías que el inconsciente produce durante el sueño. En realidad, mis dudas comenzaron cuando un colega me habló de una experiencia tenida durante un largo viaje en tren por Rusia. Aunque no sabía el idioma y, por tanto, no podía descifrar la escritura cirílica, se encontró meditando acerca de las extrañas letras en que estaban escritos los avisos del ferrocarril, y se sumió en una divagación en la que imaginó toda clase de significados para ellos.

Una idea le condujo a otra y en su vagar mental halló que su "asociación libre" había removido muchos viejos recuerdos. Entre ellos, le molestó encontrar algunos desagradables y hacía mucho tiempo enterrados, cosas que había deseado olvidar y había olvidado conscientemente. De hecho, había llegado a lo que los psicólogos llamarían sus complejos, es decir, temas emotivos reprimidos que pueden producir constante perturbación psíquica o incluso, en muchos casos, los síntomas de una neurosis.

Este episodio me abrió los ojos al hecho de que no era necesario utilizar un sueño como punto de partida para el proceso de "asociación libre", si se desea descubrir los complejos de un paciente. Me mostraba que se puede alcanzar el centro directamente desde cualquier punto de la brújula. Se puede comenzar desde las letras cirílicas, desde las meditaciones sobre una bola de cristal, un molino de oraciones, o aún desde una conversación casual acerca de algún suceso trivial. El sueño no era ni más ni menos útil a este respecto que cualquier otro posible punto de partida. Sin embargo, los sueños tienen un significado particular aún cuando, a menudo, proceden de un trastorno emotivo en el que los complejos habituales también están envueltos. (Los complejos habituales son los puntos delicados de la psique que reaccionan rápidamente a un estímulo externo o alteración). Por eso la asociación libre puede conducir desde cualquier sueño a críticos pensamientos secretos.

No obstante, en este punto se me ocurrió que (si hasta ahí estaba en lo cierto), podría deducirse legítimamente que los sueños tienen por sí mismos cierta función especial y más importante. Con mucha frecuencia, los sueños tienen una estructura definida, de evidente propósito, que indica una idea o intención subyacente, aunque, por regla general, lo último no es inmediatamente comprensible. Por tanto, comencé a considerar si se debe conceder más atención a la forma efectiva y contenido de un sueño que a permitir a la asociación "libre" que conduzca por medio de un encadenamiento de ideas a complejos que podrían alcanzarse con la misma facilidad por otros medios.

Este nuevo pensamiento fue un cambio de dirección en el desarrollo de mi psicología. Significó que paulatinamente renuncié a las demás asociaciones que alejaban del texto de un sueño. Preferí concentrarme más bien en las asociaciones del propio sueño, en la creencia que lo último expresaba algo específico que el inconsciente trataba de decir.

El cambio de mi actitud hacia los sueños acarreaba un cambio de método; la nueva técnica era tal que podría tener en cuenta los diversos y más amplios aspectos de un sueño. Una historia contada por la mente consciente tiene un principio, un desarrollo y un final, pero no sucede lo mismo en un sueño. Sus dimensiones de tiempo y espacio son totalmente distintas; para entenderlo hay que examinarlo en todos los aspectos, al igual que se puede coger en las manos un objeto desconocido y darle vueltas y más vueltas hasta que se conocen todos los detalles de su forma.

Quizá ya haya dicho lo suficiente para mostrar cómo se fue acrecentando mi desacuerdo con la asociación "libre", tal como la empleó Freud al principio: yo deseaba mantenerme lo más cerca posible del sueño mismo, y excluir todas las ideas que no hicieran al caso, y las asociaciones que pudiera evocar. En verdad, eso podía conducir hacia los complejos de un paciente, pero yo tenía en mi pensamiento una finalidad de mayor alcance que el descubrimiento de los complejos productores de alteraciones neuróticas. Hay otros muchos medios con los cuales pueden ser identificados: los psicólogos, por ejemplo, pueden captar todas las alusiones que necesiten utilizando los tests de asociación de palabra (preguntando al paciente qué asocia a una serie dada de palabras y estudiando luego las respuestas). Pero para conocer y comprender el proceso vital psíquico de toda la personalidad de un individuo es importante darse cuenta que sus sueños y sus imágenes simbólicas tienen un papel mucho más importante que desempeñar.

Casi todo el mundo sabe, por ejemplo, que hay una inmensa variedad de imágenes con las que se puede simbolizar el acto sexual (o, podríamos decir, representarse en forma de alegoría). Cada una de estas imágenes puede conducir, por un proceso de asociación, a la idea de relación sexual y a complejos específicos que cualquier individuo pudiera tener acerca de sus propios actos sexuales. Pero también pudiera desenterrar tales complejos con un soñar despierto ante un conjunto de indescifrables letras rusas. Por tanto, llegué a la suposición de que un sueño contiene cierto mensaje distinto de la alegoría sexual, y que eso es así por razones definidas.

Un hombre puede soñar que introduce una llave en una cerradura, que empuña un pesado bastón, o que echa abajo una puerta con un ariete. Cada una de esas cosas puede considerarse una alegoría sexual. Pero el hecho de que su inconsciente haya elegido, con ese fin, una de esas imágenes específicas – sea la llave, el bastón o el ariete -, es también de la mayor importancia. La verdadera tarea es comprender *por qué* se ha preferido la llave al bastón, o el bastón al ariete. Y, a veces, esto pudiera conducir al descubrimiento de que no es, en definitiva, el acto sexual el que está representado en el sueño, sino algún otro punto psicológico totalmente distinto.

A partir de este razonamiento, llegué a la conclusión que, para interpretar un sueño, sólo debería utilizarse el material que forma parte clara y visible de él. El sueño tiene su propia limitación. Su misma forma específica nos dice qué le pertenece y qué nos aleja de él. Mientras la asociación "libre" nos engaña alejándonos de ese material en una especie de línea en zigzag, el método que desarrollé es más semejante a una circunvalación cuyo centro es la descripción del sueño. Trabajo en torno a la descripción del sueño, y me desentiendo de todo intento que haga el soñante para desprenderse de él. Una y otra vez, en mi labor profesional, he tenido que repetir las palabras: "Volvamos a su sueño. ¿Qué dice el *sueño*?"

Por ejemplo: un paciente mío soñó con una mujer vulgar, borracha y desgreñada. En el sueño, parecía que esa mujer era su esposa aunque, en la realidad, su esposa era totalmente distinta. Por tanto, en lo externo, el sueño era asombrosamente incierto y el paciente lo rechazó al pronto como una tontería soñada. Si yo, como médico suyo, le hubiera dejado iniciar un proceso de asociación, inevitablemente él habría intentado alejarse lo más posible de la desagradable sugestión de su sueño. En tal caso, él hubiera desembocado en uno de sus complejos principales – posiblemente un complejo que nada tuviera que ver con su esposa -, y yo no habría sabido nada acerca del significado especial de ese sueño peculiar.

Entonces, ¿qué trataba de transmitir su inconsciente por medio de una afirmación de falsedad tan obvia? Con toda claridad expresaba de algún modo la idea de una mujer degenerada que estaba íntimamente relacionada con la vida del soñante; pero puesto que la proyección de esa imagen sobre su esposa era injustificada y falsa en la realidad, tuve que buscar en otra parte antes de encontrar lo que representaba esa imagen repulsiva.

En la Edad Media, mucho antes que los fisiólogos demostraran que a causa de nuestra estructura glandular hay, a la vez, elementos masculinos y femeninos en todos nosotros, se decía que "cada hombre lleva una mujer dentro de sí" Este elemento femenino de todo macho es lo que he llamado el "ánima". Este aspecto "femenino" es esencialmente cierta clase inferior de relación con el contorno, y particularmente con las mujeres, que se guarda cuidadosamente oculto a los demás así como a uno mismo. Es decir, aunque la personalidad visible de un individuo pueda parecer perfectamente normal, también puede estar ocultando a los demás – o aún a uno mismo -, la situación deplorable de "la mujer de dentro".

Ese era el caso de mi peculiar paciente: su lado femenino no era agradable. De hecho, su sueño le decía: "En cierto modo, te estás portando como una mujer degenerada", y eso le produjo una conmoción conveniente. (Por supuesto, un ejemplo de esta clase no puede tomarse como prueba que el inconsciente se ocupa de dar órdenes "morales". El sueño no le decía al paciente que se "portara mejor", sino que trataba, simplemente, de equilibrar la naturaleza desnivelada de su mente consciente, la cual mantenía la ficción de que él era todo un perfecto caballero).

Es fácil comprender por qué los sonantes tienden a ignorar, e incluso negar, el mensaje de sus sueños. La consciencia se resiste a todo lo inconsciente y desconocido. Ya señalé la existencia entre los pueblos primitivos de lo que los antropólogos llaman "misoneísmo", un miedo profundo y supersticioso a la novedad. Los primitivos manifiestan todas las reacciones del animal salvaje contra los sucesos funestos. Pero el hombre "civilizado" reacciona en una forma muy parecida ante las ideas nuevas, levantando barreras psicológicas para protegerse de la conmoción que le produce enfrentarse con algo nuevo. Esto puede observarse fácilmente en toda reacción individual ante sus propios sueños cuando le obligan a admitir un pensamiento sorprendente. Muchos precursores en filosofía, ciencia, e incluso en literatura, fueron víctimas del innato conservadurismo de sus contemporáneos.   La psicología es una de las ciencias más jóvenes; como intenta ocuparse de la labor del inconsciente, se ha encontrado inevitablemente con un misoneísmo extremado.

Pasado y futuro en el inconsciente

Hasta ahora, he tratado de bosquejar algunos de los principios con los cuales afronté el problema de los sueños, pues cuando se desea investigar la facultad del hombre para crear símbolos, los sueños resultan el material más básico y accesible para ese fin. Los dos puntos fundamentales al tratar de los sueños son: primero, el sueño ha de tratarse como un hecho acerca del cual no deben hacerse suposiciones previas, salvo que, en cierto modo, el sueño tenga sentido; y segundo, el sueño es una expresión específica del inconsciente.

Difícilmente se podrían exponer estos principios en forma más modesta. Por bajo que sea el concepto que se tenga acerca del inconsciente, hay que conceder que merece investigarse; el inconsciente, por lo menos, está al nivel del piojo que, después de todo, goza del honrado interés del entomólogo. Si alguien con poca experiencia y conocimiento de los sueños piensa que los sueños son sólo sucesos caóticos sin significado, está en libertad de pensarlo así. Pero si damos por admitido que son sucesos normales (como de hecho lo son), entonces hay que considerar que, o son causados – es decir, que hay una causa racional de su existencia -, o, en cierto modo, intencionados, o ambas cosas.

Examinemos algo más de cerca las formas en que los contenidos conscientes e inconscientes de la mente están ligados. Pongamos un ejemplo conocido por todos. De repente, nos encontramos que no podemos acordarnos de lo que íbamos a decir a continuación aunque, un momento antes, el pensamiento era perfectamente claro. O, quizás, íbamos a hacer la presentación de un amigo y se nos escapa el nombre al ir a pronunciarlo. Decimos que no podemos acordarnos aunque, de hecho, el pensamiento se ha transformado en inconsciente o, al menos, ha quedado momentáneamente separado de la consciencia. Encontramos los mismos fenómenos en nuestros sentidos. Si escuchamos una nota continuada en el límite audible, el sonido parece interrumpirse a intervalos regulares y comenzar de nuevo. Tales oscilaciones se deben a un decrecimiento y crecimiento periódicos de nuestra atención, no a ningún cambio de la nota.

Pero cuando algo se evade de nuestra conciencia no cesa de existir, como tampoco un coche que desaparece al volver una esquina se diluye en el aire. Al igual que después podemos volver a ver el coche, nos encontramos con los pensamientos que habíamos perdido durante algún tiempo.

Por tanto, parte del inconsciente consiste en una multitud de pensamientos oscurecidos temporalmente, impresiones e imágenes que, a pesar de haberse perdido, continúan influyendo en nuestra mente consciente.

Un hombre que es distraído o abstraído cruza la habitación para ir a coger algo. Se detiene aparentemente perplejo: se ha olvidado de lo que iba a buscar. Sus manos tantean entre los objetos de la mesa como si fuera un sonámbulo; se ha olvidado de su primitiva intención; sin embargo, inconscientemente, va guiado por ella. Luego se da cuenta de lo que quería. Su inconsciente se lo ha apuntado.

Si se observa la conducta de una persona neurótica, se la puede ver haciendo muchas cosas que parece realizar consciente e intencionadamente. Sin embargo, si se le pregunta acerca de ellas, se descubrirá que, o es inconsciente respecto a ellas o está pensando en otra cosa completamente distinta. Oye y no oye; ve, pero está como ciega; sabe y es ignorante. Tales ejemplos son tan corrientes, que los especialistas pronto se dan cuenta que los contenidos inconscientes de la mente se portan como si fueran conscientes y que, en tales casos, nunca se puede estar seguro de si el pensamiento, palabra o acción es consciente o no lo es.

Es esta clase de conducta lo que hace que muchos médicos desechen como mentiras totales las afirmaciones de pacientes histéricos. Cierto es que tales personas dicen más falsedades que la mayoría de nosotros, pero "mentira" no es precisamente la palabra adecuada. De hecho, su estado mental produce incertidumbre de conducta, porque su consciencia es susceptible de eclipses impredecibles producidos por interferencia del inconsciente. Incluso sus sensaciones táctiles pueden revelar similares fluctuaciones de conocimiento. En determinado momento, la persona histérica puede sentir en el brazo el pinchazo de una aguja; en el momento siguiente, puede no advertirlo. Si su atención puede enfocarse sobre cierto punto, todo su cuerpo puede quedar como anestesiado hasta que la tensión causante de ese oscurecimiento de los sentidos se relaja. Entonces se reanuda inmediatamente la percepción sensorial. Sin embargo, en todo momento ha estado inconscientemente atento a lo que estaba sucediendo.

El médico puede ver este proceso con toda claridad cuando hipnotiza a un paciente de ese tipo. Es fácil demostrar que el paciente se daba cuenta de todos los detalles. El pinchazo en el brazo o la observación hecha durante un eclipse de consciencia se puede recordar tan exactamente como si no hubiera habido anestesia u "olvido". Me acuerdo de una mujer que una vez fue admitida en la clínica en un estado de total estupor. Cuando al día siguiente recobró la consciencia, recordó quién era, pero no sabía dónde estaba, cómo o por qué había ido allí, ni el día. Sin embargo, después de hipnotizarla, me contó por qué se había puesto enferma, cómo había llegado a la clínica, y quién la había admitido. Todos estos detalles se pudieron comprobar. Incluso pudo decir la hora en que fue admitida, porque vio el reloj del zaguán. Bajo la hipnosis su memoria era tan clara como si hubiera estado consciente todo el tiempo.

Cuando estudiamos tales materias, generalmente tenemos que aportar pruebas proporcionadas por la observación clínica. Por tal motivo, muchos críticos suponen que el inconsciente y todas sus sutiles manifestaciones pertenecen solamente a la esfera de la psicopatología. Consideran toda expresión del inconsciente como algo de índole neurótica o psicopática, que nada tiene que ver con el estado de una mente normal. Pero los fenómenos neuróticos en modo alguno son exclusivamente producto de enfermedad. En realidad, no son más que exageraciones patológicas de sucesos normales; y sólo porque son exageraciones resultan más patentes que su contrapartida normal. En todas las personas normales pueden observarse síntomas histéricos, pero son tal leves que, por lo general, pasan inadvertidos.

El olvido, por ejemplo, es un proceso normal en el que ciertas ideas conscientes pierden su energía específica, porque la atención se desvió. Cuando el interés se vuelve hacia cualquier parte, deja en sombra las cosas de las que se ocupaba anteriormente, al igual que un foco de luz ilumina una nueva zona, dejando otra en oscuridad. Esto es inevitable, porque la consciencia sólo puede mantener en plena claridad al mismo tiempo unas pocas imágenes y aún esa claridad fluctúa.

Pero las ideas olvidadas no han dejado de existir. Aunque no pueden reproducirse a voluntad, están presentes en un estado subliminal – precisamente más allá del umbral del recuerdo -, del cual pueden volver a surgir espontáneamente en cualquier momento, con frecuencia después de muchos años de aparente olvido total.

Estoy hablando aquí de cosas oídas o vistas conscientemente y luego olvidadas. Pero todos vemos, oímos, olemos y gustamos muchas cosas sin notarlas en su momento, ya porque nuestra atención está desviada o porque el estímulo para nuestros sentidos es demasiado leve para dejar una impresión consciente. Sin embargo, el inconsciente se ha dado cuenta de él, y esas subliminales percepciones sensibles desempeñan un papel significativo en nuestra vida diaria. Sin darnos cuenta de ello, influyen en la forma en que reaccionamos ante los hechos y la gente.

Un ejemplo de esto, que encontré particularmente revelador, me lo proporcionó un profesor que había estado paseando por el campo con uno de sus discípulos, absorbidos en profunda conversación. De repente, se dio cuenta que sus pensamientos eran interrumpidos por un inesperado torrente de recuerdos de su primera niñez. No sabía a qué atribuir esa distracción. Nada de lo que había dicho parecía tener relación alguna con sus recuerdos. Reconstruyendo la escena, vio que cuando surgió el primero de esos recuerdos de la niñez acababa de pasar ante una granja. Propuso a su discípulo que retrocedieran hasta el sitio donde habían comenzado los recuerdos. Una vez allí, el profesor notó el olor de los gansos, e inmediatamente se dio cuenta que era ese olor el que había precipitado el torrente de recuerdos.

En su niñez había vivido en una granja donde se criaban gansos, y su olor característico dejó una impresión duradera, aunque olvidada. Cuando pasó ante la granja durante su paseo, había notado el olor subliminalmente y esa percepción inconsciente había evocado experiencias de su niñez por largo tiempo olvidadas. La percepción era subliminal, porque la atención estaba prendida en otras cosas, y el estímulo no era lo bastante fuerte para desviarla y alcanzar la consciencia directamente. Sin embargo, trajo los recuerdos "olvidados".

Tal "sugerencia" o efecto de "gatillo" puede explicar el brote de los síntomas neuróticos, así como los más benignos recuerdos cuando lo que se ve, huele o suena recuerda una circunstancia del pasado. Una muchacha, por ejemplo, puede estar muy atareada en su oficina, aparentemente con buena salud y de buen humor. Un momento después se le levanta un dolor de cabeza entontecedor y muchos otros síntomas de abatimiento. Sin notarlo conscientemente, ha oído la sirena de un barco lejano, y eso le ha recordado inconscientemente la desventurada separación de un novio que ella hizo todo lo posible por olvidar.

Aparte del olvido normal, Freud describió varios casos que envolvían el "olvido" de recuerdos desagradables, recuerdos que estamos muy predispuestos a perder. Como dijo Nietzsche, donde el orgullo es de sobra insistente, el recuerdo prefiere ceder. Así, entre los recuerdos perdidos, hallamos no pocos que deben su estado subliminal (y su incapacidad para ser reproducidos voluntariamente), a su naturaleza desagradable e incompatible. Los psicólogos los llaman contenidos *reprimidos*.

Un caso también apropiado pudiera ser el de una secretaria que tuviera envidia de uno de los socios de su jefe. Ella habitualmente olvida invitarlo a las reuniones, aunque el nombre está claramente marcado en la lista que ella utiliza. Pero si se le pide una explicación sobre ello, dirá simplemente que "se le olvidó" y que la "interrumpieron". Jamás admite – ni para sí misma -, la verdadera causa de su omisión.

Mucha gente supervalora equivocadamente el papel de la fuerza de voluntad y piensa que nada puede ocurrir en su mente sin que lo haya decidido e intentado. Pero debemos aprender a discriminar cuidadosamente entre los contenidos intencionados e inintencionados de la mente. Los primeros derivan del ego de la personalidad; sin embargo, los últimos provienen de un origen que no es idéntico al ego, sino que es su "otro lado". Es este "otro lado" el que haría que la secretaria olvidase las invitaciones.

Hay muchas causas por las cuales olvidamos cosas que hemos sabido o vivido; y, del mismo modo, hay otras tantas formas por las que pueden ser recordadas. Un ejemplo interesante es el de la criptomnesia, o "memoria oculta". Un autor puede estar escribiendo con soltura sobre un plan preconcebido, trazando un argumento o desarrollando el esquema de un relato, cuando, de repente, se desvía tangencialmente. Quizá se le ha ocurrido una nueva idea o una imagen diferente o toda una trama distinta. Si se le pregunta qué le sugirió la digresión, no sabrá decirlo. Incluso puede no haberse dado cuenta del cambio, aunque lo que ha escrito es completamente nuevo y, en apariencia, le era desconocido antes. Sin embargo, a veces puede demostrarse de forma convincente que lo que escribió tiene un asombroso parecido con la obra de otro autor, una obra que él cree no haber visto jamás.

Encontré acerca de eso un ejemplo curiosísimo en el libro de Nietzsche *Así habló Zarathustra*, en el que el autor reproduce, casi palabra por palabra, un suceso relatado en un diario de navegación del año 1686. Por mera casualidad leí el relato del marino en un libro publicado hacia 1835 (medio siglo antes de que Nietzsche escribiera); y cuando encontré el pasaje análogo en *Así habló Zarathustra*, me asombró su estilo peculiar, que era diferente al lenguaje usual de Nietzsche. Quedé convencido que Nietzsche también tuvo que conocer el viejo libro, aunque no lo menciona. Escribí a su hermana, que aún vivía, y me confirmó que su hermano y ella habían leído el libro juntos cuando él tenía once años. Pienso, por lo dicho, que es inconcebible que Nietzsche tuviera idea alguna de estar plagiando aquel relato. Creo que cincuenta años después se deslizó inesperadamente bajo el foco de su mente consciente.

En este caso hay una reminiscencia auténtica, aunque inadvertida. Mucho de eso mismo puede ocurrirle a un músico que haya oído en su infancia una tonada campesina o una canción popular, y se la encuentra que surge como tema de un movimiento sinfónico que está componiendo en su vida adulta. Una idea o una imagen ha regresado desde el inconsciente hasta la mente consciente.

Lo que hasta ahora he dicho acerca del inconsciente no es más que un rápido bosquejo de la naturaleza y funcionamiento de esa compleja parte de la psique humana. Pero habría que indicar la clase de material subliminal del que pueden producirse espontáneamente los símbolos de nuestros sueños. Este material subliminal puede constar de todos los deseos, impulsos e intenciones; todas las percepciones e intuiciones; todos los pensamientos racionales e irracionales, conclusiones, inducciones, deducciones y premisas, y toda la variedad de sentimientos. Algunos o todos esos pueden tomar la forma de inconsciente parcial, temporal o constante.

Tal material, por lo común, se ha convertido en inconsciente porque – por así decir – no hay sitio para él en la mente consciente. Algunos de nuestros pensamientos pierden su energía emotiva y se convierten en subliminales (es decir, ya no reciben tanta de nuestra atención consciente), porque han venido a parecer sin interés o importancia, o porque hay alguna razón por la que deseamos perderlos de vista.

De hecho, es normal y necesario que lo "olvidemos" de ese modo, con el fin de dejar espacio en nuestra mente consciente para impresiones e ideas nuevas. Si no ocurriera eso, todas nuestras experiencias permanecerían en el umbral de la consciencia y nuestra mente se convertiría en una barahúnda inservible. Este fenómeno está tan ampliamente reconocido hoy día que la mayoría de la gente que sabe algo sobre psicología lo da por admitido.

Pero así como los contenidos conscientes pueden desvanecerse en el inconsciente, hay contenidos nuevos, los cuales jamás fueron conscientes, que pueden *surgir* de él. Podemos tener, por ejemplo, la vaga sospecha de que algo está a punto de romperse en la consciencia, de que "algo está en el aire", o de que "nos olemos algo". El descubrimiento de que el inconsciente no es mero depositario de l pasado, sino que también está lleno de gérmenes de futuras situaciones psíquicas e ideas, me condujo a mi nuevo enfoque de la psicología. Numerosas controversias se produjeron en torno a este punto. Pero es un hecho que, además de los recuerdos de un pasado consciente muy lejano, también pueden surgir por sí mismos del inconsciente pensamientos nuevos e ideas creativas, pensamientos e ideas que anteriormente jamás fueron conscientes. Se desarrollan desde las oscuras profundidades de la mente al igual que un loto y forman una parte importantísima de la psique subliminal.

Esto lo encontramos en la vida diaria, donde los dilemas se resuelven a veces con las proposiciones más sorprendentemente nuevas; muchos artistas, filósofos y aún científicos deben algunas de sus mejores ideas a las inspiraciones que aparecen súbitamente procedentes del inconsciente. La capacidad de llegar a un rico filón de tal material y convertirlo realmente en filosofía, literatura, música o descubrimiento científico es uno de los contrastes de garantía de lo que comúnmente se llama genio.

Podemos hallar una prueba palmaria de este hecho en la propia historia de la ciencia. Por ejemplo, el matemático francés Poincaré y el químico Kekulé debieron importantes descubrimientos científicos (como ellos mismos reconocieron), a repentinas y pintorescas "revelaciones" del inconsciente. La llamada experiencia "mística" del filósofo francés Descartes implicaba una revelación repentina análoga en la que él vio, como en un relámpago, el "orden de todas las ciencias". El autor inglés Robert Louis Stevenson había pasado años buscando un argumento que se adaptara a su "fuerte sensación del doble ser del hombre", cuando la trama de El *Dr. Jekyll y Mr. Hyde* se le reveló repentinamente en un sueño.

Posteriormente describiré con más detalles cómo surge del inconsciente ese material y examinaré la forma en que se expresa. Por ahora sólo deseo señalar que la capacidad de la psique humana para producir semejante material nuevo es particularmente significativa al tratar el simbolismo de los sueños, pues encontré una y otra vez en mi trabajo profesional que las imágenes e ideas contenidas en los sueños posiblemente no pueden explicarse sólo en función de la memoria. Expresan pensamientos nuevos que, hasta entonces, jamás alcanzaron el umbral de la consciencia.

La función de los sueños

He llegado hasta ciertos detalles acerca de nuestra vida onírica porque es el suelo desde el cual se desarrollan originariamente la mayoría de los símbolos. Por desgracia, los sueños son difíciles de entender. Como ya señalé, el sueño no es nada parecido a una historia contada por la mente consciente. En la vida diaria se piensa lo que se desea decir, se escogen las formas más eficaces para decirlo y se intenta que los comentarios tengan coherencia lógica. Por ejemplo, una persona culta tratará de evitar el empleo de una metáfora confusa porque daría una impresión equívoca de su punto de vista. Pero los sueños tienen una estructura diferente. Imágenes que parecen contradictorias y ridículas se apiñan sobre el soñante, se pierde el normal sentido del tiempo, y las cosas corrientes asumen un aspecto fascinante o amenazador.

Puede parecer extraño que el inconsciente ordene su material de manera tan diferente a la forma, tan disciplinada en apariencia, que podemos imponer a nuestros pensamientos en la vida despierta. Sin embargo, todo el que se detenga un momento a recordar un sueño, se dará cuenta de ese contraste que, de hecho, es una de las razones principales por las que la persona corriente encuentra tan difícil entender los sueños. No les encuentra sentido, ateniéndose a su experiencia normal cuando está despierta y, por tanto, se inclina a desentenderse de ellos o a confesar que se siente confusa.

Quizá resulte más fácil de comprender este punto si, en primer lugar, nos percatamos del hecho de que las ideas manejadas en nuestra aparentemente disciplinada vida despierta no son, en modo alguno, tan precisas como nos gusta creer. Por el contrario, su significado (y su significación emotiva para nosotros), se hace más impreciso cuanto más de cerca las examinamos. La causa de esto es que todo lo que hemos oído o experimentado puede convertirse en subliminal, es decir, puede pasar al inconsciente. Y aún lo que retenemos en nuestra mente consciente y podemos reproducir a voluntad, ha adquirido un tono bajo inconsciente que matizará la idea cada vez que la recordemos. Nuestras impresiones conscientes, en realidad, asumen rápidamente un elemento de significado inconsciente que es de importancia psíquica para nosotros, aunque no nos damos cuenta consciente de la existencia de ese significado subliminal o de la forma en que, a la vez, extiende y confunde el significado corriente.

Desde luego que tales tonos bajos varían de una persona a otra. Cada uno de nosotros recibe toda noción abstracta o general en el conjunto de su mente individual y, por tanto, lo entendemos y aplicamos en nuestra forma individual. Cuando, al conversar, utilizo palabras tales como "estado", "dinero", "salud" o "sociedad", supongo que mis oyentes entienden, más o menos, lo mismo que yo. Pero la frase "más o menos" es el punto que me interesa. Cada palabra significa algo ligeramente distinto para cada persona, aún entre las que comparten los mismos antecedentes culturales. La causa de esa variación es que una noción general es recibida en un conjunto individual y, por tanto, entendida y aplicada en forma ligeramente individual. Y la diferencia de significado es naturalmente mayor cuando la gente difiere mucho en experiencias sociales, políticas, religiosas o psicológicas. Mientras como conceptos son idénticos a meras palabras, la variación es casi imperceptible y no desempeña ningún papel práctico. Pero cuando se necesita una definición exacta o una explicación minuciosa, se pueden descubrir, por casualidad, las más asombrosas variaciones, no sólo en la comprensión puramente intelectual del término sino en especial, en su tono emotivo y su aplicación. Por regla general, estas variaciones son subliminales y, por tanto, jamás advertidas.

Se puede tender a prescindir de tales diferencias como matices de significados superfluos o desperdiciables que tienen poca importancia en las necesidades diarias. Pero el hecho de que existan demuestra que aún los contenidos de conciencia más realistas tienen en torno una penumbra de incertidumbre. Hasta el concepto filosófico o matemático más cuidadosamente definido, del que estamos seguros que no contiene más de lo que hemos puesto en él es, no obstante, más de lo que suponemos. Es un hecho psíquico y, como tal, incognoscible en parte. Los mismos números que utilizamos al contar son más de lo que pensamos que son. Son, al mismo tiempo, elementos mitológicos (para los pitagóricos eran, incluso, divinos); pero no nos damos cuenta de eso cuando utilizamos los números con un fin práctico.

En resumen: todo concepto de nuestra mente consciente tiene sus propias asociaciones psíquicas. Mientras tales asociaciones pueden variar en intensidad (de acuerdo con la importancia relativa del concepto para toda nuestra personalidad, o de acuerdo con otras ideas y aún complejos a los que están asociadas en nuestro inconsciente), son capaces de cambiar el carácter "normal" de ese concepto. Incluso puede convertirse en algo totalmente distinto mientras es arrastrado bajo el nivel de la conciencia.

Estos aspectos subliminales de todo lo que nos ocurre puede parecer que desempeñan escaso papel en nuestra vida diaria. Pero en el análisis de los sueños, donde el psicólogo maneja expresiones del inconsciente, son muy importantes porque son las raíces casi invisibles de nuestros pensamientos conscientes. De ahí que los objetos o ideas comunes puedan asumir tan poderosa significación psíquica en un sueño del que podemos despertar gravemente confusos, a pesar de haber soñado con nada peor que una habitación cerrada con llave o un tren que hemos perdido.

Las imágenes producidas en sueños son mucho más pintorescas y vivaces que los conceptos y experiencias que son su contrapartida cuando se está despierto. Una de las causas de esto es que, en un sueño, tales conceptos pueden expresar su significado inconsciente. En nuestros pensamientos conscientes, nos constreñimos a los límites de las expresiones racionales, expresiones que son mucho menos coloreadas porque las hemos despojado de la mayoría de sus asociaciones psíquicas.

Recuerdo un sueño que tuve y que me fue difícil de interpretar. En ese sueño, cierto individuo trataba de ponerse tras de mí y saltar sobre mi espalda. Nada sabía yo de ese hombre excepto que me daba cuenta que él, de algún modo, había escogido cierta observación hecha por mí y la tergiversó alterando grotescamente su significado. Pero yo no podía ver la relación entre ese hecho y su intento, en el sueño, de saltar sobre mí. Sin embargo, en mi vida profesional ha ocurrido con frecuencia que alguien haya falseado lo que dije, tan frecuentemente que apenas me molesté en preguntarme si esa clase de falseamiento me irritaba. Ahora bien, hay cierto valor en mantener un dominio consciente de las reacciones emotivas; pronto me di cuenta que ése era el punto importante de mi sueño. Había tomado un coloquialismo austríaco y lo había convertido en una imagen pictórica. Esa frase, muy corriente en el habla común es Du kannst mir auf den Buckel steigen (puedes saltar sobre mi espalda), que significa "No me importa lo que digas de mí" Un equivalente norteamericano, que fácilmente podría aparecer en un sueño análogo, sería "Vete a saltar al lago" (Go jump in the lake).

Podría decirse que el cuadro de ese sueño era simbólico porque no establecía directamente la situación, sino que la expresaba indirectamente por medio de una metáfora que, al principio, no pude comprender. Cuando ocurre eso (como es frecuente), no está deliberadamente "disfrazada" por el sueño; simplemente refleja las deficiencias de nuestra comprensión del lenguaje pintoresco cargado de emotividad. Porque en nuestra experiencia diaria necesitamos decir cosas con la mayor exactitud posible, y hemos aprendido a prescindir de los adornos de la fantasía en el lenguaje y en los pensamientos, perdiendo así una cualidad que es aún característica de la mente primitiva. La mayoría de nosotros hemos transferido al inconsciente todas las asociaciones psíquicas fantásticas que posee todo objeto e idea. Por otra parte, el primitivo sigue dándose cuenta de esas propiedades psíquicas: dota a animales, plantas o piedras con poderes que nosotros encontramos extraños e inaceptables.

Un habitante de la selva africana, por ejemplo, ve durante el día un animal nocturno y sabe que es un hechicero que, temporalmente, ha adoptado ese aspecto. O puede considerarlo como el alma selvática o espíritu ancestral de alguno de su tribu. Un árbol puede desempeñar un papel vital en la vida de un primitivo, poseyendo, de forma evidente para él, su propia alma y voz, y ese hombre sentirá que comparte con el árbol su destino. Hay ciertos indios en Sudamérica que asegurarán que ellos son papagayos ara, aunque se dan cuenta que carecen de plumas, alas y pico. Porque, en el mundo del hombre primitivo, las cosas no tienen los mismos límites tajantes que tienen en nuestras sociedades "racionales".

Lo que los psicólogos llaman identidad psíquica o "participación mística", ha sido eliminado de nuestro mundo de cosas. Pero es precisamente ese halo de asociaciones inconscientes el que da un aspecto coloreado y fantástico al mundo del primitivo. Lo hemos perdido hasta tal extremo que no lo reconocemos cuando nos lo volvemos a encontrar. Para nosotros, tales cosas quedan guardadas bajo el umbral; cuando reaparecen ocasionalmente, hasta nos empeñamos en que algo está equivocado.

Más de una vez me han consultado personas cultas e inteligentes acerca de sueños característicos, fantasías e, incluso, visiones que les habían conmovido profundamente. Suponían que nadie que tuviera buena salud mental podía padecer tales cosas, y que todo el que realmente tenga visiones ha de tener una alteración patológica. Un teólogo me dijo una vez que las visiones de Ezequiel no eran más que síntomas mórbidos y que, cuando Moisés y otros profetas oían "voces" que les hablaban, estaban sufriendo alucinaciones. Se puede imaginar el pánico que sintió al experimentar "espontáneamente" algo parecido a eso. Estamos tan acostumbrados a la evidente naturaleza de nuestro mundo que apenas podemos imaginar que suceda algo que no se puede explicar por el sentido común. El hombre primitivo enfrentado con una conmoción de ese tipo no dudaría de su salud mental; pensaría en fetiches, espíritus o dioses.

Sin embargo, las emociones que nos afectan son las mismas. De hecho, los terrores que proceden de nuestra complicada civilización pueden ser mucho más amenazadores que los que el hombre primitivo atribuye a los demonios. La actitud del hombre moderno civilizado me recuerda, a veces, a un paciente psicópata de mi clínica que también era médico. Una mañana le pregunté qué tal estaba. Me contestó que había pasado una noche maravillosa desinfectando todo el cielo con cloruro mecurioso, pero que durante toda esa tarea sanitaria no había encontrado rastro alguno de Dios. Aquí tenemos una neurosis o algo peor. En vez de Dios o el "miedo a Dios", hay una ansiedad neurótica o alguna clase de fobia. La emoción continuó siendo la misma, pero su objeto cambió tanto de nombre como de naturaleza para empeorar.

Recuerdo a un profesor de filosofía que una vez me consultó acerca de su fobia al cáncer. Padecía la convicción forzosa de que tenía un tumor maligno, aunque nada de eso se halló en docenas de radiografías. "Sé que no hay nada – diría -, pero tiene que haber algo". ¿Qué es lo que le producía esa idea? Evidentemente, procedía de un temor que no dimanaba por deliberación consciente. El pensamiento mórbido se apoderó de él de repente y tenía una fuerza propia que no pudo dominar.

Era mucho más difícil para este hombre culto aceptar una cosa así que lo hubiera sido para un hombre primitivo decir que estaba atormentado por un espíritu. La influencia maligna de los malos espíritus es, por lo menos, una hipótesis admisible en una cultura primitiva, pero para una persona civilizada resulta una experiencia desoladora tener que admitir que sus dolencias no son más que una travesura insensata de una imaginación. El primitivo fenómeno de la *obsesión* no ha desaparecido; es el mismo de siempre. Sólo que se interpreta de una forma distinta y más desagradable.

He hecho varias comparaciones de esa clase entre el hombre primitivo y el moderno. Tales comparaciones, como mostraré después, son esenciales para comprender la propensión del hombre a crear símbolos, y del papel que desempeñan los sueños para expresarlos. Porque nos encontramos que muchos sueños presentan imágenes y asociaciones que son análogas a las ideas, mitos y ritos primitivos. Estas imágenes soñadas fueron llamadas por Freud "remanentes arcaicos"; la frase sugiere que son elementos psíquicos supervivientes en la mente humana desde lejanas edades. Este punto de vista es característico de quienes consideran el inconsciente como un mero apéndice de la conciencia (o más pintorescamente, un cubo de la basura que recoge todos los desperdicios de la mente consciente).

Investigaciones posteriores me sugirieron que esa idea es insostenible y debe ser desechada. Hallé que las asociaciones e imágenes de esa clase son parte integrante del inconsciente, y que pueden observarse en todas partes, tanto si el soñante es culto, como analfabeto, inteligente o estúpido. No hay, en sentido alguno, "remanentes" sin vida o sin significado. Siguen funcionando y son especialmente valiosos (como demuestra el Dr. Henderson en el capítulo siguiente de este libro), precisamente a causa de su naturaleza "histórica". Forman un puente entre las formas con que expresamos conscientemente nuestros pensamientos y una forma de expresión más primitiva, más coloreada y pintoresca. Esta forma es también la que conmueve directamente al sentimiento y a la emoción. Estas asociaciones "históricas" son el vínculo existente entre el mundo racional de la conciencia y el mundo del instinto.

Ya he tratado del interesante contraste entre los pensamientos "controlados" que tenemos mientras estamos despiertos y la riqueza de imágenes producida en los sueños. Ahora podemos ver otra razón para esa diferencia. Como en nuestra vida civilizada hemos desposeído a tantísimas ideas de su energía emotiva, en realidad, ya no respondemos más a ellas. Utilizamos esas ideas al hablar y mostramos una reacción usual cuando otros las emplean, pero no nos producen una impresión muy profunda. Algo más se necesita para que ciertas cosas nos convenzan lo bastante para hacernos cambiar de actitud y de conducta. Eso es lo que hace el "lenguaje onírico"; su simbolismo tiene tanta energía psíquica que nos vemos obligados a prestarle atención. Por ejemplo, había una señora que era muy conocida por sus prejuicios estúpidos y su terca resistencia a los razonamientos. Podría uno pasarse toda la noche tratando de convencerla sin resultado alguno; ella ni se habría dado por enterada. Sin embargo, sus sueños tomaron un camino distinto de acceso. Una noche soñó que asistía a una reunión social importante. La anfitriona la saludó con estas palabras : "Qué agradable que haya podido venir. Todos sus amigos están aquí y la están esperando". Luego la anfitriona la condujo hasta la puerta. la abrió y la soñante entró...¡en un establo de vacas!. Este lenguaje onírico era lo bastante sencillo para que lo comprendiera hasta un lerdo. La mujer no admitía al principio un detalle del sueño que afectaba tan directamente a su altivez; sin embargo, su mensaje la convenció y después de algún tiempo lo tuvo que aceptar porque no pudo menos de ver la chanza que ella misma se gastó.

Tales mensajes del inconsciente son más importantes de lo que piensa la mayoría de la gente. En nuestra vida consciente estamos expuestos a toda clase de influencias. Hay personas que nos estimulan o deprimen, los acontecimientos en el trabajo o en la vida social nos perturban. Tales cosas nos llevan por caminos inadecuados a nuestra individualidad. Démonos cuenta o no del efecto que tienen en nuestra conciencia, se perturba con ellas y a ellas está expuesta casi sin defensa. Especialmente, ése es el caso de la persona cuya actitud mental extravertida pone todo el énfasis en los objetos externos o que alberga sentimientos de inferioridad y duda respecto de su más íntima personalidad. Cuanto más influida está la conciencia por prejuicios, errores, fantasías y deseos infantiles, más se ensanchará la brecha ya existente, haciéndose una disociación neurótica que conduzca a una vida más o menos artificial, muy alejada de los instintos sanos, la naturaleza y la verdad.

La función general de los sueños es intentar restablecer nuestro equilibrio psicológico. Eso es lo que llamo el papel complementario (o compensador) de los sueños en nuestra organización psíquica. Eso explica por qué gente que tiene ideas nada realistas o un concepto demasiado elevado de sí misma o que hace planes grandiosos y desproporcionados con sus verdaderas posibilidades, tiene sueños de volar o caer. El sueño compensa las deficiencias de su personalidad y, al mismo tiempo, le advierte los peligros de su vida presente. Si se desdeñan las advertencias de los sueños, pueden ocurrir verdaderos accidentes. La víctima puede caerse por las escaleras o tener un accidente automovilístico.

Recuerdo el caso de un hombre que estaba inextricablemente envuelto en ciertos negocios oscuros. Se le desarrolló una pasión casi mórbida por las ascensiones peligrosas de montaña, como una especie de compensación. Buscaba "llegar más arriba de sí mismo". En un sueño, por la noche, se vio escalando la cumbre de una alta montaña en el vacío. Cuando me contó su sueño, vi inmediatamente el peligro y traté de recalcar la advertencia y convencerle de que se contuviera. Incluso le dije que el sueño le prevenía su muerte en un accidente de montaña. Fue en vano. Seis meses después "escaló en el vacío". Un guía montañero le vio a él y a su amigo descender por una cuerda en un sitio peligroso. El amigo había encontrado una saliente donde apoyar el pie y el soñante le iba siguiente. De repente, soltó la cuerda, según el guía, "como si fuera a saltar en el aire". Cayó sobre su amigo y ambos se mataron.

Otro caso típico era el de una señora que llevaba una vida superior a lo que le correspondía. Su posición era elevada y poderosa en su vida diaria, pero tenía sueños chocantes que le recordaban toda clase de cosas desagradables. Cuando se las descubrí, se negó indignada a reconocerlas. Entonces los sueños se hicieron amenazadores y llenos de alusiones a los paseos que solía dar por el bosque donde ella se permitía fantasías sentimentales. Vi el peligro que corría, pero no escuchó mis insistentes advertencias. Muy poco tiempo después, fue salvajemente atacada en el bosque por un pervertido sexual; a no ser por la intervención de algunas personas que oyeron sus gritos, hubiera sido asesinada.

No hubo magia en esto. Lo que sus sueños me dijeron es que esta mujer tenía el secreto anhelo de una aventura de ese tipo, al igual que el escalador de montaña buscaba inconscientemente la satisfacción de encontrar una salida definitiva a sus dificultades. Evidentemente ninguno de los dos esperaba el elevado precio que pagarían: ella la rotura de varios huesos y él su propia vida.

Por lo tanto, los sueños, a veces, pueden anunciar ciertos sucesos mucho antes de que ocurran en la realidad. Esto no es un milagro o una forma de precognición. Muchas crisis de nuestra vida tienen una larga historia inconsciente. Vamos hacia ellas paso a paso sin darnos cuenta de los peligros que se van acumulando. Pero lo que no conseguimos ver conscientemente, con frecuencia lo ve nuestro inconsciente, que nos transmite la información por medio de los sueños.

Los sueños pueden, muchas veces, advertirnos de ese modo; pero igualmente, muchas veces parece que no pueden. Por lo tanto, toda suposición acerca de una mano bondadosa que nos detiene a tiempo es dudosa. O, diciéndolo en forma más concreta, parece que cierta intervención benévola unas veces actúa y otras no. La mano misteriosa puede, incluso, señalar el camino de la perdición; los sueños demuestran que son trampas o que parecen serlo. A veces se comportan como el oráculo délfico que dijo al rey Creso que si cruzaba el río Halis destruiría un gran reino. Sólo después de cruzar el río y ser completamente derrotado en una batalla se dio cuenta de que el reino aludido por el oráculo era su propio reino.

No podemos permitirnos ser ingenuos al tratar de los sueños. Se originan en un espíritu que no es totalmente humano, sino más bien una bocanada de naturaleza, un espíritu de diosas bellas y generosas, pero también crueles. Si queremos caracterizar ese espíritu, tendremos que acercarnos más a él, en el ámbito de las mitologías antiguas o las fábulas de los bosques primitivos, que en la conciencia del hombre moderno. No niego que se han obtenido grandes ganancias con la evolución de la sociedad civilizada. Pero esas ganancias se han hecho al precio de enormes pérdidas cuyo alcance apenas hemos comenzado a calcular. Parte del propósito de mis comparaciones entre los estado primitivo y civilizado del hombre ha sido mostrar el balance de esas pérdidas y ganancias.

El hombre primitivo estaba mucho más gobernado por sus instintos que sus modernos descendientes "racionales", los cuales han aprendido a "dominarse". En este proceso civilizador hemos ido separando progresivamente nuestra conciencia de los profundos estratos instintivos de la psique humana y, en definitiva, hasta de la base somática del fenómeno psíquico. afortunadamente, no hemos perdido esos estratos instintivos básicos; continúan siendo parte del inconsciente, aún cuando sólo pueden expresarse por medio de imágenes soñadas. Esos fenómenos instintivos –aunque, incidentalmente, no siempre podemos reconocerlos por lo que son, porque su carácter es simbólico- desempeñan un papel vital en lo que llamé la función compensadora de los sueños.

En beneficio de la estabilidad mental y aun de la salud fisiológica, el inconsciente y la conciencia deben estar integralmente conectadas y, por lo tanto, moverse en líneas paralelas. Si están separados o "disociados", se derivará alteración psicológica. A este respecto, los símbolos oníricos son los mensajeros esenciales de la parte instintiva enviados a la parte racional de la mente humana, y su interpretación enriquece la pobreza de la conciencia de tal modo que aprende a entender de nuevo el olvidad lenguaje de los instintos.

Por supuesto, la gente puede poner en duda esa función, ya que sus símbolos pasan, con tanta frecuencia, inadvertidos o sin comprenderse. en la vida normal, la comprensión de los sueños con frecuencia se considera superflua. Puedo poner un ejemplo de esto por mi experiencia con una tribu primitiva del Africa oriental. Para asombro mío, esos hombres tribales negaban que tuvieran ningún sueño. Pero con paciencia, en charlas indirectas con ellos pronto comprobé que tenían sueños como todos los demás, pero que estaban convencidos que sus sueños carecían de significado. Creían que los únicos sueños que importan eran los de los jefes y los hechiceros; de éstos, los que concernían al bienestar de la tribu, eran muy apreciados. El único inconveniente era que el jefe y el hechicero decían que ellos habían dejado de tener sueños significativos. Databan ese cambio en el tiempo en que los ingleses llegaron al país. El comisario del distrito –el funcionario inglés encargado de ellos- había ocupado la función de "los grandes sueños" que hasta entonces guiaban la conducta de la tribu.

Cuando estos africanos admitían que ellos no tenían sueños, salvo los que carecían de significado, pensaban como el hombre moderno que cree que un sueño no tiene significado para él simplemente porque no lo entiende. Pero aun un hombre civilizado puede observar, a veces, que un sueño (del cual, incluso, no se acuerda), puede alterar su humor mejorándolo o empeorándolo. el sueño ha sido "comprendido" pero sólo en forma subliminal. Y esto es lo que ocurre por lo general. Sólo cuando, en raras ocasiones, un sueño produce una impresión especial o se repite a intervalos regulares, la mayoría de la gente considera deseable una interpretación.

Debería añadir una palabra de advertencia contra el análisis torpe o incompetente de los sueños. Hay algunas personas cuyo estado mental está tan desequilibrado que la interpretación de sus sueños tiene que ser extremadamente arriesgada; en tal caso, una conciencia muy unilateral está separada de sus correspondiente inconsciente irracional o "quebrantado", y no deben juntarse los dos sin tomar precauciones especiales.

Y, en general, es una simple bobada creer en guías sistemáticas ya preparadas para la interpretación de sueños, como si se pudiera comprar, sencillamente, un libro de consulta y buscar en él un símbolo determinado. Ningún símbolo onírico puede separarse del individuo que los sueña y no hay interpretación definida o sencilla de todo sueño. Cada individuo varía tanto en la forma en que su inconsciente complementa o compensa su mente consciente que es imposible estar seguro de hasta qué punto pueden clasificarse los sueños y sus símbolos.

Es verdad que hay sueños y símbolos aislados (preferiría llamarlos "motivos"), que son típicos y se producen con frecuencia. Entre tales motivos están las caídas, los vuelos, ser perseguido por animales peligrosos y hombres hostiles, estar poco o absurdamente vestido en lugares públicos, tener prisa o estar perdido entre las apreturas de una multitud, luchar con armas inútiles o estar completamente indefenso, correr mucho sin llegar a ninguna parte. Un típico motivo infantil es soñar que se crece o se disminuye infinitamente o que se transforma en otro, como por ejemplo, se lee en Alicia en el país de las maravillas, de Lewis Carrol. Pero debo insistir en que eso son motivos que han de considerarse en el contexto del propio sueño, no como cifras que se explican por sí mismas.

El sueño repetido es un fenómeno digno de nota. Hay casos en que la gente tiene el mismo sueño desde la infancia hasta los últimos años de su vida adulta. Un sueño de esa clase suele ser un intento para compensar un defecto particular de la actitud del soñante hacia la vida; o puede datar de un momento traumático que dejó tras de sí cierto perjuicio específico. A veces, también puede presagiar un futuro suceso importante.

Yo soñé cierto motivo durante varios años, acerca de que yo "descubría" una parte de mi casa cuya existencia desconocía. Unas veces se trataba de las habitaciones donde vivieron mis padres, ya hacía tiempo fallecidos, y donde mi padre, para sorpresa mía, tenía un laboratorio en el que estudiaba la anatomía comparada de los peces, y mi madre tenía un hotel para visitantes fantasmales. Usualmente esa ala desconocida del edificio destinada a los huéspedes era un edificio viejo e histórico, olvidado hacía mucho tiempo, pero de mi propiedad heredada. Contenía interesante mobiliario antiguo, y hacia el final de esa serie de sueños, descubrí una vieja biblioteca cuyos libros me eran desconocidos. finalmente, en el último sueño, abrí uno de los libros y hallé en él una profusión de ilustraciones del más maravilloso simbolismo. Cuando desperté, mi corazón palpitaba excitado.

Poco tiempo antes de tener ese último y particular sueño de la serie, había enviado un encargo a un librero de viejo acerca de una de las compilaciones clásicas de los alquimistas medievales. Había hallado un a cita literaria y pensé que podría tener cierta relación con la primitiva alquimia bizantina y deseé comprobarla. Varias semanas después de tener el sueño del libro desconocido, recibí un paquete del librero. Dentro había un volumen en pergamino que databa del siglo XVI. Estaba ilustrado con deliciosos dibujos simbólicos que inmediatamente me recordaron los que había visto en el sueño. Como el redescubrimiento de los principios de la alquimia llegó a ser parte importante de mi trabajo como precursor de la psicología, el motivo de mi reiterado sueño puede comprenderse fácilmente. La casa, desde luego, era un símbolo de mi personalidad y su consciente campo de intereses; y el anexo desconocido representaba el presagio de un nuevo campo de interés e investigación del que mi mente consciente no se dio cuenta por entonces. Desde aquel momento, hace treinta años, no volví a tener ese sueño.

El análisis de los sueños

Comencé este ensayo señalando la diferencia entre signo y símbolo. El signo es siempre menor que el concepto que representa, mientras que un símbolo siempre representa algo más que su significado evidente e inmediato. Además, los símbolos son productos naturales y espontáneos. Ningún genio se sentó jamás con la pluma o el pincel en la mano, diciendo: "Ahora voy a inventar un símbolo". Nadie puede tomar un pensamiento más o menos racional, alcanzado como deducción lógica o con deliberada intención y luego darle forma "simbólica". Nada importa cuántos adornos fantásticos puedan ponerse a una idea de esa clase, pues continuará siendo un signo, ligado al pensamiento consciente que hay tras él, pero no un símbolo que insinúa algo no conocido aún. En los sueños, los símbolos se producen espontáneamente porque los sueños ocurren, pero no se inventan; por tanto, son la fuente principal de todo lo que sabemos acerca del simbolismo.

Pero debo señalar que los símbolos no sólo se producen en los sueños. Aparecen en toda clase de manifestación psíquica. Hay pensamientos y sentimientos simbólicos, situaciones y actos simbólicos. Frecuentemente parece que hasta los objetos inanimados cooperan con el inconsciente en la aportación de simbolismos. Hay numerosas historias de probada autenticidad acerca de relojes que se paran en el momento de morir su dueño; uno fue el reloj de péndulo en el palacio de Federico el Grande en Sans-Souci, el cual se paró al morir el emperador. Otros ejemplos corrientes son los de espejos que se rompen o cuadros que caen cuando ocurre un fallecimiento; o roturas menores, pero inexplicables, en una casa donde alguien está sufriendo una crisis emotiva. Aun si los escépticos se niegan a dar crédito a tales relatos, las historias de esa clase siempre siguen presentándose, y eso sólo puede servir de amplia demostración de su importancia psicológica.

Sin embargo, hay muchos símbolos (entre ellos el más importante) que no son individuales sino colectivos en su naturaleza y origen. Son, principalmente, imágenes religiosas. El creyente admite que son de origen divino, que han sido revelados al hombre. El escéptico dice rotundamente que han sido inventados. Ambos están equivocados. Es cierto, como dice el escéptico, que los símbolos religiosos y los conceptos fueron durante siglos objeto de elaboración cuidadosa y plenamente consciente. Es por igual cierto, como lo es para el creyente, que su origen está tan enterrado en el misterio del remoto pasado que no parecen tener origen humano. Pero, de hecho, son "representaciones colectivas" emanadas de los sueños de edades primitivas y de fantasías creadoras. Como tales, esas imágenes son manifestaciones involuntariamente espontáneas y en modo alguno invenciones intencionadas.

Este hecho, como explicaré después, tiene una conexión directa e importante con la interpretación de los sueños. Es evidente que si admitimos que el sueño es simbólico, lo interpretaremos de distinta forma que una persona que crea que el pensamiento energético esencial o emoción ya es conocido y está meramente "disfrazado" por el sueño. En el último caso, la interpretación del sueño tiene poco sentido, puesto que se encuentra lo que ya se conoce.

Por esa razón, yo siempre decía a mis alumnos: "Aprendan cuanto puedan acerca del simbolismo; luego olvídenlo todo cuanto estén analizando un sueño". Este consejo es de tal importancia práctica que hice de él una norma para recordarme que jamás puedo entender lo suficiente el sueño de otra persona para interpretarlo correctamente. Hice eso con el fin de detener el torrente de mis propios asociaciones y reacciones, que, si no, podrían prevalecer sobre las incertidumbres y titubeos de mi paciente. Como es de la mayor importancia terapéutica para un analista captar el mensaje especial de un sueño (es decir, la contribución que el inconsciente está haciendo a la mente consciente) lo más exactamente posible, es para él esencial explorar el contenido de un sueño en su totalidad.

Cuando trabajaba con Freud, tuve un sueño que aclara este punto. Soñé que estaba en "mi casa", al parecer en el primer piso, en una salita abrigada, grata, amueblada al estilo del siglo XVIII. Estaba asombrado de que jamás hubiera visto esa habitación y empecé a preguntarme cómo sería la planta baja. Bajé la escalera y me encontré que era más bien oscura, con paredes apaneladas y mobiliario pesado del siglo XVI o aun anterior. Mi sorpresa y mi curiosidad aumentaron. Necesitaba ver más de la restante estructura de la casa. Así es que bajé a la bodega, donde encontré una puerta que daba a un tramo de escalones de piedra que conducían a un gran espacio abovedado. El suelo estaba formado por grandes losas de piedra y las paredes parecían muy antiguas. Examiné la argamasa y vi que estaba mezclada con trozos de ladrillo. Evidentemente, las paredes eran de origen romano. Mi excitación iba en aumento. En un rincón, vi una argolla de hierro en una losa. Tiré de la argolla y vi otro tramo estrecho de escalones que llevaban a una especie de cueva que parecía una tumba prehistórica, donde había dos calaveras, algunos huesos y trozos rotos de vasijas. Entonces me desperté.

Si Freud, cuando analizó este sueño, hubiera seguido mi método de explorar sus asociaciones específicas y contexto, habría escuchado una historia de mayor alcance. Pero temo que la hubiera desdeñado por considerarla un mero esfuerzo para librarse de un problema que, en realidad, era el suyo. El sueño, de hecho, es un breve resumen de mi vida, más específicamente, del desarrollo de mi mente. Crecí en una casa que databa de hacía doscientos años, nuestro mobiliario constaba, en su mayoría, de muebles de hacía trescientos años y, hasta entonces, mi mayor aventura espiritual, en la esfera de la mente, había sido el estudio de la filosofía de Kant y Schopenhauer. La gran noticia de entonces era la obra de Charles Darwin. Hasta muy poco antes de eso, yo había vividlo con los tranquilos conceptos medievales de mis padres, para quienes el mundo y los hombres aún estaban presididos por la omnipotencia y la providencia divinas. Ese mundo se había convertido en anticuado y caduco. Mi fe cristiana se había hecho muy relativa en su encuentro con las religiones orientales y la filosofía griega. Por eso la planta baja era tan silenciosa, oscura y, evidentemente, deshabitada.

Mi interés histórico de entonces arrancaba de una primitiva preocupación por la anatomía comparada y la paleontología que tuve mientras trabajé como auxiliar en el Instituto Anatómico. Me sentía fascinado por los huesos del hombre fósil, en especial por el tan discutido *Neanderthalensis* y el más discutido aún cráneo del *Pithecanthropus* de Dubois. De hecho, ésas eran mis verdaderas asociaciones respecto al sueño; pero no me atrevía a mencionar el tema de las calaveras, los esqueletos o cadáveres a Freud porque sabía que ese tema no era de su agrado. Mantuvo la curiosa idea de que yo presagiaba su muerte temprana. Y sacaba tal conclusión del hecho de que yo mostraba mucho interés por los cadáveres momificados del llamado Bleikeller de Bremen, que visitamos juntos en 1909 en el viaje para tomar el barco con dirección a América.

Por tanto no me sentí inclinado a exponer mis pensamientos ya que, por reciente experiencia, quedé profundamente impresionado por el casi insalvable abismo que separaba los puntos de vista y el fondo mental de Freud y los míos. Temía perder su amistad si le exponía mi propio mundo interior, que, supuse, le hubiera parecido muy extraño. Sintiéndome demasiado inseguro de mi propia psicología, casi automáticamente, le mentí respecto de mis "asociaciones libres" con el fin de librarme de la tarea imposible de explicarle mi sistema personal y completamente distinto.

Debo excusarme por este relato, un tanto largo, de los apuros en que me vi al contar mi sueño a Freud. Pero es un buen ejemplo de las dificultades con que se tropieza durante el análisis auténtico de un sueño. Gran parte de ellas depende de las diferencias entre el analista y el analizado.

Pronto me di cuenta que Freud buscaba algún deseo incompatible mío. Así es que probé a sugerir que las calaveras con las que soñé podrían referirse a ciertos miembros de mi familia cuya muerte, por alguna razón, pudiera yo desear. Esta sugerencia encontró su aprobación, pero yo no quedé satisfecho con una solución tan acomodaticia.

Mientras trataba de encontrar respuesta apropiada a las preguntas de Freud, me sentí confuso por una intuición acerca del papel que el factor subjetivo desempeña en la comprensión psicológica. Mi intuición era tan abrumadora que sólo pensé en cómo escapar de ese embrollo y tomé el camino fácil de una mentira. Eso no era ni elegante ni moralmente defendible; pero, de otro modo, me hubiera arriesgado a una fatal disputa con Freud, y yo no me sentía en condiciones pero eso por muchas razones.

Mi intuición consistía en la percepción profunda y más repentina e inesperada del hecho de que mi sueño significaba yo mismo, mi vida y mi mundo, toda mi realidad frente a una estructura teórica erigida por otro, por una mente extraña con razones y propósitos suyos. El sueño no era de Freud sino mío; y vi, de repente y como en un relámpago, lo que significaba mi sueño.

Este conflicto aclara un punto vital acerca del análisis de los sueños. No es tanto una técnica que puede aprenderse y aplicarse según sus normas, como un cambio dialéctico entre dos personalidades. Si se maneja como una técnica mecánica, la personalidad psíquica individual del soñante se pierde y el problema terapéutico se reduce a la simple pregunta: ¿Cuál de las dos personas concernidas –el analista o el soñante- dominará a la otra?. Desistí del tratamiento hipnótico por esta razón, porque no quería imponer a otros mi voluntad. Deseaba que el proceso curativo surgiese de la propia personalidad del paciente, no de mis sugestiones que podrían tener sólo un efecto pasajero. Mi finalidad era proteger y preservar la dignidad y la libertad del paciente de modo que pudiera vivir según sus deseos. En este intercambio con Freud, empecé a ver con claridad que, antes de construir teorías generales sobre el hombre y sus psique, tenemos que aprender mucho más acerca del verdadero ser humano del que nos vamos a ocupar.

El individuo es la única realidad. Cuanto más nos alejamos del individuo hacia ideas abstractas acerca del homo sapiens, más expuestos estamos a hacer en el error. En estos tiempos de conmoción y rápidos cambios sociales, es deseable saber mucho más de lo que sabemos acerca del ser humano individual, porque lo que depende de sus cualidades mentales y morales es mucho. Pero si queremos ver las cosas en su verdadera perspectiva, necesitamos comprender el pasado del hombre así como su presente. De ahí que sea de importancia esencial comprender los mitos y los símbolos.

El problema de los tipos

En todas las demás ramas de la ciencia, es legítimo aplicar una hipótesis a un tema impersonal. Sin embargo, la psicología nos enfrenta inevitablemente con las relaciones vivas entre dos individuos, ninguno de los cuales puede ser despojado de personalidad subjetiva ni, por supuesto, despersonalizado de cualquier otra forma. El analista y su paciente pueden compensar acordando tratar un problema elegido, de una forma impersonal y objetiva; pero una vez que hayan comenzado, su respectiva y total personalidad se verá envuelta en el estudio del problema. En ese momento, sólo será posible avanzar si pueden llegar a un acuerdo mutuo.

¿Podemos hacer cualquier tipo de juicio objetivo acerca del resultado final?. Sólo si hacemos una comparación entre nuestras conclusiones y las normas generales que son válidas en el medio social al que pertenecen los individuos. Aun entonces, hemos de tener en cuenta el equilibrio mental (o cordura) del individuo en cuestión. Porque el resultado no puede ser un total nivelamiento colectivo del individuo para adaptarlo a las "normas" de su sociedad. Una sociedad sana y normal es aquella en que la gente está habitualmente en desacuerdo porque un acuerdo general es relativamente raro fuera de la esfera de las cualidades humanas instintivas.

El desacuerdo funciona como un vehículo de la vida mental en sociedad, pero no es una meta; el acuerdo es igualmente importante. Como la psicología depende básicamente del equilibrio de opuestos, ningún juicio puede considerarse definitivo si no se ha tenido en cuenta su reversibilidad. La causa de esa peculiaridad reside en el hecho de que no hay punto de vista por encima o fuera de las psicología que nos permita formar un juicio definitivo acerca de lo que es la psique.

A pesar del hecho que los sueños requieren tratamiento individual, son necesarias ciertas generalidades con el fin de clasificar y aclarar el material que recoge el psicólogo al estudiar muchos individuos. Es evidente que sería imposible formular teoría psicológica alguna, o enseñarla, describiendo grandes cantidades de casos aislados sin ningún esfuerzo por ver lo que tuvieran en común y en qué diferían. Puede elegirse como base toda característica general. Se puede, por ejemplo, hacer una distinción relativamente sencilla entre individuos que tienen personalidad "extravertida" y los que son "introvertidos". Esta es sólo una de las muchas generalizaciones posibles, pero permite ver inmediatamente las dificultades que pueden surgir si el analista fuera de un tipo y su paciente del otro.

Puesto que todo análisis profundo de un sueño lleva a la confrontación de dos individuos, será muy distinto si sus tipos de actitud son los mismos o no lo son. Si ambos pertenecen al mismo tipo, pueden seguir adelante con toda felicidad por mucho tiempo. Pero si uno es extravertido y el otro introvertido, sus puntos de vista distintos y contradictorios pueden chocar de plano, en especial cuando desconocen su propio tipo de personalidad o cuando están convencidos de que el suyo es el único tipo justo. El extravertido, por ejemplo, elegirá el punto de vista de la mayoría; el introvertido lo rechazará simplemente por considerarlo de moda. Tal desavenencia es fácil porque el valor de uno no es valor para el otro. El propio Freud, por ejemplo, interpretaba el tipo introvertido como un individuo mórbidamente centrado en sí mismo. Pero la introspección y el autoconocimiento también pueden ser de grandísimo valor e importancia.

Es de necesidad vital tener en cuenta tales diferencias de personalidad en la interpretación de sueños. No se puede suponer que el analista es un superhombre que está por encima de tales diferencias, precisamente porque es un médico que adquirió una teoría psicológica y su correspondiente técnica. El sólo puede imaginarse que es superior mientras supone que su teoría y su técnica son capaces de abordar la totalidad de la psique humana. Puesto que tal suposición es más que dudosa, realmente no puede estar seguro de ella. En consecuencia, se verá asaltado por dudas secretas si confronta la totalidad humana de su paciente con una teoría o técnica (que es meramente una hipótesis o u intento) en vez de confrontarla con su propia totalidad viva.

La total personalidad de un analista es el único equivalente adecuado a la personalidad de su paciente. La experiencia psicológica y el saber no son más que meras ventajas por parte del analista. Pero no le mantienen al margen de la contienda en la que se verá puesto a prueba tanto como su paciente. Por lo cual interesa mucho si sus personalidades están en armonía, en conflicto, o se complementan.

La extraversión y la introversión son sólo dos particularidades entre las muchas de la conducta humana. Pero con frecuencia no son lo bastante evidentes y fáciles de reconocer. Si, por ejemplo, se estudian los individuos extravertidos, pronto se descubre que difieren en muchas formas unos de otros y que el ser extravertido es, por tanto, un concepto superficial y demasiado general para ser realmente característico. Por eso, hace ya tiempo traté de encontrar otras particularidades básicas, particularidades que pueden servir para poner cierto orden en las variaciones, aparentemente ilimitadas, de la individualidad humana.

Siempre me impresionó el hecho de que hubiera un número sorprendente de individuos que jamás utilizaban la mente, si podían evitarlo, y un número igual que la utilizaban, pero de una forma asombrosamente estúpida. También me sorprendió encontrar muchas personas inteligentes y muy despiertas que vivían (en lo que se podía apreciar) como si nunca hubieran aprendido a utilizar los sentidos: no veían las cosas que tenían ate los ojos, no oían las palabras dichas ante sus oídos ni sentían las cosas que tocaban o saboreaban. Algunas vivían sin enterarse del estado de su cuerpo. Había otras que parecían vivir en un estado de conciencia más curioso, como si el estado al que habían llegado fuese el definitivo, sin posibilidad de cambio, o como si el mundo y la psique fueran estáticas y hubieran de permanecer así por siempre. Parecían vacías de toda imaginación y que dependieran enteramente de su percepción sensorial. Las ocasiones y las posibilidades no existían en su mundo y en su "hoy" no había verdadero "mañana". El futuro era exactamente la repetición del pasado.

Estoy tratando de dar al lector una vislumbre de mis primeras impresiones cuando comencé a observar la muchísima gente que conocí. Sin embargo, pronto vi con claridad que las personas que utilizaban la inteligencia eran las que pensaban, es decir, que aplicaban su facultad intelectual para tratar de adaptarse a la gente y sus circunstancias. Y las personas igualmente inteligentes que no pensaban eran las que buscaban y encontraban su camino por medio del sentimiento.

"Sentimiento" es una palabra que requiere cierta explicación. Por ejemplo, "sentimiento" (feeling) corresponde a la palabra francesa sentiment. Pero también se aplica la misma palabra para definir una opinión, y para expresar una intuición (sentí como si...)

Cuando empleo la palabra "sentimiento" (feeling), en contraste con "pensamiento" me refiero a un juicio de valor, por ejemplo, agradable y desagradable, bueno y malo, etc. El sentimiento, según esta definición, no es una emoción (que, como indica la palabra, es involuntaria). El sentimiento a que me refiero es (como el pensamiento) una función racional (es decir, ordenante), mientras que la intuición es una función irracional (es decir, percibiente). En tanto que la intuición es una "sospecha", no es el producto de un acto voluntario; es, mas bien, un acto involuntario que depende de diversas circunstancias externas o internas y no de un acto de juicio. La intuición se parece más a la percepción sensorial, que también es un acto irracional, en tanto que depende esencialmente de estímulos objetivos que deben su existencia a causas físicas, no a causas mentales.

Estos cuatro tipos funcionales corresponden a los medios evidentes por los cuales obtiene la conciencia su orientación hacia la experiencia. La percepción (es decir, la percepción sensorial) nos dice que algo existe; el pensamiento nos dice lo que es; el sentimiento nos dice si es agradable o no lo es, y la intuición nos dice de dónde viene y a dónde va.

El lector ha de entender que estos cuatro criterios sobre los tipos de conducta humana son sólo cuatro puntos de vista entre otros muchos, como fuerza de voluntad, temperamento, imaginación, memoria y demás. No hay nada dogmático en ello, pero su naturaleza básica los abona como criterios adecuados de clasificación. Los encuentro especialmente útiles cuando tengo que dar explicaciones a los padres acerca de sus hijos y a los maridos acerca de sus esposas, y viceversa. También son útiles para comprender los prejuicios propios.

Por tanto, si se desea comprender el sueño de otra persona, hay que sacrificar las predilecciones propias y suprimir los prejuicios. Esto no es fácil ni cómodo porque representa un esfuerzo moral que no es del gusto de todos. Pero si el analista no hace el esfuerzo de criticar su propio punto de vista y admitir su relatividad, no conseguirá ni la información ni el suficiente conocimiento profundo de la mente de su paciente. El analista espera, por lo menos, cierta buena voluntad por parte del paciente, para que escuche su opinión y la tome en serio; y al paciente hay que concederle el mismo derecho. Aunque tal relación es indispensable para toda comprensión y, por tanto, es de necesidad evidente, debemos recordar una y otra vez que en la terapia es más importante para el paciente comprender que para el analista ver satisfecha su expectación teórica. La resistencia del paciente a la interpretación del analista no es necesariamente mala; es, más bien, un síntoma seguro de que algo encaja mal. O es que el paciente todavía no alcanzó el punto de comprensión para él, o es que la interpretación no es adecuada.

En nuestros esfuerzos por interpretar los símbolos oníricos de otra persona, casi nos sentimos invariablemente estorbados por nuestra tendencia a rellenar los inevitables huecos en nuestra comprensión mediante la proyección, es decir, con la suposición de que lo que el analista percibe o piensa es percibido y pensado igualmente por el soñante. Para superar esa fuente de error, siempre insistí en la importancia de aferrarse al contexto del sueño en cuestión y excluir todas las suposiciones teóricas acerca de los sueños en general, excepto la hipótesis de que los sueños, en cierto modo, tienen sentido.

Se desprenderá claramente de todo lo que he dicho que no se pueden dar normas generales para la interpretación de los sueños. Cuando sugerí primeramente que la función primordial de los sueños parece ser la de compensar las deficiencias o falseamientos de la mente consciente, quise decir que esa suposición abría el camino más prometedor hacia la naturaleza de los sueños particulares. En algunos casos, se puede ver esa función claramente demostrada.

Uno de mis pacientes tenía un concepto muy elevado de sí mismo y no se daba cuenta que casi cuantos le conocían se sentían irritados por sus aires de superioridad moral. Me contó un sueño en el que vio un vagabundo borracho caer en una zanja, lo cual sólo evocó en este paciente el comentario conmiserativo: "Es terrible ver qué bajo puede caer un hombre". Era evidente que la naturaleza desagradable del sueño era, en parte, un intento de contrapesar su inflada idea acerca de sus propios méritos. Pero había algo más que eso. Resultó que tenía un hermano que era un alcohólico degenerado. Lo que también revelaba el sueño era que su actitud superior estaba compensando al hermano, a la vez como figura exterior e interior.

En otro caso que recuerdo, una mujer que estaba orgullosa de su inteligente comprensión de la psicología soñó repetidamente con otra mujer. Cuando en su vida ordinaria se encontraba con esa mujer, no le agradaba porque la consideraba una intrigante vanidosa y desleal. Pero en los sueños, la mujer aparecía casi como una hermana, simpática y amable. Mi paciente no podía comprender por qué soñaría tan favorablemente acerca de una persona que le desagradaba. Pero estos sueños estaban tratando de transmitir la idea de que ella misma era "seguida" por un personaje inconsciente que se parecía a la otra mujer. Resultaba arduo para mi paciente, que tenía ideas muy claras acerca de su propia personalidad, comprender que el sueño le estaba hablando de un poderoso complejo suyo y de sus ocultas motivaciones: influencias inconscientes que la habían llevado más de una vez a riñas desagradables con sus amistades. Pero siempre había culpado de ellas a los demás, no a sí misma.

No es simplemente el lado "sombrío" de nuestra personalidad el que descuidamos, desdeñamos y reprimimos. También podemos hacer lo mismo con nuestras cualidades positivas. Un ejemplo que me viene a la memoria es el de un hombre en apariencia modesto, retraído y de modales agradables. Siempre parecía conformarse con el último sitio, pero insistía discretamente en que se notara su presencia. Cuando se le pedía su opinión daba una bien informada, aunque jamás trataba de imponerla. Pero, a veces, insinuaba que un tema determinado podría tratarse de una forma superior desde un nivel más elevado (aunque nunca explicaba cómo).

Sin embargo, en sus sueños, constantemente se encontraba con grandes figuras históricas tales como Napoleón y Alejandro Magno. Estos sueños estaban claramente compensando un complejo de inferioridad. Pero tenían otras secuelas. ¿Qué clase de hombre debo de ser, preguntaba el sueño, para tener tan ilustres visitantes? A este respecto, los sueños apuntaban a una secreta megalomanía que contrapesaba el sentimiento de inferioridad del soñante. Esa inconsciente idea de grandeza le aislaba de la realidad de su ambiente y le capacitaba para permanecer alejado de obligaciones que resultarían imperativas para otras personas. No sentía necesidad de demostrar - a sí mismo o a otros -, que su juicio superior se basaba en méritos superiores.

De hecho, estaba jugando inconscientemente a un juego insensato y los sueños trataban de llevarlo al plano de la consciencia de una forma particularmente ambigua. Departir con Napoleón y charlar con Alejandro Magno son exactamente el tipo de fantasías producidas por un complejo de inferioridad. Pero ¿por qué - se me dirá - no puede ser el sueño claro y directo acerca de eso y decir sin ambigüedad lo que tuviera que decir?

Con frecuencia me han hecho esa pregunta y también me la he hecho yo mismo. A menudo me ha sorprendido la forma atormentadora con que los sueños parecen evadir una información concreta u omitir el punto decisivo. Freud supuso la existencia de una función especial de la psique a la que llamaba el "censor". Este, según suponía, retorcía las imágenes oníricas y las dejaba irreconocibles o equívocas con el fin de engañar a la consciencia acerca del verdadero tema del sueño. Ocultando al soñante el pensamiento crítico, el "censor" le protegía, mientras estaba durmiendo, del sobresalto que le produciría un recuerdo desagradable. Pero yo veo con escepticismo la teoría de que el sueño sea un guardián del dormir; lo más frecuente es que los sueños perturben el dormir.

Más bien parece como si el aproximamiento a la consciencia tuviera el efecto de "tachar" los contenidos subliminales de la psique. El estado subliminal retiene ideas e imágenes con un nivel de tensión mucho más bajo que el que tienen en la consciencia. En la situación subliminal pierden claridad de líneas; las relaciones entre ellas son menos lógicas y más vagamente análogas, menos racionales y, por tanto, más "incomprensibles". Esto también se puede observar en todas las situaciones análogas al sueño, ya se deban a la fatiga, a la fiebre o a las toxinas. Pero si ocurre algo que proporcione mayor tensión a cualquiera de esas imágenes, se transforman en menos subliminales y, según se acercan más al umbral de la consciencia, en más rotundamente definidas.

Por ese hecho podemos comprender por qué los sueños se expresan frecuentemente en forma de analogías, por qué una imagen onírica se introduce en otra y por qué ni nuestra lógica ni nuestra medida del tiempo de cuando estamos despiertos parecen tener aplicación. La forma que toman los sueños es natural al inconsciente porque el material con el que están construidos está retenido en estado subliminal precisamente de ese modo. Los sueños no defienden el acto de dormir de lo que Freud llamó "deseo incompatible". Lo que él llamó "enmascaramiento" es, de hecho, la forma natural que adoptan todos los impulsos en el inconsciente. Por tanto, un sueño no puede producir un pensamiento definido. Si comienza a hacerlo, deja de ser un sueño porque traspasa el umbral de la consciencia. De ahí que los sueños parezcan omitir los puntos que, verdaderamente, son los más importantes para la mente consciente y parecen, más bien, manifestar el "borde de la consciencia", como el pálido centelleo de las estrellas durante un eclipse total de sol.

Hemos de comprender que los símbolos oníricos son, en su mayoría, manifestaciones de una psique que está más allá del dominio de la mente consciente. Significado y propósito no son prerrogativas de la mente: actúan en la totalidad de la naturaleza viva. En principio, no hay diferencia entre desarrollo orgánico y psíquico. Al igual que una planta produce sus flores, la psique crea sus símbolos. Cada sueño es prueba de ese proceso.

Así, por medio de los sueños (más toda clase de intuiciones, impulsos y otros hechos espontáneos), las fuerzas instintivas influyen en la actividad de la consciencia. Que esa influencia sea para bien o para mal depende del contenido efectivo del inconsciente. Si contiene muchas cosas que, normalmente, deberían ser conscientes, entonces su función se retuerce y se perjudica; los motivos parecen no basarse en verdaderos instintos, sino que deben su existencia e importancia psíquica al hecho de que han sido consignados al inconsciente por represión o desdén. Recargan la normal psique inconsciente y desvían su tendencia natural a expresar símbolos y motivos básicos. Por tanto, es razonable que un psicoanalista, ocupado en una alteración mental, comience provocando en su paciente una confesión, más o menos voluntaria, y comprobando todo lo que desagrade o infunda miedo al paciente.

Esto es análogo a la mucho más antigua confesión de la Iglesia que, de diversas maneras, se anticipó a las modernas técnicas psicológicas. Al menos ésa es la regla general. Sin embargo, en la práctica, puede actuar en forma opuesta; los opresivos sentimientos de inferioridad o la debilidad grave pueden dificultar mucho, incluso imposibilitar, que el paciente se enfrente con nuevas pruebas de su propia insuficiencia. Por eso, hallé con frecuencia que era provechoso comenzar presentando al paciente un panorama positivo; esto le proporcionaba una saludable sensación de seguridad cuando se acercaba a las observaciones más penosas.

Pongamos como ejemplo un sueño de "exaltación personal" en que digamos, uno toma el té con la Reina de Inglaterra o charla íntimamente con el Papa. Si el soñante no es un esquizofrénico, la interpretación práctica del símbolo depende en gran medida de su estado mental presente, es decir, la situación de su ego. Si el soñante sobrestima su propio valor, es fácil demostrar (por el material extraído por asociación de ideas), cuán inadecuadas e infantiles son las intenciones del soñante y cómo proceden, en gran parte, de sus deseos infantiles de ser igual o superior a sus padres. Pero si se trata de un caso de inferioridad, en el que un invasor sentimiento de insignificancia se ha sobrepuesto a todo aspecto positivo de la personalidad del soñante, sería un completo error deprimirle aún más mostrándole lo infantil, ridículo y hasta perverso que es. Eso aumentaría cruelmente su inferioridad, así como produciría mala acogida y resistencia innecesaria al tratamiento.

No hay técnica terapéutica o doctrina que sea de aplicación general, ya que cada caso que se presenta para tratamiento es un individuo en unas condiciones específicas. Me acuerdo de un paciente al que tuve que tratar durante nueve años. Le vi sólo durante algunas semanas cada año, pues vivía en el extranjero. Desde el principio supe cual era su verdadero padecimiento, pero también me di cuenta que el menor intento para acercarme a la verdad tropezaría con una violenta reacción defensiva que amenazaría con una total ruptura entre nosotros. Me gustara o no, tuve que hacer todo lo posible para mantener nuestras relaciones y seguir sus inclinaciones, que estaban sostenidas por sus sueños y que alejaban nuestro examen de la raíz de su neurosis. Nos apartamos tanto que muchas veces me acusé de estar desviando a mi paciente. Unicamente el hecho de que su estado mejoraba, despacio si bien francamente, me impidió enfrentarle, sin rodeos, con la verdad.

Sin embargo, en el décimo año, el paciente se consideró curado y libre de todos sus síntomas. Me quedé sorprendido porque, teóricamente, su estado era incurable. Notando mi asombro, sonrió y me dijo (en sustancia): "Sobre todo, quiero darle las gracias por su infatigable tacto y paciencia para ayudarme a acechar la triste causa de mi neurosis. Ahora estoy dispuesto a contarle todo sobre ella. Si hubiera sido capaz de hablar libremente acerca de ella se lo hubiera contado el primer día de consulta. Pero eso hubiera desbaratado mis relaciones con usted. ¿Qué habría sido de mí entonces? Me habría quedado destrozado moralmente. Durante estos diez años aprendí a confiar en usted; y según aumentaba mi confianza, mejoraba mi estado. Mejoraba porque ese lento proceso restauró la confianza en mí mismo. Ahora me encuentro lo bastante fuerte para que examinemos el problema que me estaba destruyendo.

Luego me confesó con terrible franqueza su problema, el cual me demostró con cuánta razón hubimos de seguir un tratamiento tan particular. La conmoción originaria había sido tal que se sintió incapaz de enfrentarse con ella él solo. Necesitaba la ayuda de otro, y la labor terapéutica fue el restablecimiento lento de la confianza más que la demostración de una teoría clínica.

De casos como ése, aprendí a adaptar mis métodos a las necesidades de cada paciente en vez de confiarme a teóricas consideraciones generales que podrían ser inaplicables a cualquier caso particular. El conocimiento que, acerca de la naturaleza humana, fue acumulando durante sesenta años de experiencia clínica, me enseñó a considerar cada caso como si fuera nuevo y en el que, sobre todo, tenía que buscar el conocimiento del individuo. A veces, no dudé en sumergirme en un estudio cuidadoso del pasado infantil y sus fantasías; otras veces, comenzaba por el final aún cuando eso significara remontarse a las más extremadas especulaciones metafísicas. Todo ello depende de que se aprenda el lenguaje del paciente y se sigan los tanteos de su inconsciente en busca de la luz. Unos casos exigen un método y otros, otro.

Esto es especialmente necesario cuando se quiere interpretar los sueños. Dos individuos distintos pueden tener casi exactamente el mismo sueño(lo cual, como pronto se descubre en la experiencia clínica, es más corriente de lo que pueda pensar el profano en la materia) Pero, pongamos por caso, si uno de ellos es joven y el otro viejo, el problema que les preocupa es respectivamente distinto y resultaría absurdo a todas luces interpretar ambos sueños en la misma forma.

Un ejemplo que me acude a la memoria es un sueño en el que un grupo de jóvenes van a caballo en campo abierto. El soñante va en cabeza y salta una zanja llena de agua y salva el obstáculo. Los demás del grupo caen en la zanja. Ahora bien, el primero que me contó este sueño era un joven de tipo cauto e introvertido. Pero también oí ese mismo sueño a un viejo de carácter atrevido, que había llevado una vida activa y emprendedora. Cuando me contó el sueño era ya un inválido que producía muchas molestias a su médico y su enfermera; de hecho, se había perjudicado por desobedecer las prescripciones médicas.

Para mí era evidente que ese sueño decía al joven lo que debería hacer. Pero al anciano le decía lo que, en realidad, seguía haciendo. Mientras el sueño alentaba al dubitativo joven, el anciano, en cambio, no necesitaba que le alentaran; el espíritu emprendedor que aún aleteaba dentro de él era su mayor molestia. Este ejemplo muestra cómo la interpretación de sueños y símbolos depende en gran parte de las circunstancias individuales del soñante y del estado de su mente.

El arquetipo en el simbolismo onírico

Ya he sugerido que los sueños sirven de compensación. Esta suposición significa que el sueño es un fenómeno psíquico normal que transmite a la consciencia las reacciones o impulsos espontáneos del inconsciente. Muchos sueños pueden interpretarse con ayuda del soñante, el cual proporciona, a la vez, las imágenes del sueño y las asociaciones que provocan, con lo cual se pueden examinar todos sus aspectos.

Este método es adecuado en todos los casos corrientes como cuando un familiar, un amigo o un paciente nos cuenta un sueño durante una conversación. Pero cuando se trata de sueños obsesivos o muy emotivos, las asociaciones personales provocadas en el soñante no suelen bastar para una interpretación satisfactoria. En tales casos, hemos de tener en cuenta el hecho (primeramente observado y comentado por Freud) que, con frecuencia, en el sueño se producen elementos que no son individuales y que no pueden derivarse de la experiencia personal del soñante. Esos elementos, como ya dije antes, son lo que Freud llamaba "remanentes arcaicos", formas mentales cuya presencia no puede explicarse con nada de la propia vida del individuo y que parecen ser formas aborígenes, innatas y heredadas por la mente humana.

Así como el cuerpo humano representa todo un museo de órganos, cada uno con una larga historia de evolución tras de sí, igualmente es de suponer que la mente esté organizada en forma análoga. No puede ser un producto sin historia como no lo es el cuerpo en el que existe. Por "historia" no doy a entender el hecho que la mente se forme por sí misma por medio de una referencia consciente al pasado valiéndose del lenguaje y otras tradiciones culturales. Me refiero al desarrollo biológico, prehistórico e inconsciente de la mente del hombre arcaico, cuya psique estaba aún cercana a la del animal.

Esa psique inmensamente vieja forma la base de nuestra mente, al igual que gran parte de la estructura de nuestro cuerpo se basa en el modelo anatómico general de los mamíferos. El ojo experto del anatomista o del biólogo encuentra en nuestro cuerpo muchos rastros de ese modelo originario. El investigador experimentado de la mente de igual modo puede ver las analogías entre las imágenes oníricas del hombre moderno y los productos de la mente primitiva, sus "imágenes colectivas" y sus motivos mitológicos.

Así como el biólogo necesita la ciencia de la anatomía comparada, el psicólogo nada puede hacer sin una "anatomía comparada de la psique". En la práctica, por decirlo de otro modo, el psicólogo no sólo debe tener una experiencia suficiente acerca de los sueños y otros productos de la actividad inconsciente, sino de la mitología en su más amplio sentido. Sin esos conocimientos, nadie puede descubrir analogías importantes; ni es posible, por ejemplo, ver la analogía entre un caso de neurosis compulsiva y otro de clásica posesión demoníaca, sin un conocimiento eficaz de ambos.

Mis ideas acerca de los "remanentes arcaicos", que yo llamo "arquetipos" o "imágenes primordiales", han sido constantemente criticadas por personas que carecen de suficiente conocimiento de psicología de los sueños y de mitología. El término "arquetipo" es con frecuencia entendido mal, como si significara ciertos motivos o imágenes mitológicos determinados. Pero éstos no son más que representaciones conscientes; sería absurdo suponer que tales representaciones variables fueran hereditarias.

El arquetipo es una tendencia a formar tales representaciones de un motivo, representaciones que pueden variar muchísimo en detalle sin perder su modelo básico. Hay, por ejemplo, muchas representaciones del motivo de hostilidad entre hermanos, pero el motivo en sí sigue siendo el mismo. Mis críticos han supuesto erróneamente que me refiero a "representaciones heredadas" y, basados en ello, han desechado la idea del arquetipo como una mera superstición. No han sabido tener en cuenta el hecho que si los arquetipos fuesen representaciones originadas en nuestra consciencia (o fuesen adquiridos conscientemente),es seguro que los entenderíamos y no nos desconcertaríamos y nos asombraríamos cuando se presentan en nuestra consciencia. Desde luego, son una tendencia, tan marcada como el impulso de las aves a construir nidos, o el de las hormigas a formar colonias organizadas.

Aquí debo aclarar las relaciones entre instintos y arquetipos: lo que propiamente llamamos instintos son necesidades fisiológicas y son percibidas por los sentidos. Pero al mismo tiempo también se manifiestan en fantasías y con frecuencia revelan su presencia sólo por medio de imágenes simbólicas. Estas manifestaciones son las que yo llamo arquetipos. No tienen origen conocido, y se producen en cualquier tiempo o en cualquier parte del mundo, aún cuando haya que rechazar la transmisión por descendencia directa o "fertilización cruzada" mediante migración.

Puedo recordar muchos casos de personas que me consultaron porque se sentían desconcertadas con sus sueños o con los de sus hijos. Eran completamente incapaces de comprender el contenido de los sueños. La causa era que los sueños contenían imágenes que no podían relacionar con nada que pudieran recordar o que les hubiera ocurrido a sus hijos. Sin embargo, algunos de esos pacientes eran muy cultos, incluso algunos de ellos psiquiatras.

Recuerdo muy claramente el caso de un profesor que había tenido una visión repentina y llegó a pensar que estaba loco. Vino a verme en un estado de verdadero pánico. Me limité a coger de la estantería un libro antiguo, de hacía cuatro siglos, y le mostré un viejo grabado en madera que representaba su misma visión. "No hay razón para que crea usted que está loco", le dije. Acto seguido se sentó exhausto, pero nuevamente normal.

Un caso muy importante constituyó el de un hombre que también era psiquiatra. Un día me trajo un librito manuscrito que había recibido como regalo de Navidad de su hija de diez años. Contenía toda una serie de sueños que ella había tenido a los ocho años. Constituían la más fatídica serie de sueños que jamás haya visto, y comprendí de sobra por qué su padre estaba tan intrigado con ellos. Aunque infantiles, eran misteriosos y contenían imágenes cuyo origen era totalmente incomprensible para el padre.

He aquí los pertinentes motivos de los sueños:

1.- "El animal malo", un monstruo parecido a una serpiente con muchos cuernos, mata y devora a todos los otros animales. Pero Dios viene de los cuatro rincones, de hecho cuatro dioses independientes, y resucitan a todos los animales muertos.

2.- Una ascensión al cielo, donde se están celebrando danzas paganas; y un descenso al infierno, donde los ángeles están haciendo buenas obras.

3.- Una horda de animalillos asusta a la soñante. Los animales crecen hasta un tamaño tremendo y uno de ellos devora a la niña.

4.- Un ratoncillo es penetrado por gusanos, serpientes, peces y seres humanos. De ese modo el ratón se convierte en humano. Esto retrata las cuatro etapas del origen de la humanidad.

5.- Ve una gota de agua como cuando se la mira por un microscopio. La niña ve que la gota está llena de ramas de árbol. Esto retrata el origen del mundo.

6.- Un niño malo tiene un terrón de tierra y tira trozos a todo el que pasa. De ese modo, los que pasan se convierten en malos.

7.- Una mujer borracha cae al agua y sale de ella renovada y serena.

8.- La escena es en Norteamérica, donde mucha gente rueda por encima de un hormiguero y es atacada por las hormigas. La soñante, presa del pánico, cae al río.

9.- Hay un desierto en la luna donde la soñante se hunde tan profundamente que llega al infierno.

10.- En este sueño la niña tiene la visión de una bola luminosa. La toca. De la bola salen vapores. Viene un hombre y la mata.

11.- La niña sueña que está gravemente enferma. De repente, le salen pájaros de la piel y la tapan completamente.

12.- Nubes de mosquitos oscurecen el sol, la luna y todas las estrellas, excepto una. Esta estrella cae sobre la soñante.

En el original completo alemán, cada sueño comienza con las palabras de los cuentos de hadas tradicionales: "Había una vez..." Con estas palabras quería sugerir la pequeña soñante que, para ella, cada sueño era una especie de cuento que quería contar a su padre como regalo de Navidad. El padre intentó explicar los sueños basándose en su texto. Pero no pudo porque parecía que no había en ellos asociaciones personales.

La posibilidad de que esos sueños fueran elaboraciones conscientes la desecharía quien conociera a la niña suficientemente para estar seguro de su veracidad. (Sin embargo, seguiría habiendo un desafío a la comprensión aún cuando fuesen fantasías) En este caso, el padre estaba convencido que los sueños eran auténticos y no tenía motivos para dudarlo. Yo conocí a la niña, pero fue antes que ella le entregara los sueños a su padre, así es que no tuve ocasión de interrogarla acerca de ellos. La niña vivía en el extranjero y murió de una enfermedad infecciosa un año después de aquellas Navidades.

Sus sueños tienen un carácter de indudable peculiaridad. Sus pensamientos principales son de concepción marcadamente filosófica. El primero, por ejemplo, habla de un monstruo maligno que mata a otros animales, pero Dios los resucita a todos por medio de una Apocatástasis divina o restauración. En el mundo occidental esta idea es conocida por la tradición cristiana. Puede encontrarse en los Hechos de los Apóstoles, III, 21: "(Cristo) a quien el cielo debe retener hasta los tiempos de la restauración de todas las cosas..." Los primitivos Padres de la Iglesia griegos (por ejemplo, Orígenes), insistieron especialmente en la idea de que, al final de los tiempos, todo sería restaurado por el Redentor a su estado original y perfecto. Pero según San Mateo, XVII, 11, ya había una vieja tradición judía de que Elías "en verdad, está para llegar, y restablecerá todo". En la primera Epístola a los Corintios, XV, 22, se alude a la misma idea con estas palabras: "Y como en Adán hemos muerto todos, así también en Cristo somos todos vivificados".

Se podría sospechar que la niña había encontrado esos pensamientos en su educación religiosa. Pero tenía poca base religiosa. Sus padres eran nominalmente protestantes, pero, de hecho, sólo conocían la Biblia de oídas. Es muy inverosímil que le hubieran explicado a la niña la recóndita imagen de la Apocatástasis. En realidad, su padre jamás había oído hablar de esa idea mítica.

Nueve de los doce sueños están influidos por la idea de destrucción y restauración. Y ninguno de esos sueños muestra rastros de una educación cristiana o influencia específica. Por el contrario, están mucho más relacionados con los mitos primitivos. Esta relación la corrobora otro motivo: el "mito cosmogónico" (la creación del mundo y del hombre), que aparece en el cuarto y quinto sueños. La misma relación se encuentra en la *primera Epístola a los Corintios*, XV, 22, que acabo de citar. También en ese pasaje Adán y Cristo (muerte y resurrección) van unidos.

La producción de arquetipos por los niños es esencialmente significativa porque, a veces, se puede estar completamente seguro que un niño no ha tenido acceso directo a la tradición respectiva. En este caso, la familia de la niña no tenía más que un conocimiento superficial de la tradición cristiana. Desde luego que los temas cristianos pueden representarse con ideas tales como Dios, ángeles, cielo, infierno, bondad y maldad. Pero la forma en que son tratadas por esa niña, indica totalmente un origen que no es cristiano.

Examinemos el primer sueño sobre un Dios que, en realidad, consta de cuatro dioses, que vienen de los "cuatro rincones". ¿Qué rincones? En el sueño no se nombra ninguna habitación. Una habitación tampoco encajaría en la descripción de lo que, evidentemente, es un suceso cósmico en el que interviene el propio Ser Universal. La propia cuaternidad (o elemento "cuádruple") es una idea extraña, pero que desempeña un papel muy importante en muchas religiones y filosofías. En la religión cristiana, fue superada por la Trinidad, noción que debemos suponer era conocida por la niña. Pero, ¿quién en una familia corriente de la clase media de hoy día, es verosímil que tuviera idea de una cuaternidad divina? Es una idea que en otro tiempo era bien conocida entre los estudiantes de filosofía hermética en la Edad Media, pero disminuyó a principios del siglo XVIII y ha estado en total desuso por lo menos durante doscientos años. Entonces, ¿de dónde la sacó la niña? ¿De la visión de Ezequiel? Pero no hay enseñanza cristiana que identifique al serafín con Dios.

La misma pregunta puede hacerse acerca de la serpiente cornuda. Cierto es que en la Biblia hay muchos animales cornudos (en el Apocalipsis, por ejemplo). Pero todos ellos parecen ser cuadrúpedos, y aunque su soberano es el dragón, la palabra griega que lo designa (drakon), también significa serpiente. La serpiente cornuda aparece en la alquimia latina del siglo XVI como cuadricornutus serpens (serpiente de cuatro cuernos), símbolo de Mercurio y antagonista de la Trinidad cristiana. Pero esto es referencia oscura. Que yo sepa, sólo la hace un autor, y la niña no podía saberlo en modo alguno.

En el segundo sueño, aparece un motivo que, decididamente, no es cristiano y que contiene una inversión de los valores aceptados; por ejemplo, las danzas paganas en el cielo y las buenas obras en el infierno. Este símbolo sugiere la relatividad de los valores morales. ¿Dónde encontró la niña idea tan revolucionaria digna del genio de Nietzsche?

Estas preguntas nos llevan a otras: ¿Cuál es el significado compensador de esos sueños a los que la niña, evidentemente, atribuía tal importancia que se los presentó a su padre como regalo de Navidad?

Si el soñante hubiera sido un hechicero primitivo, se podría suponer razonablemente que los sueños representaban variaciones de los temas filosóficos de muerte, resurrección o restauración, origen del mundo, creación del hombre y relatividad de los valores. Pero había que desechar esos sueños por su desesperanzada dificultad si tratáramos de interpretarlos desde un nivel personal. Indudablemente contienen "imágenes colectivas" y, en cierto modo, son análogas a las doctrinas enseñadas a los jóvenes en las tribus primitivas cuando van a ser iniciados como hombres. En ese tiempo aprenden lo que

Dios, o los dioses, o los animales "modélicos" han hecho, cómo fueron creados el mundo y el hombre, cómo vendrá el fin del mundo, y el significado de la muerte. ¿Hay alguna ocasión en que, en la civilización cristiana, se den enseñanzas análogas? La hay: en la adolescencia. Pero mucha gente comienza a pensar otra vez en cosas como esas en la vejez, al acercarse la muerte.

Pero ocurrió que la niña estaba en ambas circunstancias. Se estaba acercando a la pubertad, y, al mismo tiempo, al fin de su vida. Poco o nada en el simbolismo de sus sueños indica el comienzo de una normal vida adulta, pero hay muchas alusiones a la destrucción y la restauración. Cuando leí por primera vez sus sueños, tuve la sensación siniestra que indicaban un desastre inevitable. La razón para que yo tuviera una sensación semejante era la naturaleza peculiar de compensación que deduje del simbolismo. Era lo contrario de lo que se esperaría encontrar en la consciencia de una niña de esa edad.

Esos sueños abren un aspecto nuevo y casi terrorífico de la vida y la muerte. Tales imágenes serían de esperar en una persona anciana que revisa su vida pasada, pero no en un niño que normalmente miraría hacia el porvenir. Su ambiente recuerda el viejo dicho católico: "La vida es un corto sueño", más que la alegría y exuberancia de su primavera de la vida. Porque la vida de esta niña era como un *ver sacrum vovendum* (el voto de un sacrificio primaveral), tal como dice el poeta romano. La experiencia demuestra que el desconocido acercamiento de la muerte arroja una adumbratio (una sombra premonitoria) sobre la vida y los sueños de la víctima. Incluso el altar en las iglesias cristianas representa, en un aspecto, la tumba y, en otro, un lugar de resurrección: la transformación de la muerte en vida eterna.

Tales son las ideas que los sueños asignaban a la niña. Eran la preparación para la muerte, expresada por medio de historias breves, como los cuentos narrados en las iniciaciones primitivas o los koan del budismo Zen. Este mensaje es distinto de la doctrina ortodoxa cristiana y más semejante al antiguo pensamiento primitivo. Parece haberse originado fuera de la tradición histórica, en las fuentes psíquicas, largo tiempo olvidadas, que, desde los tiempos prehistóricos, nutrieron las especulaciones filosóficas y religiosas acerca de la vida y la muerte.

Era como si los acontecimientos futuros proyectaran hacia atrás su sombra produciendo en la niña ciertas formas de pensamiento que, aún estando normalmente dormidos, describen o acompañan el acercamiento de un suceso fatal. A pesar que la forma específica en que se expresan es más o menos personal, su modelo general es colectivo. Se encuentran en todas partes y en todo tiempo, al igual que los instintos animales varían mucho en las distintas especies y, sin embargo, sirven para los mismos fines generales. No suponemos que cada animal recién nacido crea sus propios instintos como una adquisición individual, y no debemos suponer que los individuos humanos inventan sus formas específicamente humanas, cada vez que nace uno. A semejanza de los instintos, los modelos de pensamiento colectivo de la mente humana son innatos y heredados. Funcionan, cuando surge la ocasión, con la misma forma aproximada en todos nosotros.

Las manifestaciones emotivas, a las que pertenecen tales modelos de pensamiento, son reconocibles por igual en todo el mundo. Podemos identificarlas incluso en los animales, y los propios animales se entienden unos a otros a este respecto, aunque pertenezcan a distintas especies. ¿Y qué decir de los insectos con su complicadas funciones simbióticas? La mayoría de ellos no conocen a sus padres ni tienen a nadie que les enseñe. Entonces, ¿por qué habríamos de suponer que el hombre es el único ser viviente desprovisto de instintos específicos o que su psique está vacía de todo rastro de evolución?

Naturalmente que si se identifica la psique con la consciencia, se puede caer en la idea errónea de que el hombre viene al mundo con una psique sin contenido, y que en años posteriores no contiene nada más que lo que aprendió por experiencia individual. Pero la psique es algo más que la conciencia. Los animales tienen poca consciencia, pero muchos impulsos y reacciones que denotan la existencia de una psique; y los hombres primitivos hacen muchas cosas cuyo significado les es desconocido.

Se puede preguntar en vano a mucha gente civilizada acerca del verdadero significado del árbol de Navidad o los huevos de Pascua. El hecho es que hacen cosas sin saber por qué las hacen. Me inclino por la opinión que, por lo general, primeramente se hicieron las cosas y que sólo mucho tiempo después fue cuando a alguien se le ocurrió preguntar por qué se hacían. El médico piscólogo constantemente se encuentra ante pacientes que son inteligentes, pero que se portan de un modo peculiar e impredecible y que no tienen ni idea de lo que dicen o hacen. De repente, se sienten arrastrados por malos humores inexplicables que ni ellos mismos pueden justificar.

Superficialmente, tales reacciones e impulsos parecen ser de naturaleza íntimamente personal, y por tanto los desechamos como conducta idiosincrásica. En realidad, se basan en un sistema instintivo preformado y siempre dispuesto, que es característico del hombre. Formas de pensamiento, gestos entendidos universalmente y muchas actitudes siguen un modelo que se estableció mucho antes que el hombre desarrollara una consciencia reflexionadora.

Incluso es concebible que los primitivos orígenes de la capacidad del hombre para reflexionar procedan de las dolorosas consecuencias de violentos entrechocamientos emotivos.

Permítaseme poner como ejemplo, sólo para ilustrar este punto, al bosquimano que, en un momento de cólera y decepción al no conseguir pescar algún pez, estrangula a su muy amado hijo único y luego se siente presa de inmenso arrepentimiento cuando coge en sus brazos el cuerpecillo muerto. Ese hombre recordará por siempre ese momento de dolor.

No podemos saber si esa clase de experiencia es, en realidad, la causa inicial del desarrollo de la consciencia humana. Pero no hay duda que, con frecuencia, se requiere la conmoción producida por una experiencia emotiva análoga para hacer que la gente se espabile y ponga atención en lo que está haciendo. Tenemos el famoso caso de Ramón Llull (siglo XIII) quien, después de un largo asedio, consiguió una cita secreta con la dama de la que estaba enamorado. Ella, calladamente, se abrió el vestido y le mostró su pecho, carcomido por el cáncer. La conmoción cambió la vida de Llull; con el tiempo, llegó a ser un teólogo eminente y uno de los más grandes misioneros de la Iglesia. En el caso de un cambio tan repentino, se puede demostrar con frecuencia que un arquetipo ha estado operando por largo tiempo en el inconsciente, preparando hábilmente las circunstancias que conducirían a la crisis.

Tales experiencias parecen mostrar que las formas arquetípicas no son, precisamente, modelos estáticos. Son factores dinámicos que se manifiestan en impulsos, tan espontáneamente como los instintos. Ciertos sueños, visiones o pensamientos pueden aparecer repentinamente; y por muy cuidadosamente que se investigue, no se puede hallar cuál fue su causa. Esto no quiere decir que no tengan causa; la tienen con toda seguridad. Pero es tan remota u oscura que no se la puede ver. En un caso semejante, hay que esperar hasta que el sueño y su significado sean suficientemente comprendidos o hasta que ocurra algún hecho externo que pueda explicar el sueño.

En el momento del sueño, ese hecho puede aún estar en el futuro. Pero del mismo modo que nuestros pensamientos conscientes se ocupan muchas veces del futuro y de sus posibilidades, lo mismo hacen el inconsciente y sus sueños. Es una creencia muy antigua que la función principal de los sueños es la de pronosticar el futuro. En la Antigüedad y aún en la Edad Media, los sueños desempeñaban su papel en la prognosis médica. Puedo confirmar con un sueño moderno el elemento de prognosis (o preconocimiento) que puede encontrarse en un antiguo sueño citado por Artemidoro de Daldis, en el siglo II d.C: Un hombre soñó que veía a su padre morir entre las llamas de una casa incendiada. NO mucho después, él mismo murió de un phlegmone (fuego o fiebre alta), que yo presumo era pulmonía.

Así ocurrió que un colega mío padeció una vez de una mortal fiebre gangrenosa, en realidad, un phlegmone. Un antiguo paciente suyo, que no sabía qué enfermedad tenía su doctor, soñó que el doctor moría en un fuego. Por entonces, el doctor acababa de ingresar en un hospital y la enfermedad sólo estaba comenzando. El soñante no sabía nada sino, simplemente, que su médico estaba enfermo y hospitalizado. Tres semanas después, murió el doctor.

Como muestran estos ejemplos, los sueños pueden tener un aspecto de presentimiento o pronóstico, y todo el que trate de interpretarlos tiene que tener eso en cuenta, en especial cuando un sueño de significado evidente no proporciona un contexto suficiente para explicarlo. Los sueños de ese tipo, con frecuencia, se producen de repente y nos preguntamos qué puede haberlos provocado. Desde luego, si se conociera su ulterior mensaje, su causa sería clara. Porque es solamente nuestra consciencia la que aún no la conoce; el inconsciente parece ya estar informado y haber llegado a una conclusión que se expresa en el sueño. De hecho, el inconsciente parece capaz de examinar los hechos y extraer conclusiones, en modo muy parecido a como hace la consciencia. Incluso puede utilizar ciertos hechos y pronosticar sus posibles resultados precisamente porque no tenemos consciencia de ellos.

Por lo que se puede deducir de los sueños, el inconsciente realiza sus deliberaciones instintivamente. Esta distinción es importante. El análisis lógico es la prerrogativa de la consciencia; elegimos con razón y conocimiento. Pero el inconsciente parece estar guiado principalmente por tendencias instintivas representadas por sus correspondientes formas de pensamiento, es decir, los arquetipos. Un médico al que se le pide que describa el curso de una enfermedad empleará conceptos racionales como "infección" o "fiebre" El sueño es más poético. Expresa la enfermedad corporal como una casa terrenal y la fiebre como un fuego que la destruye.

Como se ve en ese último sueño del que hemos hablado, la mente arquetípica manejó la situación en la misma forma que lo hizo en tiempos de Artemidoro. Algo que es de naturaleza más o menos conocida fue captado intuitivamente por el inconsciente y sometido a una elaboración arquetípica. Esto indica que, en vez del proceso de razonamientos que el pensamiento consciente habría aplicado, la mente arquetípica ha intervenido y emprendido la tarea de pronosticación. Los arquetipos tienen, de ese modo, su propia iniciativa y su energía específica. Esas potencias los capacitan, a la vez, para extraer una interpretación con significado (en su propio estilo simbólico), y para intervenir en una situación determinada con impulsos y formaciones de pensamientos propios. A este respecto, actúan como complejos; van y vienen a su gusto y muchas veces obstruyen o modifican nuestras intenciones conscientes de una forma desconcertante.

Se puede percibir la energía específica de los arquetipos cuando experimentamos la peculiar fascinación que los acompaña. Parecen tener un hechizo especial. Tal cualidad peculiar es también característica de los complejos personales; y así como los complejos personales tienen su historia individual, lo mismo les ocurre a los complejos sociales de carácter arquetípico. Pero mientras los complejos personales jamás producen más que una inclinación personal, los arquetipos crean mitos, religiones y filosofías que influyen y caracterizan a naciones enteras y a épocas de la historia. Consideramos los complejos personales como compensaciones de la unilateralidad o defectuosidad de la consciencia; del mismo modo, los mitos de naturaleza religiosa pueden interpretarse como una especie de terapia mental de los sufrimientos y angustias de la humanidad en general: hambre, guerra, enfermedad, vejez, muerte.

El mito heroico universal, pero ejemplo, siempre se refiere a un hombre, poderoso o dios-hombre que vence al mal, encarnado en dragones, serpientes, monstruos, demonios y demás, y que libera a su pueblo de la destrucción y la muerte. La narración o repetición ritual de textos sagrados y ceremonias, y la adoración a tal personaje con danzas, música, himnos, oraciones y sacrificios, sobrecoge a los asistentes con numínicas emociones (como si fuera con encantamientos mágicos), y exalta al individuo hacia una identificación con el héroe.

Si intentamos ver tal situación con los ojos del creyente, quizá podamos comprender cómo el hombre corriente puede liberarse de su incapacidad y desgracia personales y dotarse (al menos temporalmente), con una cualidad casi sobrehumana. Con mucha frecuencia, tal convicción le sostendrá por largo tiempo e imprimirá cierto estilo a su vida. Incluso puede establecer la tónica de toda una sociedad. Un ejemplo notable de esto puede hallarse en los misterios eleusinos que, finalmente, fueron suprimidos a principios del siglo

VII de la era cristiana. Expresaban, junto con el oráculo délfico, la esencia y espíritu de la Grecia antigua. En medida mucho mayor, la propia era cristiana debe su nombre y significancia al antiguo misterio del dios-hombre que tiene sus raíces en el arquetípico mito Osiris-Horus del Egipto antiguo.

Comúnmente se supone que en alguna determinada ocasión de los tiempos prehistóricos se "inventaron" las ideas mitológicas básicas por algún inteligente filósofo anciano o profeta y que, en adelante, fueron "creídas" por el pueblo crédulo y carente de sentido crítico. Se dice que las historias contadas por un sacerdocio a la búsqueda del poder no son "verdad" sino sólo "pensamiento anhelante". Pero la misma palabra "inventar" deriva del latín invenire y significa "encontrar" y de ahí encontrar algo "buscándolo". En el último caso, la propia palabra insinúa cierto conocimiento anticipado de lo que se va a encontrar.

Permítaseme volver a las extrañas ideas contenidas en los sueños de la niña. Parece inverosímil que las buscara, puesto que estaba sorprendida de haberlas encontrado. Le ocurrieron más bien como cuentos singulares e inesperados que le parecieron lo bastante notables para ofrecérselos a su padre como regalo de Navidad. Sin embargo, al hacerlo así, los elevó a la esfera de nuestro superviviente misterio cristiano: el nacimiento de nuestro Señor, mezclado con el secreto del árbol de verdor perenne que trae la luz recién nacida. (Esto se refiere al quinto sueño)

Aunque hay amplias pruebas históricas de la relación simbólica entre Cristo y el símbolo del árbol, los padres de la niña se habrían sentido muy desconcertados si se les hubiera pedido que explicaran exactamente qué significaban al adornar un árbol con velas encendidas para celebrar el nacimiento de Cristo. "Ah, es sólo una costumbre de Navidad!", habrían contestado. Una respuesta seria habría requerido una amplia disertación acerca del antiguo simbolismo del dios mortal y su relación con el culto de la Gran Madre y su símbolo, el árbol, por sólo mencionar un aspecto de este complicado problema.

Cuanto más profundicemos en los orígenes de una "imagen colectiva" (o, dicho en lenguaje eclesiástico, de un dogma), más des-

cubriremos una maraña, al parecer interminable, de modelos arquetípicos que, antes de los tiempos modernos, no habían sido objeto de
reflexión consciente. Así es que, por paradójico que parezca, sabemos más acerca de simbolismo mitológico que ninguna otra generación anterior a la nuestra. El hecho es que, en tiempos anteriores,
los hombres no reflexionaban sobre sus símbolos; los vivían y estaban inconscientemente animados por su significado.

Ilustraré esto con una experiencia que tuve una vez con los salvajes del Monte Elgon, en Africa. Todas las mañanas, al amanecer,
salían de sus chozas y se echaban el aliento o se escupían en las
manos que luego extendían hacia los primeros rayos de sol como si
estuvieran ofreciendo su aliento o su saliva al dios naciente, o
mungu. (Esta palabra swahili, que empleaban al explicar el acto ritual, deriva de una raíz polinésica equivalente a mana o mulungu.
Estos términos, y otros similares, designan un "poder" de extraordi-
naria eficacia y penetración que podríamos llamar divino. Por tanto,
la palabra mungu es el equivalente de Alá o Dios) Cuando les pregunté qué expresaban con ese acto, o por qué lo hacían, se sintieron
completamente desconcertados. Sólo pudieron decirme: "Siempre
lo hemos hecho. Siempre se ha hecho cuando sale el sol" Se rieron
ante la deducción obvia de que el sol era mungu. Cierto es que el sol
no es mungu cuando está por encima del horizonte; mungu es el
momento preciso en que sale.

Lo que hacían era evidente para mí, pero no para ellos; se li-
mitaban a hacerlo sin reflexionar jamás en lo que hacían. En consecuencia, eran incapaces de explicarlo. Llegué a la conclusión de
que ofrecían su alma a *mungu* porque el aliento (de vida) y la saliva significan "sustancia del alma". Echar el aliento o escupir
sobre alguna cosa transmite un efecto "mágico" como, por ejemplo, cuando Cristo utilizó saliva para curar al ciego, o cuando un
hijo aspira el último aliento de su padre agonizante con el fin de
posesionarse de su alma. Es muy inverosímil que esos africanos,
aún en tiempos remotos, hubieran sabido jamás algo más acerca
del significado de su ceremonia. De hecho, sus antepasados probablemente sabían menos porque eran más profundamente in-

conscientes aún de sus motivos y pensaban menos acerca de sus acciones.

El Fausto de Goethe dice apropiadamente: "Im Anfang war die Tat" (En el principio fue la acción) Las "acciones" jamás fueron inventadas, fueron realizadas; por otra parte, los pensamientos son un descubrimiento relativamente tardío del hombre. Primeramente fue impulsado hacia las acciones por factores inconscientes; sólo fue mucho tiempo después cuando comenzó a reflexionar sobre las causas que le habían impulsado; y le costó mucho tiempo llegar a la idea absurda de que tenía que haberse impulsado él mismo, ya que su mente era incapaz de identificar ninguna otra fuerza motivadora que no fuera la suya propia.

Nos reiríamos ante la idea de una planta o un animal investigándose; sin embargo, hay mucha gente que cree que la psique o mente se inventó a sí mismo y por tanto fue la creadora de su propia existencia. En realidad, la mente se ha desarrollado hasta su estado actual de consciencia, igual como una bellota se desarrolla hasta ser una encina o los saurios evolucionaron hasta ser mamíferos. Se ha estado desarrollando durante muchísimo tiempo y aún sigue su desarrollo, así es que estamos impulsados por fuerzas internas y también por estímulos externos.

Estos motivos interiores surgen de su origen profundo, que no está hecho por la consciencia ni está bajo su dominio. En la mitología de los tiempos primitivos, esas fuerzas se llamaban mana o espíritus, demonios y dioses. Hoy día son tan activos como lo fueron siempre. Si se adaptan a nuestros deseos, los llamamos inspiraciones felices o impulsos y nos congratulamos de ser tan ingeniosos. Si van en contra de nosotros, entonces decimos que es sólo mala suerte o que ciertas personas están en contra o que la causa de nuestras desgracias debe de ser patológica. La única cosa que no queremos admitir es que dependemos de "poderes" que están fuera de nuestro dominio.

Sin embargo, es cierto que en tiempos recientes, el hombre civilizado adquirió cierta fuerza de voluntad que puede aplicar donde le plazca. Aprendió a realizar su trabajo eficazmente sin tener que recurrir a cánticos y tambores que le hipnotizaran dejándole en trance de actuar. Incluso puede prescindir de la oración diaria para pedir ayuda divina. Puede realizar lo que se propone y puede llevar, sin dificultad, sus ideas a la acción, mientras que el hombre primitivo parece estar trabado a cada paso, en su acción, por miedos, supersticiones y otros obstáculos invisibles. El dicho "querer es poder" constituye la superstición del hombre moderno.

No obstante, para mantener su creencia, el hombre contemporáneo paga el precio de una notable falta de introspección. Está ciego para el hecho que, con todo su racionalismo y eficiencia, está poseído por "poderes" que están fuera de su dominio. No han desaparecido del todo sus dioses y demonios; solamente han adoptado nuevos nombres. Ellos le mantienen en el curso de su vida sin descanso, con vagas aprensiones, complicaciones psicológicas, insaciable sed de píldoras, alcohol, tabaco, comida y, sobre todo, un amplio despliegue de neurosis.

El alma humana

Lo que llamamos consciencia civilizada se ha ido separando, de forma constante, de sus instintos básicos. Pero esos instintos no han desaparecido. Simplemente han perdido su contacto con nuestra consciencia y, por tanto, se han visto obligados a hacerse valer mediante una forma indirecta. Esta puede ser por medio de síntomas físicos en el caso de las neurosis, o por medio de incidentes de diversas clases, como inexplicables raptos de mal humor, olvidos inesperados o equivocaciones al hablar.

Al hombre le gusta creer que es dueño de su alma. Pero como es incapaz de dominar sus humores y emociones, o de darse cuanta de la miríada de formas ocultas con que los factores inconscientes se insinúan en sus disposiciones y decisiones, en realidad, no es su dueño. Estos factores inconscientes deben su existencia a la autonomía de los arquetipos. el hombre moderno se protege, por medio de un sistema de compartimientos, contra la idea de ver dividido su propio dominio. Ciertas zonas de la vida exterior y de su propia conducta se mantienen, como si dijéramos, en cajones separados y jamás se enfrentan mutuamente.

Como ejemplo de esa especie de psicología en compartimientos, recuerdo el caso de un alcohólico que llegó a quedar bajo la influencia laudable de cierto movimiento religioso y, fascinado por sus entusiasmos, había olvidado que necesitaba beber. Era evidente que Jesús le había curado con un milagro y, por tanto, le mostraron como testigo de la gracia divina o de la eficacia de la mencionada organización religiosa. Pero unas semanas después de la confesión pública, la novedad comenzó a esfumarse y pareció apropiado algún refresco alcohólico, y de ese modo volvió a beber. Pero esta vez la caritativa organización religiosa llegó a la conclusión de que el caso era "patológico" y, evidentemente, no era adecuado para la intervención de Jesús, así es que le llevaron a una clínica para que el médico lo hiciera mejor que el divino Sanador.

Este es un aspecto de la moderna mente "cultural" que merece que lo examinemos. Muestra un alarmante grado de disociación y confusión psicológicas.

Si, por un momento, consideramos a la humanidad como un individuo, vemos que el género humano es como una persona arrastrada por fuerzas inconscientes; y también al género humano le gusta mantener relegados ciertos problemas en cajones separados. Pero ésta es la razón de que concedamos tanta consideración a lo que estamos haciendo, porque la humanidad se ve ahora amenazada por peligros autocreados y mortales que se están desarrollando fuera de nuestro dominio. Nuestro mundo, por así decirlo, está disociado como un neurótico, con el telón de acero marcando la simbólica línea de división. El hombre occidental, dándose cuenta del agresivo deseo de poder del Este, se ve forzado a tomar medidas extraordinarias de defensa, al mismo tiempo que se jacta de su virtud y sus buenas intenciones.

Lo que no consigue ver es que son sus propios vicios, que ha cubierto con buenos modales internacionales, los que el mundo comunista le devuelve, descarada y metódicamente, como un reflejo en el rostro. Lo que Occidente toleró, aunque secretamente y con una ligera sensación de vergüenza (la mentira diplomática, el engaño sistemático, las amenazas veladas), sale ahora a plena luz y en gran cantidad procedente del Este y nos ata con nudos neuróticos. Es el rostro de la sombra de su propio mal, que sonríe con una mueca al hombre occidental desde el otro lado del telón de acero.

Es ese estado de cosas el que explica el peculiar sentimiento de desamparo de tantas gentes de las sociedades occidentales. Han comenzado a darse cuenta que las dificultades con las que nos enfrentamos son problemas morales y que los intentos para resolverlos con una política de acumulamiento de armas nucleares o de "competición" económica sirve de poco, porque corta los caminos a unos y otros. Muchos de nosotros comprendemos ahora que los medios morales y mentales serían más eficaces, ya que podrían proporcionarnos una inmunidad psíquica contra la infección siempre creciente.

Pero todos esos intentos han demostrado su singular ineficacia, y la seguirán teniendo mientras tratemos de convencer al mundo y a nosotros que son solamente ellos (es decir, nuestros adversarios) quienes están equivocados. Sería mucho mejor para nosotros hacer intentos serios para reconocer nuestra propia sombra y sus hechos malvados. Si pudiéramos ver nuestra sombra (el lado oscuro de nuestra naturaleza), seríamos inmunes a toda infección moral y mental y a toda insinuación. Tal como están ahora las cosas, estamos expuestos a cualquier infección porque, en realidad, estamos haciendo, en la práctica, las mismas cosas que ellos. Sólo que nosotros tenemos la desventaja adicional de que ni vemos ni deseamos comprender lo que estamos haciendo bajo la capa de los buenos modales.

El mundo comunista, como puede observarse, tiene un gran mito (al que llamamos ilusión, con la vana esperanza de que nuestro juicio superior lo haga desaparecer) Es el sueño arquetípico, consagrado por el tiempo, de una Edad de Oro (o Paraíso), donde todo se provee en abundancia a todo el mundo, y un jefe grande, justo y sabio gobierna el jardín de infancia de la humanidad. Este poderoso arquetipo, en su forma infantil, se ha apoderado de ellos, paro jamás desaparecerá del mundo con la simple mirada de nuestro superior punto de vista. Incluso lo mantenemos con nuestro propio infanti-lismo, porque nuestra civilización occidental también está aferrada por esa mitología. Inconscientemente, acariciamos los mismos pre-juicios, esperanzas y anhelos. También creemos en el estado feliz, la paz universal, la igualdad de los hombres, en sus eternos derechos humanos, en la justicia, la verdad y (no lo digamos en voz dema-siada alta), en el Reino de Dios en la tierra.

La triste verdad es que la auténtica vida del hombre consiste en un complejo de oposiciones inexorables: día y noche, nacimiento y muerte, felicidad y desgracia, bueno y malo. Ni siquiera estamos se-guros que uno prevalecerá sobre el otro, que el bien vencerá al mal o la alegría derrotará a la tristeza. La vida es un campo de batalla. Siempre lo fue y siempre lo será, y si no fuera así, la existencia lle-garía a su fin.

Fue precisamente este conflicto interior del hombre el que llevó a los primeros cristianos a creer y esperar un pronto fin de este mundo, o a los budistas a rechazar todo deseo y aspiración terrena-les. Estas respuestas básicas serían francamente suicidas si no estu-vieran ligadas con unas ideas mentales y morales muy peculiares, y con prácticas que forman el volumen de ambas religiones y que, hasta cierto punto, modifican su negación radical del mundo.

Subrayo ese punto porque, en nuestros tiempos, hay millones de personas que han perdido la fe en toda clase de religión. Tales per-sonas ya no entienden su religión. Mientras la vida se desliza sua-vemente sin religión, la pérdida permanece tan buena como inadvertida. Pero cuando llegan los sufrimientos es otra cuestión. Es cuando la gente comienza a buscar una salida y a reflexionar acerca del significado de la vida y sus turbadoras y penosas experiencias.

Es significativo que el médico psicólogo (en mi experiencia) es más consultado por judíos y protestantes que por católicos. Era de esperar que así fuera, porque la Iglesia Católica aún se siente res-ponsable de la cura animarum (el cuidado por el bien del alma) Pero en esta edad científica, el psiquiatra es idóneo para que se le planteen las cuestiones que en otro tiempo pertenecían a los dominios del te-ólogo. La gente percibe que hay gran diferencia, o la habría, entre poseer una creencia positiva en una forma de vida significativa y la creencia en Dios y la inmortalidad. Con frecuencia el espectro de la muerte cercana da un poderoso incentivo a tales pensamientos. Desde tiempos inmemoriales, los hombres tuvieron ideas acerca de un Ser Supremo (uno o varios) y acerca de la Tierra del más allá. Sólo hoy día piensan que pueden pasarse sin tales ideas.

Como no podemos descubrir con un telescopio el trono de Dios en el firmamento o establecer (como cierto) que un padre, o madre, o amante está aún por ahí en una forma más o menos corporal, la gente supone que tales ideas "no son verdad" Yo más bien diría que no son suficientemente "verdad", pues son conceptos de cierta clase que acompañaron a la vida humana desde los tiempos prehistóricos y que aún se abren paso hasta la consciencia con cualquier provocación.

El hombre moderno puede afirmar que él prescinde de tales conceptos y que puede apoyar su opinión insistiendo en que no hay prueba científica sobre su veracidad. O, incluso, puede lamentarse de la pérdida de sus creencias. Pero, puesto que estamos tratando de cosas invisibles e inconocibles (porque Dios está más allá de la comprensión humana y no hay medio alguno de demostrar la inmortalidad), ¿por qué nos preocupamos de su demostración? Aún cuando no conociéramos con la razón nuestra necedad de sal o de alimento, nadie dejaría por eso de utilizarlos. Podría argumentarse que la utilización de la sal es una mera ilusión del gusto o una superstición; no obstante, seguiría contribuyendo a nuestro bienestar. Entonces, ¿por qué nos privamos de ideas que demostrarían ser útiles en las crisis y darían sentido a nuestra existencia?

¿Y cómo sabemos que esas ideas no son verdad? Mucha gente estaría de acuerdo conmigo si yo afirmara de plano que tales ideas probablemente son ilusiones. De lo que no se dan cuenta es que la negación es tan imposible de "demostrar" como la afirmación de la creencia religiosa. Tenemos pena libertad para elegir qué punto de vista vamos a aceptar; en todo caso, será una declaración arbitraria.

Sin embargo, hay una poderosa razón empírica en por qué habríamos de fomentar pensamientos que jamás pueden ser demostrados. Es que se sabe que son útiles. El hombre, positivamente, necesita ideas y convicciones generales que le den sentido a su vida y le permitan encontrar un lugar en el universo. Puede soportar las más increíbles penalidades cuando está convencido que sirven para algo; se siente aniquilado cuando, en el colmo de todas sus desgracias, tiene que admitir que está tomando parte en un "cuento contado por un idiota".

La misión de los símbolos religiosos es dar sentido a la vida del hombre. Los indios pueblo creen que son hijos del Padre Sol y esta creencia dota a su vida de una perspectiva (y una finalidad) que va más allá de su limitada existencia. Les da amplio espacio para el desenvolvimiento de la personalidad y les permite una vida plena de verdaderas personas. Su situación es mucho más satisfactoria que la del hombre de nuestra civilización que sabe que es (y seguirá siendo) nada más que un ser vencido sin un sentido íntimo que darle a su vida.

Una sensación de que la existencia tiene un significado más amplio es lo que eleva al hombre más allá del mero ganar y gastar. Si carece de esa sensación, se siente perdido y desgraciado. Si san Pablo hubiera estado convencido que no era más que un tejedor ambulante de alfombras, con seguridad no hubiera sido el hombre que fue. Su verdadera y significativa vida reside en su íntima certeza de que él era el mensajero del Señor. Se le puede acusar de sufrir megalomanía, pero tal opinión palidece ante el testimonio de la historia y el juicio de las generaciones posteriores. El mito que se posesionó de él le convirtió en algo mucho más grande que un simple artesano.

Sin embargo, ese mito consta de símbolos que no fueron inventados conscientemente. Sólo ocurrieron. No fue el hombre Jesús el que inventó el mito del dios-hombre. Ya existía muchos años antes de su nacimiento. El también se vio captado por esa idea simbólica que, como san Marcos nos cuenta, le sacó de la estrecha vida de un carpintero nazareno.

Los mitos se remontan a los primitivos narradores y sus sueños, a los hombres movidos por la excitación de sus fantasías. Esa gente no era muy distinta de la que, generaciones posteriores, llamaron poetas y filósofos. Los primitivos narradores no se preocupaban del origen de sus fantasías; fue mucho tiempo después cuando la gente empezó a preguntarse de dónde procedía el relato. Sin embargo, hace muchos siglos, en lo que ahora llamamos "antigua" Grecia, la mente humana estaba lo bastante adelantada para sospechar que las historias de los dioses no eran más que arcaicas tradiciones exageradas acerca de reyes y jefes hacía mucho tiempo enterrados. Los hombres ya adoptaban la opinión de que el mito era muy improbable que significara lo que decía. Por tanto, trataron de reducirlo a una forma comprensible en general.

En tiempos más recientes, hemos visto que ha ocurrido lo mismo con el simbolismo onírico. Nos dimos cuenta, en los días en que la psicología estaba en su infancia, que los sueños tenían cierta importancia. Pero al igual que los griegos se convencieron que sus mitos eran puras elaboraciones de la historia racional o "normal", así algunos de los precursores de la psicología llegaron a la conclusión que los sueños no significaban lo que aparentaban. Las imágenes o símbolos que presentaban eran desechados como formas fantásticas en que se presentaban a la mente consciente los contenidos reprimidos de la psique. Así es que se dio por admitido que un sueño significaba algo que era distinto a su relato obvio.

Ya expliqué mi desacuerdo con esa idea; desacuerdo que me condujo a estudiar la forma y el contenido de los sueños. ¿Por qué habían de significar algo que era diferente a su contenido? ¿Hay algo en la naturaleza que no sea lo que es? El sueño es un fenómeno normal y natural, y no significa algo que no sea. Hasta el Talmud dice: "El sueño es su propia interpretación". La confusión surge porque el contenido del sueño es simbólico y, por tanto, tiene más de un significado. Los símbolos señalan en direcciones diferentes de las que abarcamos con la mente consciente; y, por tanto, se refieren a algo que es inconsciente o, al menos, no del todo consciente.

Para la mente científica, fenómenos tales como las ideas simbólicas son un engorro, porque no se pueden formular de manera que satisfaga al intelecto y a la lógica. Pero, en modo alguno, son el único caso de ese tipo en psicología. La incomodidad comienza con el fenómeno del "afecto" o emoción que se evade de todos los intentos del psicólogo para encasillarlo con una definición. La causa de esa dificultad es la misma en ambos casos: la intervención de! inconsciente.

Conozco de sobra el punto de vista científico para comprender que es de lo más molesto tener que manejar hechos que no se pueden abarcar en forma completa o adecuada. El engorro de estos fenómenos es que los hechos son innegables y, sin embargo, no se pueden formular en términos intelectuales. Para ello, tendríamos que ser capaces de comprender la vida misma, porque es la vida la que produce emociones e ideas simbólicas.

El psicólogo académico está en plena libertad de desechar el fenómeno de la emoción o el concepto del inconsciente (o ambos) de su consideración. No obstante, siguen siendo unos hechos a los que el médico psicólogo, por lo menos, tiene que prestar la debida atención; porque los conflictos emotivos y la intervención del inconsciente son los rasgos clásicos de su ciencia. Si trata a un paciente, se enfrenta con esos irracionalismos como con hechos difíciles, independientemente de su capacidad para formularlos en términos intelectuales. Por tanto, es muy natural que la gente que no ha tenido la experiencia médica del psicólogo encuentre difícil entender lo que ocurre cuando la psicología deja de ser un estudio tranquilo del científico en su laboratorio y se convierte en una parte activa de la aventura real de la vida. El tiro al blanco en un campo de tiro es muy distinto a un campo de batalla; el doctor tiene que tratar de ocuparse de realidades psíquicas, aunque no pueda incorporarlas en definiciones científicas. Por eso no hay libro de texto que pueda enseñar psicología; se aprende sólo con experiencia efectiva.

Podemos ver claramente este punto cuando examinamos ciertos símbolos muy conocidos.

La cruz en la religión cristiana, por ejemplo, es un símbolo significativo que expresa una multitud de aspectos, ideas y emociones; pero una cruz puesta tras un nombre en una lista indica, simplemente, que el individuo está muerto. El falo es un símbolo amplísimo en la religión hindú, pero si un rapazuelo de la calle pinta uno en la pared, no hace más que reflejar interés por su pene. Como las fantasías infantiles y adolescentes con frecuencia se prolongan en la vida adulta, se tienen muchos sueños en los que hay inequívocas alusiones sexuales. Sería absurdo entenderlas como otra cosa. Pero cuando un electricista habla del macho y la hembra en un enchufe, sería ridículo suponer que se recrea reavivando las fantasías de la adolescencia. Simplemente utiliza pintorescos nombres descriptivos de los materiales que emplea. Cuando un hindú culto nos habla acerca del Lingam (el falo que, en la mitología hindú, representa al dios Siva), se pueden oír cosas que los occidentales jamás relacionaríamos con el pene. En realidad, el Lingam no es una alusión obscena; ni es la cruz, meramente, un signo de muerte. Mucho de ello depende de la madurez del soñante que produce tales imágenes.

La interpretación de los sueños y de los símbolos requiere inteligencia. No puede transformarse en un sistema mecánico y luego engranarlo en cerebros sin imaginación. Requiere, a la vez, un creciente conocimiento de la individualidad del soñante y una creciente autovigilancia por parte del intérprete. Los que no tienen experiencia en este campo negarán que haya normas sencillas que puedan ser útiles, aunque han de aplicarse con prudencia e inteligencia. Se pueden seguir todas las buenas normas y, no obstante, empantanarse en el más terrible disparate, sólo por desdeñar un detalle, sin importancia en apariencia, que una inteligencia mejor no hubiera dejado escapar. Incluso un hombre de gran inteligencia puede desviarse por falta de intuición o de sensibilidad.

Cuando intentamos comprender los símbolos, no sólo nos enfrentamos con el propio símbolo, sino que nos vemos frente a la totalidad de la producción individual de símbolos. Esto incluye el estudio de sus antecedentes culturales y, en el proceso, rellena uno muchos huecos con la cultura propia. He adoptado como norma considerar cada caso como una proposición completamente nueva acerca de la cual no debo saber ni siquiera el abecedario. Las respuestas rutinarias pueden ser prácticas y útiles mientras se está tratando la superficie, pero tan pronto como se está en contacto con los problemas vitales, es la propia vida la que manda y aún las brillantes premisas teóricas se convierten en palabrería.

Imaginación e intuición son vitales para nuestra comprensión Y aunque la opinión popular corriente es que son valiosas, principalmente, para poetas y artistas (que en cuestiones de "juicio" no serían de fiar), de hecho, son igualmente vitales en los escalones más elevados de la ciencia. Ahí desempeñan un papel cada vez más importante que suplementa el del intelecto "racional" y su aplicación a un problema específico. Incluso la física, la más estricta de todas las ciencias aplicadas, depende en un grado asombroso de la intuición que actúa a modo de inconsciente (aunque es posible demostrar después el proceso lógico que hubiera conducido al mismo resultado que la intuición).

La intuición es casi indispensable en la interpretación de los símbolos, y muchas veces puede asegurar que sean inmediatamente comprendidos por el soñante. Pero mientras esa sospecha casual puede ser subjetivamente convincente, también puede ser un tanto peligrosa. Puede llevar con mucha facilidad a una falsa sensación de seguridad. Puede, por ejemplo, inducir al intérprete y al soñante a seguir unas relaciones cómodas y aparentemente fáciles que puedan desembocar en una especie de sueño mutuo. La base segura del verdadero conocimiento intelectual y de la comprensión moral se pierde si nos conformamos con la vaga satisfacción de haber comprendido por "sospechas". Sólo podemos explicar y saber si reducimos las intuiciones a un conocimiento exacto de los hechos y de sus conexiones lógicas.

El investigador honrado tiene que admitir que no siempre puede hacer eso, pero no sería honrado no tenerlo siempre en cuenta. Incluso un científico es un ser humano. Por tanto, para él es natural, como para otros, aborrecer las cosas que no puede explicar. Es una ilusión común creer que lo que sabemos hoy día es todo lo que se puede llegar a saber. Nada es más vulnerable que la teoría científica, la cual es un intento efímero de explicar hechos y no una verdad eterna.

El papel de los símbolos

Cuando el médico psicólogo se interesa por los símbolos, primeramente se ocupa de los símbolos "naturales", distinguiéndolos de los símbolos "culturales". Los primeros se derivan de los contenidos inconscientes de la psique y, por tanto, representan un número enorme de variaciones en las imágenes arquetípicas esenciales. En muchos casos, aún puede seguirse su rastro hasta sus raíces arcaicas, es decir, hasta ideas e imágenes que nos encontramos en los relatos más antiguos y en las sociedades primitivas. Por otra parte, los símbolos culturales son los que se han empleado para expresar "verdades eternas", y aún se emplean en muchas religiones. Pasaron por muchas transformaciones e, incluso, por un proceso de mayor o menor desarrollo consciente, y de ese modo se convirtieron en imágenes colectivas aceptadas por las sociedades civilizadas.

Tales símbolos culturales mantienen, no obstante, mucho de su original numinosidad o "hechizo". Nos damos cuenta que pueden provocar una profunda emoción en ciertos individuos, y esa condición psíquica hace que actúen en forma muy parecida a los prejuicios. Son un factor con el cual tiene que contar el psicólogo; es tontería desdeñarlos porque, en términos racionales, parezcan absurdos o sin importancia. Son integrantes de importancia de nuestra constitución mental y fuerzas vitales en la formación de la sociedad humana, y no pueden desarraigarse sin graaave pérdida. Allí donde son reprimidos o desdeñados, su específica energía se sumerge en el inconsciente con consecuencias inexplicables. La energía psíquica que parece haberse perdido de ese modo sirve, de hecho, para revivir e intensificar todo lo que sea culminante en el inconsciente; tendencias que, quizá, no tuvieron hasta entonces ocasión de expresarse o, al menos, no se les permitió una existencia no inhibida en nuestra consciencia.

Tales tendencias forman una "sombra" permanente y destructiva en potencia en nuestra mente consciente. Incluso las tendencias que, en ciertas circunstancias, serían capaces de ejercer una influencia beneficiosa, se transforman en demonios cuando se las reprime. Esa es la razón de que mucha gente bien intencionada le tema incomprensivamente al inconsciente y, de paso, a la psicología.

Nuestros tiempos han demostrado lo que significa abrir las puertas del inframundo. Cosas cuya enormidad nadie hubiera imaginado en la idílica inocencia del primer decenio de nuestro siglo han ocurrido y han trastocado nuestro mundo. Desde entonces, el mundo ha permanecido en estado de esquizofrenia. No sólo la civilizada Alemania vomitó su terrible primitivismo, sino que también Rusia está regida por él y África está en llamas. No es de admirar que Occidente se sienta incómodo.

El hombre moderno no comprende hasta qué punto su "racionalismo" (que destruyó su capacidad para responder a las ideas y símbolos numínicos), le ha puesto a merced del "inframundo" psíquico. Se ha librado de la "superstición" (o así lo cree), pero, mientras tanto, perdió sus valores espirituales hasta un grado positivamente peligroso. Se desintegró su tradición espiritual y moral, y ahora está pagando el precio de esa rotura en desorientación y disociación extendidas por todo el mundo.

Los antropólogos han descrito muchas veces lo que ocurre a una sociedad primitiva cuando sus valores espirituales están expuestos al choque de la civilización moderna. Su gente pierde el sentido de la vida, su organización social se desintegra y la propia gente decae moralmente. Nosotros estamos ahora en la misma situación. Pero nunca comprendimos realmente lo que perdimos porque, por desgracia, nuestros dirigentes espirituales estaban más interesados en proteger sus instituciones que en entender el misterio que presentan los símbolos. En mi opinión, la fe no excluye el pensamiento (que es el arma más poderosa del hombre), pero, desgraciadamente, muchos creyentes parecen temer tanto a la ciencia (y, de paso, a la psicología) que miran con ojos ciegos las fuerzas psíquicas numínicas que por siempre dominan el destino del hombre. Hemos desposeído a todas las cosas de su misterio y numinosidad; ya nada es sagrado.

En las edades primitivas, cuando los conceptos instintivos brotaban en la mente del hombre, la mente consciente no dudaba en integrarlos en un esquema psíquico coherente. Pero el hombre "civilizado" ya no es capaz de hacerlo. Su consciencia "avanzada" le privó de los medios con los que podía asimilar las aportaciones auxiliares de los instintos y del inconsciente. Esos órganos de asimilación e integración eran símbolos numínicos, aceptados comúnmente como sagrados.

Hoy día, por ejemplo, hablamos de "materia". Describimos sus propiedades físicas. Realizamos experimentos de laboratorio para demostrar algunos de sus aspectos. Pero la palabra "materia" sigue siendo un concepto seco, inhumano y puramente intelectual, sin ningún significado psíquico para nosotros. Qué distinta era la primitiva imagen de la materia - la Gran Madre -, que podía abarcar y expresar el profundo significado emotivo de la Madre Tierra. De la misma forma, lo que era e espíritu se identifica ahora con el intelecto, y así deja de ser el Padre de Todo. Ha degenerado en los limitados pensamientos del ego del hombre; la inmensa energía emotiva expresada en la imagen de "nuestro Padre" se disipa en la arena de un desierto intelectual.

Estos dos principios arquetípicos residen en los cimientos de los dos sistemas opuestos del Este y del Oeste. Sin embargo, las masas y sus dirigentes no se dan cuenta que no hay diferencia importante entre llamar al mundo principio masculino y padre (espíritu) como hace Occidente, o femenino y madre (materia), como hacen los comunistas. Esencialmente, sabemos tan poco de lo uno como de lo otro. En los tiempos primitivos, esos principios eran adorados con toda clase de ritos, los cuales, por lo menos, mostraban la significancia psíquica que tenían para el hombre. Pero ahora se han convertido en meros conceptos abstractos.

Al crecer el conocimiento científico, nuestro mundo se ha ido deshumanizando. El hombre se siente aislado en el cosmos, porque ya no se siente inmerso en la naturaleza y ha perdido su emotiva "identidad inconsciente" con los fenómenos naturales. Estos han ido perdiendo paulatinamente sus repercusiones simbólicas. El trueno ya no es la voz de un dios encolerizado, ni el rayo su proyectil vengador. Ningún río contiene espíritus, ni el árbol es el principio vital del hombre, ninguna serpiente es la encarnación de la sabiduría, ni es la gruta de la montaña la guarida de un gran demonio. Ya no se oyen voces salidas de las piedras, las plantas y los animales, ni el hombre habla con ellos creyendo que le pueden oír. Su contacto con la naturaleza ha desaparecido y, con él, se fue la profunda fuerza emotiva que proporcionaban esas relaciones simbólicas.

Esa enorme pérdida se compensa con los símbolos de nuestros sueños. Nos traen nuestra naturaleza originaria: sus instintos y pensamientos peculiares. Sin embargo, por desgracia, expresan sus contenidos en el lenguaje de la naturaleza, que nos es extraño e incomprensible. Por tanto, nos enfrenta con la tarea de traducirlo a las palabras racionales y conceptos del habla moderna, que se ha librado de sus primitivos estorbos, en especial, de su participación mística en las cosas que describe. Hoy día, cuando hablamos de fantasmas y otras figuras numínicas, ya no las estamos conjurando. Se les ha extraído el poder y también la gloria a esas palabras tan poderosas en otros tiempos. Hemos dejado de creer en fórmulas mágicas; no han quedado demasiados tabúes y restricciones análogas; y nuestro mundo parece estar desinfectado de todos esos númenes supersticiosos como "brujas, hechiceros y aojadores", por no hablar de hombres-lobo, vampiros, espíritus del bosque y todos los demás seres extraños que poblaban los bosques primitivos.

Para ser más exacto, la superficie de nuestro mundo parece estar limpia de todos los elementos supersticiosos e irracionales. No obstante, que el verdadero mundo interior humano (no la ficción que calma nuestros deseos acerca de él) esté también libre de primitivismo es otra cuestión diferente. ¿No es todavía tabú el número 13 para mucha gente? ¿No hay todavía muchas personas poseídas por prejuicios irracionales, proyecciones e ilusiones infantiles? Una descripción realista de la mente humana revela muchos de esos rasgos y supervivencias primitivos que aún desempeñan su papel como si nada hubiera ocurrido durante los últimos quinientos años.

Es esencial apreciar este punto. De hecho, el hombre moderno es una mezcla curiosa de características adquiridas a lo largo de las edades de su desarrollo mental. Este ser mixto es el hombre y sus símbolos, de los que tenemos que tratar, y también tenemos que examinar muy minuciosamente los productos de su mente. El escepticismo y la convicción científica existen en él codo a codo con anticuados prejuicios, añejos modos de pensar y de sentir, falsas interpretaciones obstinadas e ignorancia ciega.

Tales son los seres humanos contemporáneos productores de los símbolos que investigamos los psicólogos. Con el fin de explicar esos símbolos y su significado, es vital aprender si sus representaciones se refieren a una experiencia puramente personal, o si han sido escogidos por un sueño para su propósito particular, de un acervo de conocimiento consciente general.

Pongamos, por ejemplo, un sueño en el que surge el número 13. La cuestión es si el soñante cree habitualmente en la mala suerte de ese número o si el sueño alude meramente a gente que aún consiente tales supersticiones. La respuesta hace que la interpretación sea diferente. En el primer caso, hay que contar con el hecho que el individuo está aún bajo el hechizo del funesto 13 y, por tanto, se sentirá muy molesto en la habitación número 13 de un hotel o sentándose a una mesa de 13 comensales. En el último caso, el 13 puede no significar más que una descortesía o una observación insultante. El soñante "supersticioso" aún siente el hechizo del 13; el soñante más "racional" ha desprovisto al 13 de su originaria resonancia emotiva.

Este argumento ilustra la forma en que aparecen los arquetipos en la experiencia práctica: son, al mismo tiempo, imágenes y emociones. Se puede hablar de un arquetipo sólo cuando estos dos aspectos son simultáneos. Cuando meramente se tiene la imagen, entonces es sólo una imagen oral de escasa importancia. Pero al estar cargada de emoción, la imagen gana numinosidad (o energía psíquica): se hace dinámica, y de ella han de salir consecuencias de alguna clase.

Me doy cuenta que es difícil captar este concepto, porque estoy tratando de emplear palabras para describir algo cuya verdadera naturaleza lo hace incapaz de definición exacta. Pero, puesto que hay mucha gente que se empeña en considerar los arquetipos como si fueran parte de un sistema mecánico que se puede aprender de memoria, es esencial insistir en que no son meros nombres ni aún conceptos filosóficos. Son trozos de la vida misma, imágenes que están íntegramente unidas al individuo vivo por el puente de las emociones. Por eso resulta imposible dar una interpretación arbitraria (o universal) de ningún arquetipo. Hay que aplicarlo en la forma indicada por el conjunto vida-situación del individuo determinado a quien se refiere.

Así, en el caso de un cristiano devoto, el símbolo de la cruz sólo puede interpretarse en su contexto cristiano, a menos que el sueño proporcione una razón poderosa para buscar más allá de él. Aún así, el específico significado cristiano debe tenerse presente. Pero no podemos decir que, en todo momento y en todas las circunstancias, el símbolo de la cruz tenga el mismo significado. Si eso fuera así, quedaría privado de su numinosidad, carente de vitalidad y se convertiría en simple palabra.

Quienes no se den cuenta del especial tono sensible del arquetipo, desembocan en una mezcolanza de conceptos mitológicos que se pueden enhebrar juntos para mostrar que cada uno de ellos significa algo o nada, en definitiva. Todos los cadáveres en el mundo son químicamente idénticos, pero los individuos vivos, no. Los arquetipos toman vida sólo cuando intentamos descubrir, pacientemente, por qué y de qué modo tienen significado para un individuo vivo.

El mero uso de palabras es fútil cuando no se sabe qué significan. Esto resulta especialmente verdad en psicología, donde hablamos de arquetipos como el ánima y el ánimus, el hombre sabio, la gran madre y demás. Se puede saber todo sobre santos, sabios, profetas y otros hombres piadosos, y todas las grandes madres del mundo. Pero si son meras imágenes cuya luminosidad no hemos experimentado nunca, será como si estuviéramos hablando en un sueño, porque no sabremos de qué hablamos. Las meras palabras que empleemos serán vacías y sin valor. Adquieren vida y significado sólo cuando se tiene en cuenta su numinosidad, es decir, su relación con el individuo vivo. Sólo entonces comenzaremos a comprender que sus nombres significan muy poco por sí solos, mientras que la forma en que nos son relatadas es de la mayor importancia.

La función productora de símbolos de nuestros sueños es, de ese modo, un intento de llevar la originaria mente del hombre a una consciencia "avanzada" o diferenciada, en la que jamás estuvo antes y que, por tanto, jamás estuvo sometida a autorreflexión crítica. Porque, en las largas edades del pasado, esa mente originaria era la totalidad de la personalidad del hombre. Al desarrollar su consciencia, su mente consciente fue perdiendo contacto con parte de aquella energía psíquica primitiva. Y la mente consciente jamás conoció aquella mente originaria; porque en el proceso de evolución se prescindió de la verdadera consciencia diferenciada, la única que hubiera podido darse cuenta de ella.

Sin embargo, parece que lo que llamamos inconsciente ha conservado características primitivas que formaban parte de la mente originaria. Es a esas características a las que constantemente se refieren los símbolos de los sueños, como si el inconsciente tratara de volver a todas las cosas antiguas de las cuales se libró la mente al evolucionar: ilusiones, fantasías, arcaicas formas de pensamiento, instintos fundamentales y demás.

Esto es lo que explica la resistencia, incluso el miedo que muchas veces tiene la gente al acercarse a las cuestiones inconscientes. Estos contenidos supervivientes no son neutrales o indiferentes. Al contrario, están tan saturados que muchas veces resultan más que simplemente incómodos. Pueden producir verdadero miedo. Cuando más se los reprime, más se extienden en forma de neurosis por toda la personalidad.

Esta energía psíquica es la que les da importancia tan vital. Es, precisamente, como si un hombre que hubiera pasado por un período de inconsciencia, se diera cuenta, de repente, que había un hueco en su memoria, que se habían producido hechos importantes que no podía recordar. Mientras supusiera que la psique es un asunto exclusivamente personal (que es la suposición corriente), trataría de recuperar los recuerdos infantiles aparentemente perdidos. Pero los huecos en el recuerdo de su infancia son meros síntomas de una pérdida mayor: la de la psique primitiva.

Al igual que la evolución del cuerpo embrionario repite su prehistoria, también la mente evoluciona a través de una serie de etapas prehistóricas. La principal tarea de los sueños es retrotraer una especie de "reminiscencia" de la prehistoria, así como del mundo infantil, directamente al nivel de los más primitivos instintos. Tales reminiscencias pueden tener, en ciertos casos, notable efecto saludable, como ya lo vio Freud hace mucho tiempo. Esta observación confirma la idea que un hueco en los recuerdos de la infancia (la llamada amnesia) representa una pérdida positiva y su recuperación puede traer un aumento positivo de vida y de bienestar.

Como el niño es físicamente pequeño y sus pensamientos conscientes son escasos y sencillos, no nos damos cuenta de las complicaciones de largo alcance de la mente infantil basadas en su identidad original con la psique prehistórica. Esa "mente originaria" está tan presente y en funcionamiento en el niño como las etapas evolutivas de la humanidad en su cuerpo embrionario. Si el lector recuerda lo que dijimos anteriormente respecto a los notables sueños de la niña que regaló a su padre el relato de sus sueños, se hará buena idea de lo que queremos decir. En la amnesia infantil encontramos extraños fragmentos mitológicos que, con frecuencia, también aparecen en posteriores psicosis. La imágenes de esa clase son sumamente numínicas y, por tanto, muy importantes. Si tales reminiscencias reaparecen en la vida adulta, pueden causar, en algunos casos profundas alteraciones psicológicas, mientras que en otras personas pueden producir milagros de curación o de conversiones religiosas. Muchas veces retrotraen un fragmento de vida, perdido por mucho tiempo, que da una finalidad a la vida y de ese modo la enriquece.

La reminiscencia de recuerdos infantiles y la reproducción de formas arquetípicas de la conducta psíquica pueden crear un horizonte más amplio y una extensión mayor de consciencia, a condición de que se consiga asimilar e integrar en la mente consciente los contenidos perdidos y luego recuperados. Puesto que no son neutrales, su asimilación modificará la personalidad al igual que ellos tendrán que sufrir ciertas alteraciones. En esa parte de lo que se llama "proceso de individuación" (que la doctora M.L. von Franz describe en otra sección de este libro), la interpretación de los símbolos desempeña un papel práctico importante. Porque los símbolos son intentos naturales para reconciliar y unir los opuestos dentro de la psique.

Naturalmente que, sólo ver los símbolos y luego dejarlos a un lado, no tendría ese efecto y únicamente restablecería el antiguo estado neurótico y destruiría el intento de llegar a una síntesis. Pero, desgraciadamente, las escasas personas que no niegan la verdadera existencia de los arquetipos, casi invariablemente los tratan como meras palabras y olvidan su realidad viva. Cuando su numinosidad se ha disipado de ese modo (ilegítimo), comienza el proceso de sustitución ilimitada, en otras palabras, se va deslizando con facilidad de arquetipo en arquetipo en que todo significa de todo. Es muy cierto que las formas de los arquetipos son intercambiables en amplia medida. Pero su numinosidad es un hecho y sigue siéndolo y representa el valor de un suceso arquetípico.

Este valor emotivo debe conservarse en la mente y admitirlo en la totalidad del proceso intelectual de interpretación del sueño. Sólo que es muy fácil perder ese valor porque pensar y sentir son tan diametralmente opuestos que el pensamiento desecha casi automáticamente los valores del sentimiento, y viceversa. La psicología es la única ciencia que tiene que contar con el factor del valor (es decir sentimiento), porque es el vínculo entre los hechos psíquicos y la vida. A la psicología se la acusa con frecuencia de no ser científica a ese respecto; pero sus críticos no llegan a comprender la necesidad científica y práctica de conceder la atención debida al sentimiento.

Cicatrización de la rotura

Nuestro intelecto ha creado un mundo nuevo que domina a la naturaleza, y lo ha poblado con máquinas monstruosas. Éstas son de una utilidad tan indudable que no podemos ver ni aún la posibilidad de librarnos de ellas o de nuestro servilismo hacia ellas. El hombre está sujeto a seguir las incitaciones aventureras de su mente científica e inventiva y a admirarse de sus espléndidas hazañas. Al mismo tiempo, su genio muestra la siniestra tendencia a inventar cosas que van resultando más y más peligrosas porque representan medios cada vez mejores de suicidio al por mayor.

En vista del rápido crecimiento del alud de población mundial, el hombre ya ha comenzado a buscar medios de detener la creciente inundación. Pero la naturaleza puede anticipar todos nuestros intentos volviendo contra el hombre su propia mente creadora. La bomba H, por ejemplo, detendría eficazmente la superpoblación. A pesar de nuestro orgulloso dominio de la naturaleza, aún somos sus víctimas, pues ni siquiera hemos aprendido a dominar nuestra propia naturaleza. Lenta y, al parecer, inevitablemente, estamos rondando el desastre.

Ya no hay dioses a los que podamos invocar para que nos ayuden. Las grandes religiones mundiales sufren de anemia progresiva porque los númenes benéficos han huido de los bosques, ríos y montañas, y de los animales; y los hombres dioses desaparecieron sumergiéndose en el inconsciente. Y nos mofamos de que lleven una vida ignominiosa entre las reliquias de nuestro pasado. Nuestra vida actual está dominada por la diosa Razón, que es nuestra mayor y más trágica ilusión. Con ayuda de la razón, así nos lo creemos, hemos "conquistado la naturaleza".

Por eso es pura propaganda porque la llamada conquista de la naturaleza nos abruma con el hecho natural de la superpoblación y añade a nuestras aflicciones la incapacidad psicológica para tomar las medidas políticas pertinentes. Sigue siendo muy natural para los hombres disputar y pelear por la superioridad de unos sobre otros. ¿A qué decir, entonces, que hemos "conquistado la naturaleza"?

Como todo cambio tiene que comenzar en alguna parte, es el individuo, aisladamente, el que lo experimentará y lo llevará a cabo. El cambio también empezará con un individuo; puede ser cualquiera de nosotros. Nadie puede permitirse mirar en torno y esperar que algún otro le haga lo que le repugna hacer. Pero puesto que nadie parece saber lo que hay que hacer, sería conveniente que cada uno de nosotros, mientras tanto, se preguntara si, por casualidad, sabe su inconsciente algo que nos sirva de ayuda. La verdad es que la mente consciente parece incapaz de hacer algo útil a ese respecto. Hoy día, el hombre se da penosa cuenta del hecho que ni sus grandes religiones ni sus diversas filosofías parecen proporcionarle esas ideas poderosas y vivificadoras que le darían la seguridad que necesita ante la actual situación del mundo.

Sé lo que dirían los budistas: las cosas irían bien sólo con que la gente siguiera la "noble vía de las ocho etapas" del Dharma (doctrina, ley), y tuviera auténtica visión interior de sí misma. El cristiano nos dice que sólo con que la gente tuviera fe en Dios, tendríamos un mundo mejor. El racionalista insiste en que si la gente fuera inteligente y razonable, todos nuestros problemas tendrían solución. La pena es que ninguno de ellos trata de resolver estos problemas por su cuenta.

Los cristianos preguntan con frecuencia por qué Dios no les habla, como se cree hizo en tiempos pasados. Cuando oigo tales preguntas, siempre me hacen pensar en el rabino al que le preguntaron cómo podía ser que Dios se mostrara en persona muchas veces en los antiguos tiempos mientras que ahora nadie le veía. El rabino contestó: "Hoy día ya no hay nadie que pueda humillarse lo suficiente".

Esa respuesta da en el clavo. Estamos tan cautivados por nuestra consciencia subjetiva y tan enredados en ella que hemos olvidado el hecho antiquísimo de que Dios habla principalmente por medio de sueños y visiones. El budista desecha el mundo de las fantasías inconscientes como ilusiones inútiles; el cristiano pone la Iglesia y la Biblia entre él y su inconsciente; y el intelectual racionalista ni siquiera sabe que su consciencia no es el total de su psique. Esta ignorancia persiste hoy día a pesar del hecho que desde hace más de setenta años el inconsciente es un concepto científico básico que es indispensable para toda investigación psicológica seria.

Ya no podemos permitirnos ser tan semejantes a Dios Omnipotente para erigirnos en jueces de los méritos y deméritos de los fenómenos naturales. No basamos la botánica en la anticuada división de plantas útiles e inútiles, o la zoología en la ingenua distinción entre animales inofensivos y dañinos. Pero aún suponemos complacientemente que la consciencia es sentido y el inconsciente insensatez. En la ciencia, una idea semejante provocaría sonoras carcajadas. ¿Tienen los microbios, por ejemplo, sentido o no lo tienen?

Sea lo que fuere el inconsciente, es un fenómeno natural que produce símbolos que tienen significado. No es de esperar que alguien que jamás haya mirado por un microscopio sea una autoridad en microbiología; del mismo modo, nadie que no haya hecho un estudio serio de los símbolos naturales puede considerarse juez competente en la materia. Pero la depreciación general del alma humana es tan enorme que ni las grandes religiones ni las filosofías ni el racionalismo científico han estado dispuestos a examinarla dos veces.

A pesar que la Iglesia católica admite el hecho de los somnia a Deo missa (sueños enviados por Dios), la mayoría de sus pensadores no hace ningún intento serio de entender los sueños. Dudo que haya algún tratado o doctrina protestante que cayera tan bajo para admitir la posibilidad que la vox Dei pudiera percibirse en un sueño. Pero si un teólogo cree realmente en Dios, ¿con qué autoridad puede decir que Dios es incapaz de hablar a través de los sueños?.

Me he pasado más de medio siglo investigando los símbolos naturales y he llegado a la conclusión que los sueños y sus símbolos no son estúpidos y sin significado. Al contrario, los sueños proporcionan la más interesante información para quienes se toman la molestia de comprender sus símbolos. Cierto es que los resultados tienen poco que ver con esas preocupaciones mundanas de comprar y vender. Pero el significado de la vida no está exhaustivamente explicado con nuestro modo de ganarnos la vida, ni el profundo deseo del corazón humano se sacia con una cuenta bancaria.

En un período de la historia humana en que toda energía disponible se emplea en investigar la naturaleza, se presta poca atención a la esencia del hombre, que es la psique, aunque se hacen muchas investigaciones en sus funciones conscientes. Pero la parte de la mente, de verdadera complejidad y desconocida, en la que se producen los símbolos está aún virtualmente inexplorada. Parece casi increíble que, aún recibiendo señales de ella todas las noches, resulte tan tedioso descifrar esos mensajes para la mayoría, salvo para unos cuantos que se toman la molestia de hacerlo. El mayor instrumento del hombre, su psique, es escasamente atendido y, con frecuencia, se recela de él y se le desprecia. "Es solamente psicológico" significa, don demasiada frecuencia, no es nada.

¿De dónde procede, exactamente, este inmenso prejuicio? Hemos estado tan palmariamente ocupados con la cuestión de lo que pensamos que hemos olvidado por completo preguntar qué piensa la psique inconsciente acerca de nosotros. Las ideas de Sigmund Freud confirmaron a la mayoría de la gente el desdén que existía hacia la psique. Antes de él se la miraba y desdeñaba; ahora se ha convertido en vertedero de detritus morales.

Este punto de vista moderno es, con seguridad, unilateral e injusto. Ni siquiera está de acuerdo con los hechos conocidos. Nuestro conocimiento efectivo del inconsciente nos dice que es un fenómeno natural y que, como la propia Naturaleza es, por lo menos, neutral. Contiene todos los aspectos de la naturaleza humana: luminosos y oscuros, bellos y feos, buenos y malos, profundos y necios. El estudio acerca del simbolismo individual, y también del colectivo, es una tarea inmensa que aún no se domina. Pero, al fin, se ha iniciado. Los primeros resultados son alentadores y parecen indicar una respuesta a muchas preguntas incontestadas de la humanidad de hoy día.

2

Los mitos antiguos y el hombre moderno
JOSEPH L. HENDERSON

Los símbolos eternos

La historia antigua del hombre se está significativamente redescubriendo hoy día en las imágenes simbólicas y mitos que han sobrevivido al hombre antiguo. Cuando los arqueólogos excavan el pasado, no son los sucesos del tiempo histórico los que aprendemos a atesorar, sino estatuas, dibujos, templos y lenguas que nos hablan de antiguas creencias. Los filólogos y los historiadores de la religión nos revelan otros símbolos y nos pueden traducir esas creencias en inteligibles conceptos modernos. Éstos, a su vez, son revividos por los antropólogos de la cultura. Nos pueden mostrar que los mismos modelos simbólicos es posible encontrarlos en los rituales o mitos de pequeñas sociedades tribales aún existentes, inmutables durante siglos, en los márgenes de la civilización.

Tales investigaciones han contribuido mucho para rectificar la actitud unilateral de esos hombres modernos que mantienen que esos símbolos pertenecen a los pueblos de la antigüedad o a las "atrasadas" tribus modernas y, por tanto carecen de importancia para las complejidades de la vida moderna. En Londres o en Nueva York podemos prescindir de los ritos de fertilidad del hombre neolítico por ser supersticiones arcaicas. Si alguien proclama haber tenido visiones u oído voces, no se le trata como a un santo o a un oráculo. Se dice que es un perturbado mental. Leemos los mitos de los antiguos griegos o las narraciones populares de los indios americanos, pero no somos capaces de ver ninguna relación entre ellos y nuestra actitud respecto a los "héroes" o los sucesos dramáticos de hoy día.

Sin embargo, hay relación. Y los símbolos que la representan no han perdido su importancia para la humanidad.

Una de las principales contribuciones de nuestro tiempo para la comprensión y revaloración de tales símbolos eternos la hizo la escuela de psicología analítica del Dr. Jung. Ha ayudado a romper la arbitraria distinción entre el hombre primitivo, a quien los símbolos le parecían parte natural de su vida diaria, y el hombre moderno para quien los símbolos, aparentemente, no tienen significado y carecen de importancia.

Como ya ha señalado el Dr. Jung en este libro, la mente humana tiene su propia historia y la psique conserva muchos rastros de las anteriores etapas de su desarrollo. Es más, los contenidos del inconsciente ejercen una influencia formativa sobre la psique. Conscientemente, podemos desdeñar esos contenidos, pero inconscientemente respondemos a ellos y a las formas simbólicas - incluidos los sueños -, con que se expresan.

Al individuo puede parecerle que sus sueños son espontáneos y sin conexión. Pero al cabo del tiempo, el analista puede observar una serie de imágenes oníricas y notar que corresponden a un modelo significativo; y al entenderlo, su paciente puede adquirir, quizá, una nueva actitud respecto a la vida. Algunos de los símbolos en tales sueños derivan de lo que el Dr. Jung llamó "el inconsciente colectivo", es decir, esa parte de la psique que conserva y transmite la común herencia psicológica de la humanidad. Esos símbolos son tan antiguos y desconocidos para el hombre moderno que no puede entenderlos o asimilarlos directamente.

Ahí es donde puede ayudar el analista. Es posible que el paciente deba librarse del estorbo de los símbolos que se han hecho añejos e inadecuados. O es posible que necesite ayuda para descubrir el valor permanente de un viejo símbolo que, lejos de estar muerto, trata de renacer en forma moderna.

Antes que el analista pueda explorar eficazmente con un paciente el significado de los símbolos, tiene que adquirir un amplio conocimiento de sus orígenes y significancia. Porque las analogías entre los mitos antiguos y las historias que aparecen en los sueños de los pacientes modernos no son ni triviales ni accidentales. Existen porque la mente inconsciente del hombre moderno conserva la capacidad de crear símbolos que en otro tiempo encontró expresión en las creencias y ritos del hombre primitivo. Y esa capacidad aún desempeña un papel de vital importancia psíquica. Además de las formas que podamos percibir, dependemos de los mensajes que transmiten tales símbolos y nuestras actitudes y nuestra conducta están profundamente influidas por ellos.

En tiempo de guerra, por ejemplo, encontramos mayor interés en las obras de Homero, Shakespeare o Tolstoi, y leemos con nueva comprensión los pasajes que dan a la guerra su significado soportable (o "arquetípico"). Suscitan en nosotros una reacción que es mucho más profunda que la producida en alguien que jamás hubiera conocido la intensa experiencia emotiva de la guerra. Las batallas en las llanuras de Troya fueron totalmente distintas a los combates en Agincourt o Borodino, sin embargo, los grandes escritores pueden sobrepasar diferencias de tiempo y lugar y expresar temas que son universales. Reaccionamos porque esos temas son fundamentalmente simbólicos.

Un ejemplo más notable que resultará más conocido para todo el que haya crecido en una sociedad cristiana: en Navidad podemos expresar nuestra emoción íntima por el mitológico nacimiento de un niño semidivino aunque no creamos en la doctrina del virginal nacimiento de Cristo o no tengamos ninguna clase de fe religiosa consciente. Sin darnos cuenta, hemos recaído en el simbolismo del renacer. Éste es una reliquia de una fiesta solsticial muchísimo más antigua que traía la esperanza de renovar el nebuloso paisaje invernal del hemisferio septentrional. A causa de toda nuestra artificiosidad nos complacemos en esa fiesta simbólica, al igual que nos unimos a nuestros hijos en el grato ritual de los huevos y los conejos de Pascua.

Pero, ¿comprendemos lo que hacemos o vemos la relación entre la historia del nacimiento, muerte y resurrección de Cristo y el simbolismo popular de la Pascua? Por lo general, ni nos preocupamos de recapacitar en tales cosas.

Sin embargo, se complementan mutuamente. La crucifixión de Cristo en Viernes Santo parece a primera vista pertenecer al mismo modelo de simbolismo de fertilidad que se encuentra en los rituales de otros "salvadores" como Osiris, Tammuz, Orfeo y Balder. También ellos tuvieron nacimiento divino o semidivino, florecieron, fueron muertos y resucitaron. De hecho, pertenecen a las religiones cíclicas en las que la muerte y resurrección del dios-rey era un mito eternamente repetido.

Pero la resurrección de Cristo en el Domingo de Pascua es mucho menos satisfactoria desde el punto de vista ritual que el simbolismo de las religiones cíclicas. Como Cristo asciende a sentarse a la diestra de Dios Padre, su resurrección ocurre de una vez para siempre.

Es esta finalidad del concepto cristiano de la resurrección (la idea cristiana del Juicio Final tiene un análogo tema "cerrado") la que distingue el cristianismo de otros mitos de dios-rey. Ocurrió una vez y el ritual meramente lo conmemora. Pero este sentido de finalidad es probablemente una de las causas de que los primeros cristianos, influidos aún por las tradiciones precristianas, comprendieran que el cristianismo necesitaba suplementarse con algunos elementos de un ritual de fertilidad más antiguo. Necesitaban la repetida promesa de resurrección; y eso es lo que se simboliza con el huevo y el conejo de Pascua.

He puesto dos ejemplos muy distintos para mostrar cómo el hombre moderno continúa reaccionando a profundas influencias psíquicas de una clase que, conscientemente, desecha algo más que como cuentos populares de gente supersticiosa e inculta. Pero es necesario ir más lejos aún. Cuanto más de cerca se examina la historia del simbolismo y el papel que los símbolos desempeñaron en la vida de muchas culturas diferentes, más se comprende que hay también en esos símbolos un significado de recreación.

Algunos símbolos se refieren a la infancia y la transición a la adolescencia, otros a la madurez y otros, también, a la experiencia de la ancianidad, cuando el hombre se prepara para su inevitable muerte. El Dr. Jung ha descrito cómo los sueños de una niña de ocho años contenían símbolos que normalmente se asocian con la vejez. Sus sueños presentaban aspectos de iniciación en la vida como si perteneciesen al mismo modelo arquetípico de la iniciación a la muerte. Por tanto, esta progresión de las ideas simbólicas puede producirse en la mente inconsciente del hombre moderno al igual que se producía en los rituales de las sociedades antiguas.

Este vínculo crucial entre mitos primitivos o arcaicos y los símbolos producidos por el inconsciente es de inmensa importancia práctica para el analista. Le permite identificar e interpretar esos símbolos en un contexto que les da perspectiva histórica y también significado psicológico. Examinaré ahora algunos de los mitos más importantes de la antigüedad y mostraré cómo - y con qué fin -, son análogos al material simbólico que encontramos en los sueños.

Héroes y creadores de héroes

El mito del héroe es el mito más común y mejor conocido del mundo. Lo encontramos en la mitología clásica de Grecia y Roma, en la Edad Media, en el lejano Oriente y entre las contemporáneas tribus primitivas. También aparece en nuestros sueños. Tiene un evidente atractivo dramático y una importancia psicológica menos obvia pero profunda.

Esos mitos del héroe varían mucho en detalle, pero cuanto más de cerca se los examina, más se ve que son muy similares estructuralmente. Es decir, tienen un modelo universal aunque hayan sido desarrollados por grupos o individuos sin ningún contacto cultural directo mutuo como, por ejemplo, tribus africanas, indios de Norteamérica, griegos e incas del Perú. Una y otra vez se escucha un relato que cuenta el nacimiento milagroso, pero humilde, de un héroe, sus primeras muestras de fuerza sobrehumana, su rápido encumbramiento a la prominencia o el poder, sus luchas triunfales contra las fuerzas del mal, su debilidad ante el pecado de orgullo *(hybris)* y su caída a traición o el sacrificio "heroico" que desemboca en su muerte.

Explicaré después con más detalle por qué creo que este modelo tiene significado psicológico tanto para el individuo, que se dedica a descubrir y afirmar su personalidad, como para toda una sociedad, que tiene una necesidad análoga de establecer la identidad colectiva. Pero otra característica importante del mito del héroe nos proporciona una clave. En muchas de esas historias, la primitiva debilidad del héroe está contrapesada con la aparición de fuertes figuras "tutelares" - o guardianes -, que le facilitan realizar las tareas sobrehumanas que él no podría llevar a cabo sin ayuda. Entre los héroes griegos, Teseo tenía a Poseidón, dios del mar, como su deidad; Perseo tenía a Atenea; Aquiles a Quirón, el sabio centauro, como tutor.

Estas figuras semejantes a dioses son, de hecho, representantes simbólicos de la totalidad de la psique, la mayor identidad y más abarcadora que proporciona la fuerza de que carece el ego personal. Su cometido específico indica que la función esencial del mito del héroe es desarrollar la consciencia del ego individual - que se dé cuenta de su propia fuerza y debilidad -, de una forma que le pertrechará para las arduas tareas con las que se enfrentará en la vida. Cuando ya el individuo haya superado la prueba inicial y pueda entrar en la fase madura de la vida, el mito del héroe perderá su importancia. La muerte simbólica del héroe se convierte, por así decir, en el alcanzamiento de la madurez.

Hasta ahora me he estado refiriendo al mito completo del héroe, en el que todo el ciclo, desde el nacimiento hasta la muerte, está minuciosamente descrito. Pero es esencial reconocer que en cada una de las etapas de este ciclo hay formas especiales de la historia del héroe aplicables al punto particular alcanzado por el individuo en el desarrollo de la consciencia de su ego, y en el problema específico que se le plantea en un momento dado. Es decir, la imagen del héroe evoluciona de una manera que refleja cada etapa de la evolución de la personalidad humana.

Este concepto puede entenderse más fácilmente si lo presentamos en un ejemplo. Lo tomo de la oscura tribu norteamericana de indios winnebago porque presenta con toda claridad cuatro etapas distintas en la evolución del héroe. En estas historias (que el Dr. Paul Radin publicó en 1948 con el título *Hero Cycles of the Winnebago*), podemos ver la progresión definida desde el concepto más primitivo del héroe hasta el más artificioso.

Esta progresión es característica de otro ciclo del héroe. Aunque en él las figuras simbólicas tienen, naturalmente, nombres distintos, sus cometidos son análogos y los comprenderemos mejor una vez que hayamos captado los puntos contenidos en este ejemplo.

El Dr. Radin señaló cuatro ciclos distintos en la evolución del mito del héroe. Los denominó: ciclo *Trickster* (granuja), ciclo *Hare* (liebre), ciclo *Red Horn* (cuerno rojo), y ciclo Twin (gemelo). Vio acertadamente la psicología de esa evolución al decir: "Representa nuestros esfuerzos para resolver el problema del crecimiento, ayudados con la ilusión de una ficción eterna".

El ciclo *Trickster* corresponde al período de vida más primitivo y menos desarrollado. Trickster es una figura cuyos apetitos físicos dominan su conducta; tiene la mentalidad de un niño. Careciendo de todo propósito más allá de la satisfacción de sus necesidades primarias, es cruel, cínico e insensible (Nuestros cuentos del conejo Brer o del zorro Reynard conservan las esencias del mito Trickster). Esta figura, que al principio tiene forma de animal, va de una granujería a otra. Pero, al hacerlo le sobreviene un cambio. Al final de su carrera de bribonadas, comienza a tomar el aspecto físico de un hombre adulto.

La figura siguiente es Hare. Al igual de Trickster (cuyos rasgos animales suelen estar representados, entre los indios americanos, por un coyote) también aparece al principio en forma de animal. Aún no ha alcanzado la estatura del hombre maduro, no obstante, aparece como el fundador de la cultura humana: el transformador. Los winnebago creen que, al darles su famoso rito medicinal, se convirtió en su salvador y también en su héroe de la cultura. Este mito era tan poderoso, según nos dice el Dr. Radin, que los miembros del rito peyote no querían renunciar a Hare cuando el cristianismo comenzó a penetrar en la tribu. Acabó fundiéndose con la figura de Cristo y algunos de ellos decían que no necesitaban a Cristo puesto que ya tenían a Hare. Esta figura arquetípica represente un avance distinto respecto a Trickster: se puede ver se transforma en un ser socializado que corrige las ansias instintivas e infantiles que contiene el ciclo Trickster.

Red Horn, el tercero de esta serie de figuras de héroes, es un personaje ambiguo que, según cuentan, era el menor de diez hermanos. Pasa por los requisitos del héroe arquetípico superando pruebas tales como vencer en una carrera y demostrar su valor en una batalla. Su fuerza sobrehumana se muestra en su habilidad para vencer gigantes por medio de la astucia (en el juego de dados) o de la fuerza (en una pelea). Tiene un poderoso compañero en forma de pájaro del trueno llamado "Brama-al-nadar", cuya fuerza compensa cualquier debilidad que pueda tener Red Horn. Con Red Horn hemos alcanzado el mundo del hombre, si bien un mundo arcaico, en el que se necesita la ayuda de poderes sobrehumanos o de dioses tutelares para asegurar la victoria del hombre sobre las fuerzas del mal que le asedian. Hacia el final de la historia, el dios-héroe se marcha y deja en la tierra a Red Horn y a sus hijos. El peligro para la felicidad y la seguridad del hombre comienza ahora a estar en el hombre mismo.

Este tema básico (que se repite en el último ciclo, el de Twin) plantea, en efecto, la cuestión vital: ¿Cuánto tiempo podrán los seres humanos triunfar sin caer víctimas de su propio orgullo o, en términos mitológicos, de los celos de los dioses?

Aunque los Twins (gemelos), se dice, eran hijos del Sol, son exclusivamente humanos y juntos forman una sola persona. Originariamente unidos en el seno materno, se les separó a la fuerza al nacer. Sin embargo, se pertenecen mutuamente y es necesario - aunque muy difícil - reunirlos. En estos dos niños vemos los dos lados de la naturaleza del hombre. Uno de ellos, Flesh (carne), es condescendiente, dulce y sin iniciativa; el otro, Stump (tronco), es dinámico y rebelde. En algunas de las historias de los héroes gemelos esas características se refinan hasta el punto que una de las figuras representa al introvertido cuya fuerza principal reside en su capacidad de reflexión, y la otra figura, al extravertido, hombre de acción que puede realizar grandes hazañas.

Durante largo tiempo, esos dos héroes son invencibles: ya se les presente como dos figuras separadas o dos fundidas en una, llevan a cabo todo lo que emprenden. Sin embargo, al igual que los dioses guerreros de la mitología de los indios navajos, a veces se marean por el abuso de su poder. No quedan monstruos ni en el cielo ni en la tierra a los que no hayan vencido y su posterior conducta salvaje les acarrea su justo pago. Los winnebago dicen que, al final, nada estaba a salvo de ellos, ni aún los pilares en que se apoya el mundo. Cuando los gemelos mataron a uno de los cuatro animales que sostenían la tierra, habían sobrepasado todos los límites y llegó el tiempo de detener su carrera. El castigo que merecían era la muerte.

Así es que, tanto en el ciclo de Red Horn como en el de los Twins, vemos el tema del sacrificio o muerte del héroe como la curación necesaria de su *hybris*, el orgullo que se ha sobrepasado a sí mismo. En las sociedades primitivas cuyo nivel de cultura corresponde al ciclo de Red Horn, parece que el peligro ha sido prevenido por la institución del sacrificio humano propiciatorio, tema que tiene inmensa importancia simbólica y se repite continuamente en la historia humana. Los winnebago, al igual que los iroqueses y algunas tribus algonquinas, probablemente comían carne humana como ritual totémico que podía domeñar sus impulsos individualistas y destructivos.

En los ejemplos de la traición al héroe o derrota que hay en la mitología europea, el tema del sacrificio ritual se emplea más específicamente como castigo por la *hybris*. Pero los winnebago, como los navajos, no van tan lejos. Aunque los gemelos erraron y aunque el castigo fuera la muerte, ellos mismos se asustaron tanto de su poder irresponsable que consintieron vivir en estado de descanso permanente: los lados antagónicos de la naturaleza humano volvieron a su equilibrio.

He dado con cierta amplitud esta descripción de los cuatro tipos de héroe porque proporciona una demostración clara del modelo que se halla en los mitos históricos y en los sueños heroicos del hombre contemporáneo. Con esto en la mente, podemos examinar el siguiente sueño de un paciente de edad intermedia. La interpretación de este sueño muestra cómo el psicólogo analista puede, con su conocimiento de la mitología, ayudar a su paciente a encontrar una respuesta a lo que, de otro modo, parecería un acertijo irresoluble. Ese hombre soñó que estaba en un teatro, en el papel de un "espectador importante cuya opinión se respeta". Había un acto en el que un mono blanco estaba en un pedestal con hombres a su alrededor. Al contar el sueño, dijo el hombre:

"Mi guía me explica el tema. Es la prueba judicial de un joven marinero que está expuesto al viento y a ser apaleado. Comienzo objetándole que aquel mono blanco no es un marinero, en modo alguno; pero en ese preciso momento, se levanta un joven vestido de negro y pienso que debe ser el verdadero héroe. Pero otro joven bien parecido avanza a zancadas hacia un altar y se extiende sobre él. Le hacen marcas en su pecho desnudo como preparativos para ofrecerle como sacrificio humano.

"Entonces me encuentro en una plataforma con otras varias personas. Podíamos bajar por una escalerilla, pero dudo hacerlo porque hay dos jóvenes forzudos de pie allí al lado y pienso que nos lo impedirán. Pero cuando una mujer del grupo utiliza la escalerilla sin que la molesten, veo que no hay peligro y todos nosotros bajamos tras la mujer".

Ahora bien, un sueño de esa clase no se puede interpretar rápidamente y con sencillez. Hay que descifrarlo con cuidado con el fin de hallar sus relaciones con la propia vida del soñante y sus más amplias derivaciones simbólicas. El paciente que tuvo ese sueño era un hombre que había alcanzado la madurez en sentido físico. Tenía éxito en su profesión y, era evidente, le iba bien como esposo y como padre. Sin embargo, psicológicamente carecía de madurez y no había terminado aún su fase juvenil de desarrollo. Era esa inmadurez psíquica la que se expresaba en sus sueños, como aspectos distintos del mito del héroe. Esas imágenes aún ejercían fuerte atractivo en su imaginación aún cuando ya hacía tiempo que habían agotado todos sus significados ante la realidad de su propia vida diaria.

Así, en este sueño, vemos una serie de figuras presentadas teatralmente como aspectos diversos de una figura que el soñante espera resulte ser el verdadero héroe. El primero es un mono blanco, el segundo un marinero, el tercero un joven de negro, y el último "un joven bien parecido". En la primera parte de la representación, que se supone presenta la prueba judicial del marinero, el soñante sólo ve el mono blanco. El hombre de negro aparece de repente y también desaparece de repente: es una nueva figura la que contrasta primero con el mono blanco y luego, por un momento, es confundida con el verdadero héroe (Tal confusión suele ser corriente en los sueños. El soñante no siempre está presentado con imágenes claras por el inconsciente. Tiene que hallar el significado entre una sucesión de contradicciones y paradojas).

Muy significativamente, estas figuras aparecen durante una representación teatral, y este contexto parece ser una referencia directa del soñante a su tratamiento mediante análisis: el "guía" que menciona probablemente es el analista. Sin embargo, no se ve a sí mismo como paciente al que le trata un doctor sino como "un espectador importante cuya opinión se respeta". Ése es el punto ventajoso desde el que ve ciertas figuras que él asocia a la experiencia de crecimiento. El mono blanco, por ejemplo, le recuerda la conducta juguetona y desenfrenada de los muchachos entre siete y doce años. El marinero sugiere el aventurerismo de la primera adolescencia, junto con el consiguiente castigo de "apaleamiento" por travesuras irresponsables. El soñante no encontraba asociación alguna respecto al joven de negro, pero en el joven bien parecido que iba a ser sacrificado veía un recuerdo del idealismo de autosacrificio de la última adolescencia.

A estas alturas ya es posible poner juntos el material histórico (o imágenes arquetípicas del héroe) y los datos procedentes de la experiencia personal del soñante, con el fin de ver cómo se corroboran, contradicen o modifican mutuamente.

La primera conclusión es que el mono blanco parece representar a Trickster o, al menos, a esos rasgos personales que le atribuyen los indios winnebago. Pero, a mi parecer, el mono también representa algo que el soñante no ha experimentado personal y adecuadamente pues, de hecho, dice que en el sueño era espectador. Encuentro que, mientras fue muchacho, estuvo excesivamente sujeto a sus padres y que, por tanto, era de naturaleza introspectiva. Por tales razones, jamás había desarrollado plenamente la natural vehemencia característica del final de la infancia, ni había participado en los juegos de sus compañeros de escuela. No había hecho granujerías de "mono" ni "monerías". Estos calificativos familiares nos dan la clave. De hecho, el mono en el sueño es una forma simbólica de la figura de Trickster.

Pero, ¿por qué tiene que aparecer Trickster en forma de mono? ¿Y por qué tenía que ser blanco? Como ya hemos indicado, el mito de los winnebago nos dice que, hacia el final del ciclo, Trickster comienza a semejarse físicamente a un hombre. Y aquí, en el sueño, es un mono, tan próximo al ser humano que es una caricatura visible, y no demasiado peligrosa, del hombre. El propio soñante no encontraba asociaciones personales que explicaran por qué el mono era blanco. Pero por nuestro conocimiento del simbolismo primitivo podemos conjeturar que la blancura presta una cualidad especial de "semejanza divina" a la figura, por otra parte tribal (al albino se le considera sagrado en muchas comunidades primitivas). Esto se ajusta perfectamente a los poderes semidivinos o semimágicos de Trickster.

Por tanto, parece que el mono blanco simboliza para el soñante la cualidad positiva de la juguetonería de la infancia, de la que no había gozado suficientemente a su debido tiempo, y que ahora se sentía llamado a exaltar. Como el sueño nos dice, lo coloca en "un pedestal", donde se transforma en algo más que una perdida experiencia de la niñez. Es, para el hombre adulto, un símbolo del experimentalismo creador.

Luego llegamos a la confusión respecto al mono. ¿Es un mono o es un marinero a punto de soportar una paliza? Las propias asociaciones del soñante indican el significado de esa transformación. Pero en todo caso, la etapa siguiente en el desarrollo humano es una en la que la irresponsabilidad de la infancia da paso a un período de socialización y que acarrea sumisión a una disciplina penosa. Por tanto, se podría decir que el marinero es una forma anticipada de Trickster que está cambiando hacia una persona socialmente responsable por medio de una prueba judicial de iniciación. Basándonos en la historia del simbolismo, podemos suponer que el viento representa a los elementos naturales en este proceso y el apaleamiento, a los elementos de origen humano.

Luego, en este punto, tenemos una referencia al proceso que los winnebago describen en el ciclo Hare donde el héroe de la cultura es una figura débil pero luchadora, dispuesta a sacrificar la puerilidad en bien del desarrollo posterior. Una vez más, en esta fase del sueño, el paciente reconoce su incapacidad para experimentar plenamente un aspecto importante de la infancia en la primera adolescencia. No disfrutó la juguetonería del niño y tampoco las travesuras más avanzadas del adolescente y está buscando las formas en que puedan rehabilitarse esas experiencias y cualidades personales perdidas.

Luego viene un curioso cambio en el sueño. Aparece el joven de negro y, por un momento, el soñante cree que ése es el "verdadero héroe". esos es todo lo que nos dice acerca del hombre de negro; sin embargo, esa rápida ojeada introduce un tema de profunda importancia, un tema que surge con frecuencia en los sueños.

Es el concepto de la "sombra" que desempeña un papel de vital importancia en la psicología analítica. El Dr. Jung señaló que la sombra lanzada por la mente consciente del individuo contiene los aspectos escondidos, reprimidos y desfavorables (o execrables) de la personalidad. Pero esa oscuridad no es exactamente lo contrario del ego consciente. Así como el ego contiene actitudes desfavorables y destructivas, la sombra tiene buenas cualidades: instintos normales e impulsos creadores. Ego y sombra, desde luego, aunque separados, están inextricablemente ligados en forma muy parecida a como se relacionan entre sí pensamiento y sensación.

No obstante, el ego está en conflicto con la sombra, en lo que el Dr. Jung llamó "la batalla por la liberación". En la lucha del hombre primitivo por alcanzar la consciencia, este conflicto se expresa por la contienda entre el héroe arquetípico y las cósmicas potencias del mal, personificadas en dragones y otros monstruos. En el desarrollo de la consciencia individual, la figura del héroe representa los medios simbólicos con los que el ego surgiente sobrepasa la inercia de la mente inconsciente y libera al hombre maduro de un deseo regresivo de volver al bienaventurado estado de infancia, en un mundo dominado por su madre.

Generalmente, en mitología, el héroe vence en su lucha contra el monstruo. (Después diré algo más sobre esto). Pero hay otros mitos del héroe en que el héroe retrocede ante el monstruo. Un ejemplo conocido es el de Jonás y la ballena en el que el héroe es tragado por un monstruo marino que lo transporta en una noche de viaje por mar, de Occidente a Oriente, simbolizando así el supuesto tránsito del sol desde su puesta hasta su salida al amanecer. El héroe entra en las tinieblas que representan una especie de muerte. He encontrado este tema en sueños que escuché en mi propia experiencia clínica.

La batalla entre el héroe y el dragón es la forma más activa de este mito y muestra más claramente el tema arquetípico del triunfo del ego sobre las tendencias regresivas. Para la mayoría de la gente, el lado oscuro o negativo de la personalidad permanece inconsciente. Por el contrario, el héroe tiene que percibir que existe la sombra y que puede extraer fuerza de ella. Tiene que llegar a un acuerdo con sus fuerzas destructivas si quiere convertirse en suficientemente terrible para vencer al dragón. Es decir, antes que el ego pueda triunfar, tiene que dominar y asimilar a su sombra.

De pasada, podemos ver este tema en un conocido héroe literario: Fausto, el personaje creado por Goethe. Al aceptar la proposición de Mefistófeles, Fausto se pone bajo el poder de una "sombra" que Goethe describe como "parte de ese poder que, dispuesto al mal, encuentra el bien". Como el hombre cuyo sueño hemos examinado, Fausto no consiguió vivir plenamente una parte importante del principio de su vida. En consecuencia, era una persona irreal o incompleta que se perdió en una búsqueda infructuosa de objetivos metafísicos que no consiguió materializar. No estaba aún dispuesto a aceptar el reto de la vida a vivir el bien y el mal.

Es a ese aspecto del inconsciente al que parecía referirse el joven vestido de negro del sueño de mi paciente. Tal recuerdo de la parte sombría de su personalidad, de su poderosa potencialidad y su papel en la preparación del héroe para la lucha de la vida, es una transición esencial de los comienzos del sueño hacia el tema del sacrificio del héroe: el joven bien parecido que se tiende sobre un altar. Esta figura representa la forma de heroísmo que generalmente va asociada al proceso de formación del ego al final de la adolescencia. El hombre expresa en esa época los principios ideales de su vida, notando su poder para transformarse y cambiar sus relaciones con los demás. Está, por así decir, en el florecimiento de la juventud, atractivo, lleno de energía e idealismo. Entonces ¿por qué se ofrece voluntariamente a un sacrificio humano?

Es posible que la causa sea la misma que hizo a los gemelos del mito winnebago renunciar a su poder por temor a la destrucción. El idealismo de la juventud, que a tanto obliga, conduce indefectiblemente al exceso de confianza en sí mismo: el ego humano puede sentirse arrebatado a experimentar atributos divinos, pero sólo a costa de sobrepasarse y caer en el desastre (Éste es el significado de la historia de Ícaro, el joven que es llevado hasta cerca del cielo por sus alas frágiles y de factura humana, pero que vuela demasiado cerca del sol y se precipita a su propia destrucción). Pero es lo mismo, el ego pleno de juventud debe correr siempre ese riesgo porque si un joven no se esfuerza por alcanzar una meta más elevada que la que conseguiría sin riesgo, no puede superar los obstáculos puestos entre la adolescencia y la madurez.

Hasta ahora, he estado hablando de las conclusiones que, al nivel de sus asociaciones personales, podía extraer mi paciente de su propio sueño. Pero hay un nivel arquetípico del sueño: el misterio del sacrificio humano ofrecido. Precisamente por ser un misterio, se expresa en un acto ritual que, en su simbolismo, nos retrotrae muy lejos en la historia del hombre. Aquí, cuando el hombre yace tendido sobre el altar, vemos una referencia a un acto aún más primitivo que los que se realizaban en el ara de piedra del templo de Stonehenge. Allí, como en tantas aras primitivas, podemos imaginar un rito anual de solsticio combinado con la muerte y resurrección de un héroe mitológico.

El ritual tiene una tristeza que también es una especie de alegría, un reconocimiento íntimo de que la muerte también conduce a una nueva vida. Ya se exprese en la prosa épica de los indios winnebago, en un lamento por la muerte de Balder en las sagas noruegas, en los afligidos poemas de Walt Whitman por Abraham Lincoln o en el ritual soñado por el cual un hombre vuelve a las esperanzas y temores de su juventud, el tema sigue siendo el mismo: el drama de un nuevo nacimiento por medio de la muerte.

El final del sueño proporciona un curioso epílogo en el que el soñante, al fin, se ve envuelto en la acción del drama. Él y otros están sobre una plataforma de la que tienen que descender.

No confía en la escalerilla a causa del posible impedimento que opongan los forzudos, pero una mujer les anima a creer que podrán bajar sin peligro y así lo hacen. Puesto que pude deducir de sus propias asociaciones que toda la representación que presenció era parte de su análisis - un proceso de cambio interior que estaba experimentando -, presumiblemente estaba pensando en la dificultad de volver a la realidad diaria. Su temor a los "forzudos", como los llama, sugiere su temor que el arquetipo Trickster pueda aparecer en forma colectiva.

Los elementos salvadores en el sueño son la escalerilla, hecha por mano humana, que aquí es probable sea un símbolo de la muerte racional, y la presencia de la mujer que anima al soñante a utilizar la escalerilla. Su aparición en la última secuencia del sueño señala hacia una necesidad psíquica de incluir un principio femenino como complemento de toda esa actividad excesivamente masculina.

No debe suponerse por lo que he dicho o por el hecho de que haya escogido el mito de los winnebago para aclarar este sueño particular, que deban buscarse paralelos completa y totalmente mecánicos entre un sueño y los materiales que se puedan encontrar en la historia de la mitología. Cada sueño es personal del soñante y la forma precisa que adopta está determinada por su propia situación. Lo que he tratado de mostrar es la forma en que el inconsciente maneja ese material arquetípico y modifica sus modelos para adaptarlos a las necesidades del soñante. Así, en este sueño particular, no debe buscarse una referencia directa a lo que los winnebago describen en los ciclos Red Horn o Twin; la referencia es más bien a la esencia de esos dos temas: al elemento de sacrificio que hay en ellos.

Como regla general, se puede decir que la necesidad de símbolos de héroes surge cuando el ego necesita fortalecerse, es decir, cuando la mente consciente necesita ayuda en alguna tarea que no puede realizar sola o sin recurrir a las fuentes de fortaleza que yacen en la mente inconsciente. En el sueño que he examinado, por ejemplo, no había referencia alguna a uno de los aspectos más importantes del mito del héroe típico: su capacidad para salvar o proteger de peligros terribles a mujeres hermosas. (La doncella secuestrada era un mito favorito de la Europa medieval). Esta es una de las formas en que los mitos o los sueños se refieren al "ánima" el elemento femenino de la psique masculina, que Goethe llamó "el Eterno Femenino".

La naturaleza y función de este elemento femenino lo tratará más adelante, en este libro, la doctora Von Franz. Pero su relación con la figura del héroe puede ilustrarse aquí con un sueño tenido por otro paciente, hombre también ya maduro. Comenzó diciendo:

"Había regresado de una larga excursión por la India. Una mujer nos había equipado a un amigo mío y a mí para el viaje y, a mi regreso, reproché a esa mujer por no habernos proporcionado sombreros negros para protegernos si acaso llovía, y le dije que a causa de su descuido nos habíamos empapado con la lluvia."

Esta introducción del sueño, como se verá después, se refería a un período de la juventud de este hombre en que se dedicó a hacer "heroicas" excursiones por las peligrosas montañas del país en compañía de un amigo del instituto. (Como jamás había estado en la India y en vista de sus propias asociaciones producidas por este sueño, llegamos a la conclusión que el viaje soñado significaba su exploración de una nueva región, es decir, no un lugar real sino el reino del inconsciente).

En su sueño, el paciente parece sentir que una mujer - posiblemente, una personificación de su ánima -, no hubiera conseguido prepararle adecuadamente para esa expedición. La falta de un sombrero impermeable apropiado sugiere que se siente en situación mental desamparada en la que está desagradablemente afectado por encontrarse expuesto a experiencias nuevas y no gratas del todo. Cree que la mujer tenía que haberle proporcionado un sombrero para la lluvia, al igual que su madre le proporcionaba la ropa cuando era muchacho. Este episodio es reminiscencia de sus primeros vagabundeos picarescos, cuando confiaba en que su madre (la imagen femenina original) le protegería contra todos los peligros. Al hacerse adulto, vio que eso era una ilusión pueril ahora acusa de su desgracia a su ánima, no a su madre.

En la etapa siguiente del sueño, el paciente habla de participar en una excursión con un grupo de personas. Se va sintiendo cansado y regresa a un restaurante de las afueras, donde encuentra su gabardina, junto con el sombrero impermeable, que anteriormente había perdido. Se sienta para descansar y, al hacerlo, ve un cartel que dice que un muchacho universitario de la localidad desempeña el papel de Perseo en una obra teatral. Entonces aparece el muchacho en cuestión, que, en definitiva, no es un muchacho, sino un joven fornido. Va vestido de gris, con un sombrero negro, y se sienta para hablar con otro joven vestido con un traje negro. Inmediatamente después de esta escena, el soñante siente un nuevo vigor y halla que es capaz de volver a incorporarse a la excursión. Entonces escalan el monte siguiente. Desde allí, bajo ellos, ve su punto de destino: es una encantadora ciudad portuaria. Se siente animado y rejuvenecido con el descubrimiento.

Aquí, en contraste con el viaje sin descanso, incómodo y solitario del primer episodio, el soñante está con un grupo. El contraste marca un cambio de un anterior modelo de aislamiento y protesta juvenil a la influencia social de sus relaciones con otros. Puesto que esto implica una nueva capacidad de relacionamiento, sugiere que su ánima debe actuar mejor que lo hacía antes: simbolizado en su encuentro del sombrero perdido que la figura del ánima no había sabido proporcionarle antes.

Pero el soñante está cansado, y la escena del restaurante refleja su necesidad de considerar sus actitudes anteriores a una nueva luz, con la esperanza de renovar su fuerza con ese regreso. Y así sucede. Lo que primero ve es un cartel que pone la actuación de un héroe joven: un muchacho universitario desempeñando el papel de Perseo. Luego ve al muchacho, ahora un hombre, con un amigo que contrasta rotundamente con él. Uno vestido de gris claro, el otro de negro, pueden reconocerse, por lo que he dicho antes como una versión de los gemelos. Son figuras de héroe que expresan los opuestos ego y alter ego que, no obstante, aparecen aquí en relación armoniosa y unificada.

Las asociaciones del paciente confirmaban esto y subrayaban que la figura de gris representa una actitud bien adaptada y mundana hacia la vida, mientras que la figura de negro representa la vida espiritual, en el sentido en que un sacerdote viste de negro. El que los dos jóvenes lleven sombrero (y el soñante ya encontró el suyo) alude a que han conseguido una identidad relativamente madura de una índole que él comprendía le había faltado en su propia adolescencia cuando la cualidad de "Tricksterismo" aún pesaba sobre él, a pesar de su propia imagen ideal de buscador de sabiduría.

Su asociación con el héroe griego Perseo resultaba curiosa y era especialmente significativa, porque revelaba una evidente inexactitud. Resultó que él creía que Perseo era el héroe que mató a Minotauro y rescató a Ariadna del laberinto de Creta. Al escribir el nombre se dio cuenta de su equivocación - que fue Teseo, y no Perseo, el que mató al Minotauro -, y esa   equivocación se hizo, de repente, significativa, como suele ocurrir con tales errores, al darse cuenta de lo que esos dos héroes tenían en común. Ambos tuvieron que vencer su miedo a los inconscientes poderes demoníacos maternales y tuvieron que liberar de esos poderes a una sola figura femenina joven.

Perseo tuvo que cortar la cabeza de la Gorgona Medusa, cuyo horrible rostro y su cabellera de serpientes convertían en piedra a cuantos la miraran. Luego tuvo que vencer al dragón que guardaba a Andrómeda. Teseo representaba el juvenil espíritu patriarcal de Atenas, que tenía que arrostrar los terrores del laberinto con su morador, el Minotauro, el cual quizá simbolizaba la enfermiza decadencia de la matriarcal Creta. (En todas las culturas, el laberinto tiene el significado de una representación intrincada y confusa del mundo de la consciencia matriarcal; sólo pueden atravesarlo quienes están dispuestos a una iniciación especial en el misterioso mundo del inconsciente colectivo). Después de vencer ese peligro, Teseo rescató a Ariadna, doncella secuestrada.

Ese rescate simboliza la liberación de la figura del ánima del aspecto devorador de la imagen de la madre. Mientras no se cumple eso, el hombre no puede alcanzar su verdadera capacidad para relacionarse con mujeres. El hecho que ese hombre no hubiera conseguido hacer la separación adecuada entre el ánima la madre se subrayaba en otro sueño en el que encontraba un dragón, imagen simbólica del aspecto "devorador" de su apegamiento a su madre. Este dragón le perseguía y, como el soñante no tenía armas, comenzó a llevar la peor parte de la lucha.

Sin embargo, es muy significativo que su esposa apareciera en el sueño, y su aparición empequeñeció un tanto al dragón y le hizo menos amenazador. Este cambio en el sueño mostraba que el soñante, en su matrimonio, había vencido tardíamente su apegamiento a su madre. En otras palabras: tenía que encontrar medios de libertar la energía psíquica empleada en las relaciones madre-hijo, con el fin de alcanzar una relación más de adulto con las mujeres y, por supuesto, con la sociedad adulta en conjunto. La lucha héroe-dragón era la expresión simbólica de ese proceso de "desarrollo".

Pero la tarea del héroe tiene un objetivo que sobrepasa el ajuste biológico y marital: es liberar al ánima como a ese componente íntimo de la psique que es necesario para toda obra verdaderamente creadora. En el caso de este hombre tenemos que adivinar la probabilidad de ese resultado, porque no se dice directamente en el sueño de la excursión por la India. Pero podría asegurar que él confirmaría mi hipótesis que su viaje por la montaña y la vista de su punto de destino como una ciudad portuaria tranquila contenía la rica promesa de que descubriría la auténtica función de su ánima. Así quedaría curado de su primitivo resentimiento de no haber recibido protección (el sombrero impermeable) de la mujer para su viaje por la India. (En los sueños, las ciudades significativamente situadas pueden ser, con frecuencia, símbolos del ánima).

El hombre había alcanzado esa promesa de seguridad para sí con su contacto con el auténtico héroe arquetípico, y halló una nueva actitud de cooperación y de relación hacia el grupo. Naturalmente, le sobrevino la sensación de rejuvenecimiento. Había alcanzado la fuente de fuerza interior que representa al héroe arquetípico; había aclarado y desarrollado esa parte de sí mismo que estaba simbolizada por la mujer; y él, con el acto heroico de su ego, se había liberado de su madre.

Estos ejemplos, y muchos otros, del mito del héroe en los sueños modernos muestran que el ego como héroe siempre es, esencialmente, un portador de cultura más que un puro exhibicionista ego-céntrico. Aún Trickster, en su forma errada o intencionada, es un contribuidor al cosmos tal como lo veía el hombre primitivo. En la mitología de los navajos, como coyote, lanzó las estrellas al firmamento en acto de creación, inventó la contingencia necesaria de la muerte y, en el mito del surgimiento, ayudó a la gente guiándola por la caverna de los juncos por donde escaparon de un mundo a otro superior, en el que quedaron a salvo de la amenazadora inundación.

Tenemos aquí una referencia a esa forma de evolución creadora que, evidentemente, comienza en un nivel de existencia pueril, pre-consciente o animal. La elevación del ego a la acción consciente eficaz se hace palmaria en la verdadera cultura del héroe. Del mismo modo, el ego pueril o adolescente se libra de la opresión de las esperanzas paternas y se convierte en individuo. Como parte de esa elevación hacia la consciencia, la lucha héroe-dragón puede mantenerse una y otra vez para liberar energía destinada a la multitud de tareas humanas que pueden formar un tipo de cultura que surge del caos.

Cuando se consigue eso, vemos surgir la figura plena del héroe como una especie de fuerza del ego (o, si hablamos en términos colectivos, de identidad tribal) que ya no tiene necesidad de vencer a los monstruos y los gigantes. Ha alcanzado el punto en el que esas fuerzas profundas pueden personalizarse. El "elemento femenino" ya no aparece en los sueños en forma de dragón, sino como una mujer; análogamente, el lado "sombrío" de la personalidad toma una forma menos amenazadora.

Este importante punto puede ilustrarse con el sueño de un hombre cercano a la cincuentena. Toda su vida sufrió de ataques periódicos de ansiedad unida a miedo al fracaso (originariamente producido por una madre dubitativa). Sin embargo, sus hechos efectivos, en su profesión y en sus relaciones personales, superaban al término medio. En su sueño, su hijo de nueve años aparecía como un joven de dieciocho o diecinueve años vestido con la reluciente armadura de un caballero medieval. Al joven le llaman para luchar contra una hueste de hombres vestidos de negro e, inmediatamente, se prepara para realizarlo. Luego, de repente, se quita el yelmo y sonríe al jefe de la amenazadora hueste; se ve claro que no se enzarzarán en una pelea, sino que se harán amigos.

El hijo, en el sueño, es el propio ego joven del hombre que con frecuencia se sintió amenazado por la sombra en forma de duda de sí mismo. En cierto sentido, había mantenido una cruzada triunfal contra ese adversario durante toda su vida de madurez. Ahora, en parte por el efectivo aliento de ver a su hijo desarrollarse sin tales dudas, pero principalmente por encarnar una imagen apropiada del héroe en la forma más afín a su ambiente modélico, halla que ya no es necesario luchar contra la sombra; puede aceptarla. Eso es lo que se simboliza en el acto de amistad. Ya no se ve conducido a una lucha competitiva por la supremacía individual, pero es asimilado a la tarea cultural de formar una especie de comunidad democrática. Tal conclusión, alcanzada en la plenitud de la vida, sobrepasa la tarea heroica y conduce a una verdadera actitud madura.

Sin embargo, este cambio no se produce automáticamente. Requiere un período de transición que se expresa en las diversas formas del arquetipo de iniciación.

El arquetipo de iniciación

En sentido psicológico, la imagen del héroe no debe considerarse idéntica al ego propiamente dicho. Se describe mejor como los medios simbólicos por los cuales el ego se separa de los arquetipos evocados por las imágenes paternas en la infancia. El Dr. Jung ha dicho que cada ser humano tiene originariamente una sensación de totalidad, una sensación poderosa y completa del "sí-mismo" Y del "sí-mismo" -la totalidad de la psique-, el individualizado ego-consciencia emerge cuando se desarrolla el individuo.

Desde hace unos pocos años, las obras de algunos de los seguidores de Jung han empezado a documentar la serie de hechos por los cuales el ego individual surge durante la transición de la infancia a la niñez. La separación no puede llegar a ser definitiva sin grave perjuicio de la sensación originaria de totalidad. Y el ego tiene que volver continuamente a restablecer su relación con el "sí-mismo" a fin de mantener unas condiciones de salud psíquica.

Por mis explicaciones, podría parecer que el mito del héroe es la primera etapa en la diferenciación de la psique. He indicado que parece cruzar un ciclo cuádruple por el cual el ego parece buscar la consecución de su autonomía relativa respecto a las condiciones originarias de totalidad. A menos que se consiga cierto grado de autonomía, el individuo es incapaz de insertarse en su ambiente de adulto. Pero el mito del héroe no asegura que se produzca esa liberación. Sólo muestra cómo es posible que se produzca para que el ego pueda alcanzar la consciencia. Queda el problema de mantener y desarrollar esa consciencia de una forma significativa para que el individuo pueda llevar una vida útil y conseguir la necesaria sensación de autodistinción en la sociedad.

La historia antigua y los rituales de las sociedades primitivas contemporáneas nos proporcionan abundante material acerca de los mitos y los ritos de iniciación, por los cuales a los jóvenes, varones y hembras, se les acostumbra a separarse de sus padres y se les fuerza a convertirse en miembros de su clan o tribu. Pero al hacerse esta separación respecto al mundo de la niñez, el originario arquetipo paternal será perjudicado, y el daño ha de hacerse beneficioso mediante un proceso saludable de asimilación en la vida del grupo. (La identidad entre el grupo y el individuo se simboliza, con frecuencia, con un animal totémico). Así, el grupo satisface las demandas del perjudicado arquetipo y se convierte en una especie de segundos padres, a los cuales se sacrifican primero simbólicamente los jóvenes sólo para resurgir a una nueva vida.

En esta "ceremonia drástica que se parece mucho a un sacrificio a los poderes que pueden retener al joven", como lo expresa el Dr. Jung, vemos cómo el poder del arquetipo originario no puede vencerse permanentemente, como sucede en la lucha héroe-dragón, sin una sensación dañosa de pérdida de los fructíferos poderes del inconsciente. Vimos en el mito de los gemelos cómo su hybris, que expresaba excesiva separación entre el ego y el "sí-mismo", se enmendaba con el propio miedo a las consecuencias, que les hacían volver a unas relaciones armoniosas entre el ego y el "sí-mismo".

En las sociedades tribales, es el rito de iniciación el que resuelve con mayor eficacia este problema. El rito retrotrae al novicio al más profundo nivel de la originaria identidad madre-hijo o identidad ego-"sí-mismo" forzándole a experimentar de este modo una muerte simbólica. En otras palabras, su identidad se desmembra o disuelve temporalmente en el inconsciente colectivo. Después es rescatado de esa situación mediante el rito del nuevo nacimiento. Este es el primer acto de la verdadera consolidación del ego con el grupo mayor, expresado como tótem, clan, tribu, o la combinación de los tres.

El ritual, ya se encuentre en grupos tribales o en sociedades más complejas, insiste invariablemente en ese rito de muerte y resurrección que proporciona al novicio un "rito de paso" de una etapa de la vida a otra siguiente, ya sea desde la infancia a la niñez o de la primera a la última adolescencia y de ésta a la madurez.

Desde luego que los acontecimientos de iniciación no se limitan a la psicología de la juventud. Toda nueva fase en el desarrollo de la vida individual va acompañada del conflicto originario entre las exigencias del "sí-mismo" y las del ego. De hecho, este conflicto puede expresarse con mayor fuerza en el período de transición entre la primera madurez y una edad intermedia (entre los treinta y cinco y los cuarenta años en nuestra sociedad) que en ningún otro momento de la vida. Y la transición entre la edad intermedia y la vejez vuelve a crear la necesidad de afirmar la diferencia entre el ego y la totalidad de la psique; el héroe recibe su última llamada para actuar en defensa del ego-consciencia contra la cercana disolución de la vida por la muerte.

En esos períodos críticos, el arquetipo de iniciación se activa fuertemente para proporcionar una transición significativa que ofrezca algo más satisfactorio espiritualmente que los ritos de adolescencia con su fuerte aroma secular. Los modelos arquetípicos de iniciación en este sentido religioso - conocidos desde los tiempos antiguos como "misterios" - se insertan en la contextura de todos los rituales eclesiásticos que requieren una modalidad especial de culto en el momento del nacimiento, el matrimonio o la muerte.

Al igual que en nuestro estudio del mito del héroe, en el estudio de la iniciación debemos buscar ejemplos en las experiencias subjetivas de la gente moderna y, en especial, de quienes han sufrido análisis. No es sorprendente que aparezcan, en el inconsciente de alguien que busca ayuda en un médico especializado en desórdenes psíquicos, imágenes que duplican los antiguos modelos de iniciación tal como los conocemos por la historia.

Quizá el más común de esos temas que pueda encontrarse en los jóvenes sea la ordalía o prueba de fuerza. Este puede parecer idéntico a lo que ya hemos visto en los sueños modernos que ilustran el mito del héroe, como el del marinero que tenía que someterse al temporal y a los golpes, o esa prueba de adaptación representada en la excursión por la India de un hombre sin sombrero impermeable. También podemos ver este tema de sufrimiento físico llevado hasta su fin lógico en el primer sueño estudiado, cuando el joven de buen parecer se convierte en sacrificio humano en un altar. Este sacrificio se asemeja al acercamiento a la iniciación, pero su final estaba borroso. Parecía rodear el mito del héroe para dar paso a un nuevo tema.

Hay una diferencia chocante entre el mito del héroe y el rito de iniciación. Las figuras típicas de héroe agotan sus esfuerzos para alcanzar la meta de sus ambiciones; en resumen, llegan a triunfar aunque inmediatamente después pueden ser castigados o matados a causa de su hybris. En contraste con esto, en la iniciación, se pide al novicio que abandone toda ambición intencionada y todo deseo y se someta a la prueba. Tiene que estar dispuesto a sufrir esa prueba sin esperanza de triunfo. De hecho, tiene que estar dispuesto a morir; y aunque la señal representativa de esa prueba pueda ser moderada (un período de ayuno, la extracción de un diente o un tatuaje) o muy dolorosa (las heridas de la circuncisión, incisiones profundas, o diversas mutilaciones), la intención siempre es la misma: crear la sensación simbólica de la muerte de la que surgirá la sensación simbólica del renacimiento.

Un joven de veinticinco años soñó que escalaba una montaña en cuya cima había una especie de altar. Cerca del altar vio un sarcófago que tenía encima una estatua de él mismo. Después, se acercó un sacerdote cubierto con un velo y portando un báculo sobre el que relucía un disco del sol vivo. (Al examinar posteriormente el sueño, el joven dijo que el ascenso por la montaña le recordaba los esfuerzos que estaba haciendo en su análisis para conseguir el dominio de sí mismo). Para su sorpresa se encontró a sí mismo muerto y en vez de una sensación de haber conseguido algo, sentía privación y miedo. Luego vino una sensación de fortaleza y rejuvenecimiento al sentirse bañado en los rayos cálidos del disco del sol.

Este sueño muestra muy resumidamente la distinción que tenemos que hacer entre la iniciación y el mito del héroe. La acción de escalar la montaña parece indicar una prueba de fuerza: es la decisión de alcanzar la consciencia del ego en la fase heroica del desarrollo de la adolescencia. El paciente había pensado, evidentemente, que su cercanía al tratamiento médico sería análoga a su acercamiento a otras pruebas de virilidad a las que él había llegado en la característica forma competitiva de la juventud en nuestra sociedad. Pero la escena del altar corrige esta suposición equivocada, demostrándole que su tarea era, más bien, someterse a un poder mayor que el suyo. Tuvo que verse como si estuviera muerto y enterrado en forma simbólica (el sarcófago), que le recordaba la arquetípica madre simbólica como el recipiente originario de toda vida. Sólo por tal acto de sumisión podía experimentar el renacimiento. Un ritual de vigorización le volvió a la vida como hijo simbólico del Padre Sol.

Nuevamente aquí, podríamos confundirnos con el mito del héroe, con el de los gemelos "hijos del Sol". Pero en este caso no tenemos indicación que el iniciado se superara a sí mismo. En vez de eso, aprendió una lección de humildad al pasar por un rito de muerte y renacimiento que marca la transición de la juventud a la madurez.

Según esa edad cronológica, él ya tendría que haber pasado por esa transición, pero un largo período de desarrollo detenido le mantuvo retrasado. Ese retraso le había sumergido en una neurosis por la cual vino en busca de tratamiento, y el sueño le ofrece el mismo sabio consejo que podía haberle dado cualquier buen hechicero tribal: que dejara de escalar montañas para demostrar su fortaleza y se sometiera al significativo ritual de un cambio iniciatorio que podría adaptarle para las nuevas responsabilidades morales de la virilidad.

El tema de la sumisión como actitud esencial hacia la promoción de un rito de iniciación eficaz puede verse claramente en el caso de muchachas o mujeres. Su rito de paso subraya inicialmente su pasividad esencial y esto se refuerza con la limitación psicológica sobre su autonomía impuesta por el ciclo menstrual. Se ha dicho que el ciclo menstrual puede ser, en realidad, la mayor parte de la iniciación desde el punto de vista de la mujer, ya que tiene el poder de despertar el más profundo sentido de obediencia al poder creador de la vida sobre ella. De ese modo, se da voluntariamente a su función femenina análogamente a como el hombre se consagra al papel que se le asigna en la vida comunal de su grupo.

Por otra parte la mujer, no menos que el hombre, tiene sus pruebas iniciales de fuerza que conducen a un sacrificio final para poder experimentar un nuevo nacimiento. Este sacrificio capacita a la mujer para librarse del enredo de las relaciones personales y adaptarse a un papel más consciente como persona con sus derechos propios. Por el contrario, el sacrificio del hombre es una rendición de su sagrada independencia: queda más conscientemente relacionado con la mujer.

Aquí llegamos a ese aspecto de la iniciación que pone al hombre en relación con la mujer y a la mujer con el hombre de tal forma que enmienda una especie de oposición originaria macho-hembra. El conocimiento del hombre (Logos) encuentra entonces la relación con las mujeres (Eros), y su unión se representa como ese ritual simbólico de un matrimonio sagrado que ha estado en el fondo de la iniciación desde sus orígenes en los misterios religiosos de la antigüedad. Pero esto es muy difícil de captar para la gente moderna y, con frecuencia, para que lo llegue a comprender, tiene que producirse en su vida una crisis especial.

Muchos pacientes nos han contado sueños en los que el motivo del sacrificio se mezclaba con el motivo del matrimonio sagrado. Uno de esos lo tuvo un joven enamorado pero que no estaba dispuesto a casarse por temor a que el matrimonio se convirtiera en una especie de prisión gobernada por una poderosa figura materna. Su propia madre había ejercido poderosa influencia en su niñez y su futura suegra representaba una amenaza análoga. ¿No podría dominarle su esposa de la misma forma que esas madres habían dominado a sus hijos?

En su sueño, se vio mezclado en una danza ritual junto con un hombre y dos mujeres, una de las cuales era su novia. Los otros eran un hombre mayor y su esposa que impresionaron al soñante porque, a pesar de su mutua intimidad, parecían tener espacio para sus diferencias individuales que no parecían ser opresivas. Por tanto, esos dos representaban para este joven un estado matrimonial que no imponía restricción injusta en el desarrollo de la naturaleza individual de los dos cónyuges. Si fuera posible para él alcanzar esa situación, entonces el matrimonio le resultaría aceptable.

En la danza ritual cada hombre estaba frente a su pareja femenina y los cuatro ocupaban los ángulos de la pista cuadrada. Cuando bailaban, se veía claramente que también era una especie de danza de las espadas. Cada danzante tenía en la mano una espada corta con la que realizaba complicados arabescos, moviendo brazos y piernas en series de movimientos que sugerían, alternativamente, impulsos de agresión y sumisión mutuos. En la escena final de la danza, los cuatro danzantes tenían que hundirse la espada en el pecho y morir. Sólo el soñante rehusó llevar a cabo el suicidio final y se quedó de pie y solo después que los otros cayeron. Se sintió profundamente avergonzado de su cobardía para sacrificarse con los otros.

Este sueño convenció a nuestro paciente que estaba más que dispuesto a cambiar su actitud respecto a la vida. Había estado centrado en sí mismo, buscando la ilusoria seguridad de su independencia personal, pero dominado interiormente por los temores producidos por la sujección de su infancia a su madre. Necesitaba un reto a su hombría para ver que, a menos que sacrificara su mental estado infantil, quedaría aislado y avergonzado. El sueño, y el consecutivo examen de su significado, despejaron sus dudas. Había pasado por el rito simbólico con el cual un joven prescinde de su autonomía exclusiva y acepta su vida compartida en una forma de relación no precisamente heroica.

Y se casó y encontró la plenitud adecuada en sus relaciones con su mujer. Lejos de dañar su eficacia en el mundo, su matrimonio, en realidad, la acrecentó.

Independientemente del miedo neurótico a que madres o padres invisibles pudieran acechar tras el velo del matrimonio, hasta el joven normal tiene justa razón a sentir aprensión acerca del rito matrimonial. Esencialmente, es un rito de iniciación de la mujer en el que el hombre puede sentirse cualquier cosa menos un héroe conquistador. No es sorprendente que encontremos, en las sociedades tribales, ritos compensadores del temor tales como el rapto o la violación de la novia. Estos ritos capacitan al hombre para aferrarse a las reliquias de su papel heroico en el preciso momento en que tiene que someterse a su novia y asumir las responsabilidades del matrimonio.

Pero el tema del matrimonio es una imagen de tal universalidad que también tiene un significado más profundo. Es un descubrimiento simbólico, aceptable y hasta necesario, del componente femenino de la propia psique del hombre, del mismo modo que es la adquisición de una verdadera esposa. Así es que podemos dar con este arquetipo en un hombre ya de cierta edad como respuesta a un estímulo apropiado.

Sin embargo, no todas las mujeres reaccionan confiadamente al estado matrimonial. Cierta paciente que sentía deseos insatisfechos por tener una profesión a la que había renunciado a causa de su difícil y breve matrimonio, soñó que estaba arrodillada frente a un hombre que también estaba de rodillas. Él tenía dispuesto un anillo para ponérselo a ella en el dedo. pero ella extendió el dedo anular de la mano derecha en forma tensa, con evidente resistencia a ese ritual de unión marital.

Fue fácil señalar su significativo error. En vez de ofrecer el dedo anular de la mano izquierda (con el cual ella podía aceptar una relación equilibrada y natural con el principio masculino), supuso equivocadamente que tenía que poner toda su identidad consciente (es decir, el lado derecho) al servicio del hombre. De hecho, el matrimonio requería de ella que compartiera con él sólo esa parte de sí misma, subliminal y natural (es decir, el lago izquierdo), en el que el principio de unión tendría un significado simbólico, no literal o absoluto. Su miedo era el de la mujer que teme perder su identidad en un fuerte matrimonio patriarcal al que esta mujer se resistía con justa razón.

No obstante, el matrimonio sagrado, como forma arquetípica, tiene un significado particularmente importante para la psicología de las mujeres, y para el que se preparan durante la adolescencia con muchos acontecimientos preliminares de carácter iniciatorio.

La bella y bestia

Muchachas de nuestra sociedad participan del mito del héroe masculino porque, al igual que los muchachos, también tienen que desarrollar una identidad del ego que sea digna de confianza y adquirir una educación. Pero hay un estrato de la mente más antiguo que parece surgir a la superficie en sus sentimientos con el fin de hacer de ellas mujeres, no imitaciones de hombres. Cuando este antiguo contenido de la psique comienza a aparecer, la joven moderna puede reprimirlo porque amenaza separarla de la emancipada igualdad de la amistad y la ocasión de competir con los hombres, competición que se ha convertido en su privilegio moderno.

Esta represión puede ser tan eficaz que durante algún tiempo ella mantendrá una identificación con las metas intelectuales masculinas, aprendidas en el instituto o la universidad. Aún cuando se case, conservará cierta ilusión de libertad, a pesar de su ostensible acto de sumisión al arquetipo del matrimonio, con su implícita orden de convertirse en madre. Y así puede ocurrir, como lo vemos con frecuencia hoy día, que el conflicto, al final, obliga a la mujer a redescubrir su enterrada feminidad de una forma penosa pero, en definitiva, recompensadora.

Vimos un ejemplo de esto en una joven casada que aún no había tenido ningún hijo, pero que se proponía tener uno o acaso dos porque eso es lo que se esperaba de ella. Mientras tanto, su reacción sexual era insatisfactoria. Esto preocupaba a ella y a su marido, aunque no podían encontrar ninguna explicación. Ella había obtenido la licenciatura con excelente calificación en una buena universidad femenina y disfrutaba de una vida de camaradería intelectual con su marido y con otros hombres. Mientras este lado de su vida le ocupaba gran parte del tiempo, tenía ocasionales explosiones de mal humor y hablaba en una forma agresiva que la enemistaba con los hombres y a ella le proporcionaba un sentimiento intolerable de disgusto consigo misma.

Por ese tiempo, tuvo un sueño que le pareció tan importante que buscó el consejo profesional para entenderlo. Soñó que estaba en una fila de mujeres jóvenes como ella, y cuando miró hacia delante, adonde iban llegando las de la cabecera, vio que, según llegaba cada una, la decapitaban en una guillotina. Sin miedo alguno, la soñante permaneció en fila, es posible que totalmente dispuesta a someterse a la misma suerte cuando le llegara su turno.

Explicamos a la paciente que eso significaba que ella estaba decidida a prescindir del hábito de "vivir con la cabeza", tenía que aprender a liberar su cuerpo para descubrir su reacción sexual natural y a desempeñar plenamente su papel biológico en la maternidad. El sueño expresaba eso como la necesidad de realizar un cambio drástico; tenía que sacrificar el papel de héroe "masculino".

Como era de esperar, esta mujer culta no tuvo dificultad en aceptar esta interpretación en un nivel intelectual y trató de transformarse en un tipo de mujer más sumisa. Luego mejoró su vida amorosa y se convirtió en madre de dos hijos encantadores. Cuando fue conociéndose mejor, comenzó a ver que para un hombre (o para la mente educada masculinamente de las mujeres), la vida es algo que hay que conquistar al asalto, como un acto de voluntad heroica; pero para que una mujer se sienta satisfecha de sí misma, la vida se lleva mejor mediante un proceso de despertamiento.

Un mito universal que expresa esa clase de despertar se encuentra en el cuento de hadas de la Bella y la Bestia. La versión más conocida de esa historia cuenta cómo la Bella, la menor de cuatro hermanas, se convirtió en la favorita de su padre a causa de bondad desinteresada. Cuando pide a su padre sólo una rosa blanca, en vez de los regalos más costosos pedidos por las otras hermanas, ella sólo se da cuenta de su sincero sentimiento íntimo. No sabe que está a punto de poner en peligro la vida de su padre y sus relaciones ideales con él. Porque él roba la rosa blanca en el jardín encantado de la

Bestia, que se excita llena de cólera por el robo y exige al padre que vuelva dentro de tres meses para imponerle el castigo, posiblemente la muerte.

(Al conceder al padre ese aplazamiento para que regrese a casa con el regalo, la Bestia se porta de un modo poco consecuente, en especial cuando también ofrece enviarle un cofre lleno de oro cuando llegue a casa. Según comenta el padre de la Bella, la Bestia parece cruel y amable al mismo tiempo).

La Bella insiste en sufrir ella el castigo de su padre y se dirige, al cabo de tres meses, al castillo encantado. Allí le destinan una hermosa habitación donde no tiene preocupaciones ni nada que temer salvo las ocasionales visitas de la Bestia que una y otra vez le pregunta si alguna vez se casarán. Ella siempre rehúsa. Entonces, al ver en un espejo la imagen de su padre postrado por la enfermedad, ella ruega a la Bestia que le permita regresar para cuidar a su padre, prometiendo volver al cabo de una semana. La Bestia le dice que él se moriría si ella le abandonara, pero que puede ausentarse por una semana.

Una vez en casa, su radiante presencia trae alegría a su padre y envidia a sus hermanas, las cuales planean retenerla más tiempo de lo que ella ha prometido. Al fin, ella sueña que la Bestia se está muriendo de desesperación. De ese modo, dándose cuenta que ha sobrepasado el tiempo acordado, regresa para resucitarla.

Olvidando completamente la fealdad de la agonizante Bestia, la Bella la cuida. La Bestia le dice que le es imposible vivir sin ella y que morirá feliz ahora que ella ha vuelto. Pero la Bella se da cuenta que tampoco puede vivir sin la Bestia, de la cual se ha enamorado. Y así se lo dice y le promete ser su esposa con tal que no se muera.

En ese momento, el castillo se llena de resplandor y de sonidos de música, y la Bestia desaparece. En su lugar está un apuesto príncipe que le dice a la Bella que había sido hechizado por una bruja y transformado en bestia. El hechizo duraría hasta que una muchacha hermosa amara a la Bestia sólo por su bondad.

En este cuento, si desciframos su simbolismo, es verosímil que veamos que la Bella es toda muchacha o mujer que haya llegado a una adhesión emotiva con su padre, no menos firme porque sea de naturaleza espiritual. Su bondad se simboliza con su petición de una rosa blanca, pero en un significativo retorcimiento del significado, su intención inconsciente pone a su padre y luego a ella misma en poder de un principio que no expresa la bondad sola, sino crueldad y amabilidad mezcladas. Es como si ella desease ser rescatada de un amor que la mantiene en una actitud virtuosa e irreal.

Al aprender a amar a la Bestia, ella despierta al poder del amor humano escondido en su forma erótica animal (y, por tanto, imperfecta), pero auténtica. Posiblemente esto representa un despertar de su verdadera función de relación que la capacita para aceptar el componente erótico de su deseo originario que tuvo que ser reprimido por miedo al incesto. Para dejar a su padre, como en realidad hizo, tuvo que aceptar el miedo al incesto y permitirse vivir en su presencia, en fantasía, hasta que pudiera llegar a conocer al animal hombre y descubrir su verdadera reacción ante él como mujer.

De ese modo, ella se redime, y redime a su imagen de lo masculino, de las fuerzas de la represión, trayendo a la consciencia su capacidad para confiar en su amor como algo que combina espíritu y naturaleza en el mejor sentido de ambas palabras.

El sueño de cierta paciente emancipada representaba esa necesidad de suprimir el miedo al incesto, un verdadero miedo en los pensamientos de esa paciente, a causa de la adhesión excesivamente íntima de su padre hacia ella después de la muerte de su esposa. Soñó que la perseguía un toro furioso. Al principio ella huyó, pero se dio cuenta que era inútil. Se cayó y el toro quedó encima de ella. Sabía que su única esperanza era cantarle al toro y, cuando lo hizo, aunque con voz temblorosa, el toro se calmó y comenzó a lamerle la mano. La interpretación demostró que ella podía ahora aprender a relacionarse con los hombres en una forma femenina más confiada, no sólo sexual, sino eróticamente en el amplio sentido de relaciones al nivel de su identidad consciente.

Pero en los casos de mujeres mayores, el tema de la Bestia puede no indicar la necesidad de encontrar la respuesta a la fijación paterna personal o a liberar una inhibición sexual o cualquiera de las cosas que la racionalista mentalidad psicoanalítica pudiera ver en el mito.

De hecho, puede ser la expresión de cierta clase de iniciación de la mujer que puede ser precisamente tan significativa al comienzo de la menopausia como en la adolescencia;y puede aparecer a cualquier edad cuando se haya alterado la unión de espíritu y naturaleza.

Una mujer en edad menopáusica contó el siguiente sueño:

"Estoy con varias mujeres anónimas a las que no parece que conozca. Bajamos por la escalera de una casa extraña y nos encontramos de repente ante un grupo de "hombres-monos" de rostro maligno y vestidos de pieles, con anillos grises y negros, con cola, horribles y de mirada codiciosa. Estábamos completamente en su poder, pero, de repente, comprendí que el único modo de salvarnos no era el pánico ni huir ni luchar, sino tratar a esos seres con humanidad como para que se dieran cuenta de su lado mejor. Y así, uno de los hombres-monos llegó hasta mí y yo le saludé como si fuera mi pareja de baile y comencé a bailar con él.

"Después, fui dotada de poderes sobrenaturales, poderes de curación, y hay un hombre que está a las puertas de la muerte. Tengo una especie de cañón de pluma o, quizás, el pico de un pájaro con el que le soplo aire dentro de la nariz y él comienza a respirar de nuevo."

Durante los años de su matrimonio y la crianza de sus hijos, esta mujer se vio obligada a desdeñar sus dotes creadoras con las que en otro tiempo se había creado una reputación pequeña, pero auténtica, de escritora. En la época de su sueño, había estado intentando forzarse a volver a escribir, a la vez que se criticaba por no ser mejor esposa, amiga y madre. El sueño mostraba su problema a la luz de otras mujeres que podían haber pasado por una transición semejante, descendiendo, como en el sueño, a las regiones inferiores de una casa extraña desde un nivel consciente demasiado elevado. Podemos suponer que esto era la entrada a cierto aspecto significativo del inconsciente colectivo, con su reto a aceptar el principio masculino como hombre-animal, esa misma figura heroica y un tanto payasa de Trickster que encontramos al principio de los primitivos ciclos del héroe.

En cuanto a su relación con ese hombre-mono y el humanizarle extrayendo lo que era bueno en él, significa que ella tendría que aceptar primero cierto elemento impredecible de su natural espíritu creador. Con ello, atajaría entre los vínculos corrientes de su vida y aprendería a escribir en forma nueva, más apropiada para ella en su segunda parte de la vida.

Que este impulso se relacionaba con el principio creador masculino lo demuestra la segunda escena en la que ella resucita al hombre insuflándole aire en la nariz por medio de una especie de pico de pájaro. Este procedimiento neumático sugiere la necesidad de una reavivación del espíritu, más que el principio de excitación erótica. Es un simbolismo conocido en todo el mundo: el acto ritual trae el soplo creador de vida a toda nueva hazaña.

El sueño de otra mujer subraya el aspecto "natural" de la Bella y la Bestia:

"Algo vuela o entra arrojado por la ventana, análogo a un insecto grande con patas retorcidas en espiral, amarillo y negro. Luego se convierte en un animal extraño, con franjas amarillas y negras, como un tigre, patas de oso, casi humanas, y un rostro afilado como el de un lobo. Podía correr libremente y herir a los niños. Es domingo por la tarde y veo una niña toda vestida de blanco camino de la escuela dominical. Tengo que llamar a la policía para socorrerla.

"Pero entonces veo que aquel ser se ha transformado en mitad mujer, mitad animal. Se me acerca zalamero, quiere que le acaricien. Veo que es una situación de cuento de hadas, o un sueño, y que sólo la amabilidad puede transformarle. Trato de abrazarle efusivamente, pero no puedo conseguirlo. Le empujo para rechazarlo. Pero tengo la impresión que debo conservarlo cerca de mí y acostumbrarme a él y, quizás, algún día, seré capaz de besarlo"

Aquí tenemos una situación distinta a la anterior. Esta mujer había sido llevada demasiado lejos por su interior función creadora masculina que se había convertido en una preocupación apremiante y mental (es decir, "sostenida en el aire"). Por tanto, eso le impidió cumplir de forma natural su cometido femenino y de esposa (Como asociación de este sueño, ella dijo: "Cuando mi marido viene a casa, mi lado creador se sumerge y me convierto en el ama de casa superorganizada"). Su sueño toma ese inesperado cambio de transformar su espíritu descarriado en la mujer que ella tiene que aceptar y cultivar en sí misma; de esa forma, puede armonizar su creador interés intelectual con los instintos que la capacitan para relacionarse apasionadamente con otros.

Esto lleva consigo una nueva aceptación del doble principio de vida y naturaleza, de lo que es cruel y amable o, como podríamos decir en este caso, despiadadamente aventurero, pero, al mismo tiempo, humilde y creativamente doméstico. Evidentemente, estas oposiciones no pueden reconciliarse excepto en un elevado nivel de conocimiento psicológicamente adulterado, y, desde luego, sería dañoso para esa inocente niña con su vestido de escuela dominical.

La interpretación que podríamos dar al sueño de esta mujer es que ella necesitaba vencer cierta imagen de sí misma excesivamente ingenua. Tenía que estar dispuesta a admitir la total polaridad de sus sentimientos, al igual que la Bella tuvo que prescindir de la inocencia de confiar en un padre que no le podía dar la rosa blanca de su sentimiento sin despertar la benéfica furia de la Bestia.

Orfeo y el hijo del hombre

La Bella y la Bestia es un cuento de hadas con la calidad de una flor silvestre, que aparece tan inesperadamente y que nos produce una sensación tan natural de maravilla que, al momento, no notamos que pertenece a una clase, género y especie de planta definida. La clase de misterio inherente a ese cuento es que tiene una aplicación universal no sólo en un mito histórico más amplio sino también en los rituales en los que se expresa el mito o de los cuales puede derivarse.

El tipo de ritual y de mito que expresa apropiadamente este tipo de experiencia psicológica está ejemplificado en la religión grecorromana de Dioniso y en su sucesora, la religión de Orfeo. Estas dos religiones proporcionan una iniciación significativa del tipo conocido como "misterios". Crean símbolos asociados a un hombre-dios de carácter andrógino que se suponía poseer un conocimiento íntimo del mundo de los animales o de las plantas, y dominar la iniciación que hay en sus secretos.

La religión dionisíaca tenía ritos orgiásticos que requerían del iniciado que se dejara llevar por su naturaleza animal y experimentara así plenamente el poder fertilizador de la Madre Tierra. El provocador inicial de este rito de paso en el ritual dionisíaco era el vino. Se le suponía productor del simbólico rebajamiento de la consciencia, necesario para introducir al novicio en los secretos más celosamente guardados de la naturaleza, cuya esencia se expresaba con un símbolo de plena realización erótica: el dios Dioniso se unía a Ariadna, su consorte, en una sagrada ceremonia matrimonial.

Con el tiempo, los ritos de Dioniso perdieron su emotivo poder religioso. Surgió un ansia casi oriental por liberarse de su exclusiva preocupación por los símbolos puramente naturales de la vida y el amor. La religión dionisíaca, oscilando constantemente de lo espiritual a lo físico y viceversa, quizá se mostró demasiado salvaje y turbulenta para algunas almas más ascéticas. Estas experimentaron sus éxtasis religiosos interiores por medio de la adoración tributada a Orfeo.

Orfeo probablemente fue un hombre auténtico, cantor, profeta y maestro, que fue martirizado y cuya tumba se convirtió en santuario. No es sorprendente que la Iglesia cristiana primitiva viera en Orfeo el prototipo de Cristo. Ambas religiones trajeron al muerto mundo helenístico la promesa de una futura vida divina. Como eran hombres, pero también mediadores de la divinidad, para las multitudes de la agonizante cultura griega, en los días del Imperio romano, ellos mantenían el ansia de esperar en una vida futura.

Sin embargo, había una diferencia importante entre la religión de Orfeo y la religión de Cristo. Aunque sublimados en una forma mística, los misterios órficos mantenían viva la vieja religión dionisíaca. El ímpetu espiritual procedía de un semidiós en quien se conservaba la más significativa característica de una religión enraizada en el arte de la agricultura. Esa característica era el antiguo modelo de los dioses de la fertilidad que sólo se presentaban en la estación oportuna, es decir, el eterno ciclo repetido de nacimiento, desarrollo, plenitud y decadencia.

El cristianismo, por otra parte, dispersó los misterios. Cristo era el producto y el reformador de una religión patriarcal, nómada y pastoril cuyos profetas representaban a su Mesías como un ser de absoluto origen divino. El Hijo del Hombre, aunque nacido de una virgen humana, tenía su origen en el cielo, del que vino en un acto de encarnación de Dios en el hombre. Después de su muerte, volvió al cielo, pero volvió de una vez para siempre, a reinar a la diestra de Dios hasta su Segunda Venida "en que los muertos se levantarán".

Por supuesto que el ascetismo del cristianismo primitivo no duró. El recuerdo de los misterios cíclicos asediaba a los cristianos hasta el extremo que la Iglesia, en consecuencia, tuvo que incorporar a sus ritos muchas prácticas del pasado pagano. El más significativo de éstos puede encontrarse en los antiguos relatos de lo que se hacía el Sábado Santo y en el Domingo de Pascua para celebrar la resurrección de Cristo, la ceremonia bautismal que la Iglesia medieval realizaba como rito apropiado y profundo de iniciación. Pero ese ritual apenas sobrevivió en los tiempos modernos y falta totalmente en el protestantismo.

El ritual que ha sobrevivido mejor y que aún contiene el significado de un misterio central de iniciación para el devoto es la práctica católica de la elevación del cáliz. Lo ha descrito el Dr. Jung en su *Simbolismo de transformación en la misa*:

"La elevación del cáliz en el aire prepara la espiritualización...del vino. Esto se confirma con la invocación al Espíritu Santo que sigue inmediatamente...La invocación sirve para infundir en el vino el Espíritu Santo porque es el Espíritu Santo el que engendra, cumple y transforma...En tiempos anteriores, después de la elevación, el cáliz se ponía a la derecha de la hostia para corresponder con la sangre que manó del costado derecho de Cristo".

El ritual de la comunión es en todas partes el mismo, ya se exprese bebiendo de la copia de Dioniso o del sagrado cáliz cristiano; pero es diferente el nivel de conocimiento que cada uno aporta al participante individual. El participante dionisíaco mira hacia el pasado origen de las cosas, hacia el "nacimiento terrible" del dios que sale lanzado del poderoso seno de la Madre Tierra. En los frescos de la Villa de Misteri, en Pompeya, la celebración del rito evoca al dios como una máscara de terror reflejada en la copa de Dioniso que el sacerdote ofrece al iniciado. Después encontramos los cernedores, con sus preciosos frutos de la tierra, y el falo, como símbolos creadores, de la manifestación del dios como principio de gestación y desarrollo.

En contraste con esa mirada retrospectiva, con su enfoque en el eterno ciclo de la naturaleza, de nacimiento y muerte, el misterio cristiano señala hacia adelante, hacia la esperanza definitiva del iniciado en una unión con el dios trascendente. La Madre Naturaleza con todos sus hermosos cambios estacionales, ha quedado atrás, y la figura central del cristianismo ofrece certeza espiritual de que él es el Hijo de Dios en el cielo.

Sin embargo, ambos aspectos se funden, en cierto modo, en la figura de Orfeo, el dios que recuerda a Dioniso pero anticipa a Cristo. El sentido psicológico de esa figura intermedia ha sido descrito por la autora suiza Linda Fierz-David, en su interpretación del rito órfico pintado en la Villa de Misteri:

"Orfeo enseñaba mientras cantaba y tocaba la lira y su canto era tan poderoso que dominaba toda la naturaleza; cuando cantaba con su lira, los pájaros volaban a su alrededor, el pez abandonaba el agua y saltaba hacia él. El viento y el mar se calmaban, los ríos corrían hacia arriba en su busca. No nevaba y no granizaba. Los árboles y hasta las piedras iban detrás de Orfeo; el tigre y el león se echaban junto a él, al lado de la oveja, y los lobos junto al ciervo y el corzo. Pero, ¿qué significa esto? Seguramente significa que mediante un conocimiento profundo y divino del significado de los acontecimientos naturales...los sucesos de la naturaleza quedan armoniosamente ordenados desde el interior. Todo se hace luz y todas las criaturas se aplacan cuando el mediador en el acto de adoración, representa la luz de la naturaleza. Orfeo es una personificación de la devoción y la piedad; simboliza la actitud religiosa que resuelve todos los conflictos ya que, mediante ella, toda el alma se vuelve hacia lo que reside en el otro lado de todo conflicto...Y al hacerlo, él es el verdadero Orfeo; es decir, un buen pastor, su primitiva personificación..."

A la vez como buen pastor y mediador, Orfeo representa el equilibrio entre la religión dionisíaca y la religión cristiana, ya que encontramos a Dioniso y a Cristo en papeles análogos, aunque, como ya dijimos, diferentemente orientados respecto al tiempo y dirección en el espacio: el uno una religión cíclica del mundo inferior, el otro, celestial y escatológico o final. Estas series de sucesos iniciatorios, extraídos del contexto de la historia religiosa, se repiten incesantemente, y con todas las concebibles alteraciones individuales de significado, en los sueños y fantasías de la gente moderna.

En un estado de fatiga y depresión profundas, una mujer, mientras la analizaban, tuvo esta fantasía:

"Estoy sentada junto a una mesa larga y estrecha en una sala de alta bóveda y sin ventanas. Mi cuerpo está encorvado y hundido. No llevo nada puesto salvo una larga vestidura de lino blanco que me cuelga de los hombros hasta el suelo. Algo crucial me ha ocurrido. Apenas me queda vida. Ante mis ojos aparecen cruces rojas sobre discos de oro. Recuerdo que hice una especie de promesa hace mucho tiempo y sea cual fuere el sitio donde estoy ahora tiene que ser parte de ella. Estoy sentada aquí mucho tiempo.

"Ahora abro lentamente los ojos y veo un hombre que se sienta junto a mí y que me va a curar. Parece natural y amable y me habla aunque no le oigo. Parece saber todo acerca de dónde estuve. Me doy cuenta que estoy muy fea y que tiene que haber hedor de muerte en torno mío. Me pregunto si él se sentirá repelido. Le miro durante mucho tiempo. No se vuelve. Respiro con más facilidad.

"Luego siento brisa fresca, o agua fría cayendo sobre mi cuerpo. Me cruzo la vestidura de lino blanco y ahora me dispongo a dormir normalmente. Las manos curativas del hombre están puestas en mis hombros. Recuerdo vagamente que hubo un tiempo que tuve heridas ahí, pero la presión de sus manos parece que me da fuerza y salud".

Esta mujer se había sentido asaltada anteriormente por dudas acerca de su afiliación religiosa originaria. Había sido educada como devota católica chapada a la antigua, pero desde su juventud luchó por liberarse de los convencionalismos formalistas religiosos seguidos por su familia. Sin embargo, los simbólicos acontecimientos del año litúrgico y la riqueza del profundo conocimiento sobre su significación que ella tenía, continuaron sin abandonarla a lo largo de su cambio psicológico; y en su análisis encontramos muy útil ese su conocimiento activo del simbolismo religioso.

Los significativos elementos que eligió su fantasía fueron el ropaje blanco que ella interpretaba como un ropaje de sacrificio; la sala abovedada, la consideraba la tumba; y su promesa la asociaba con su experiencia de sumisión,. Esa promesa, como ella la llamaba, le sugería un ritual de iniciación con un peligroso descenso hacia la cripta mortuoria, que simbolizaba la forma en que ella abandonó la Iglesia y la familia para conocer a Dios a su propio modo. Había soportado una "imitación de Cristo" en el verdadero sentido simbólico y, al igual que él, había sufrido las heridas que preceden a esa muerte.

El ropaje de sacrificio sugería el sudario o mortaja con que fue envuelto Cristo crucificado para ser colocado luego en la tumba. El final de la fantasía presenta la figura sanadora de un hombre (vagamente asociada conmigo), como su analista, pero presentado también en su papel natural de amigo que conoce perfectamente lo que le ha ocurrido a ella. El le habla con palabras que ella no puede oír, pero sus manos son reconfortadoras y dan sensación de ser curativas. Se intuye en esa figura el trazo y la palabra del buen pastor, Orfeo o Cristo, como mediador y también, por supuesto, como sanador. El está del lado de la vida y tiene que convencerla que ella puede regresar ahora de la cripta mortuoria.

¿Llamaremos a esto renacimiento o resurrección? Ambas cosas o, quizá, ninguna. El rito esencial se declara por sí mismo al final: la brisa fresca o el agua cayendo sobre su cuerpo es el acto primordial de purificación o lavado del pecado mortal, esencia del verdadero bautismo.

La misma mujer tuvo otra fantasía en la que su cumpleaños coincidía con la resurrección de Cristo (Esto era mucho más significativo para ella que el recuerdo de su madre, la cual nunca la inspiró la sensación de seguridad y renovación que tanto había deseado en los cumpleaños de su niñez). Pero esto no quiere decir que ella se identificase con la figura de Cristo. Porque algo faltaba para alcanzar todo su poder y su gloria; y cuando trató de alcanzarle por medio de la oración, El y su cruz se elevaban hasta el cielo y quedaban fuera de su alcance humano.

En esta segunda fantasía, ella se retrotraía al simbolismo de renacimiento como sol naciente y un nuevo símbolo femenino comenzó a hacer su aparición. Primeramente apareció como un "embrión en la bolsa de las aguas". Luego llevaba ella un niño de ocho años por el agua "cruzando un sitio peligroso". Luego se produjo una nueva situación en la que ya no se sintió amenazada o bajo la influencia de la muerte. Estaba "en un bosque donde había un pequeño manantial...con vides verdes por todos los alrededores. Tengo en las manos un cuenco de piedra en el que hay agua del manantial, musgo verde y violetas. Me baño en la cascada. Es dorada y "sedosa" y me siento como un niño".

El sentido de esos sucesos es claro, aunque es posible que se pierda el significado íntimo en la descripción críptica de tantas imágenes cambiantes. Aquí parece que tenemos un proceso de renacimiento en el que un "sí-mismo" espiritual mayor ha renacido y se bautiza como un niño. Mientras tanto, ella ha rescatado un niño mayor que era, en cierto modo, su propio ego en el período más traumático de su niñez. Luego lo lleva por el agua pasando un sitio peligroso, con lo que indica su miedo a una sensación paralizante de culpabilidad si se alejara demasiado de la religión tradicional de su familia. Pero el simbolismo religioso es significativo por su ausencia. Todo está en manos de la naturaleza; estamos abiertamente en el reino del pastor   Orfeo más que en el del naciente Cristo.

A continuación tuvo un sueño que la llevó a una iglesia que se parecía a la iglesia de Asís con los frescos de Giotto acerca de San Francisco. Se sentía más a gusto aquí que en cualquier otra iglesia, porque san Francisco, como Orfeo, era un religioso de la naturaleza. Esto reavivaba sus sentimientos acerca del cambio en su afiliación religiosa que había sido penosa de sobrellevar, pero ahora creía poder enfrentarse gozosamente con la experiencia, inspirada con la luz de la naturaleza.

La serie de sueños terminaba con un eco lejano de la religión de Dioniso. (Se podría decir que eso era un recordatorio de que aún Orfeo podía ser, en ciertos momentos, alejado del poder fecundante del animal-dios en el hombre). Ella soñó que llevaba de la mano a un niño rubio "Participamos alegremente en una fiesta que incluye el sol y los bosques y las flores de todo el contorno. El niño tiene en la mano una florecilla blanca, y ella la coloca en la cabeza de un toro negro. el toro es parte de la fiesta y está cubierto de adornos" Esta referencia recuerda el antiguo rito que celebraba a Dioniso en forma de toro.

Pero el sueño no terminaba ahí. La mujer agregó: "Poco tiempo después, el toro es traspasado por una flecha dorada". Ahora, además de Dioniso, hay otro rito precristiano en que el toro desempeña un papel simbólico. El dios persa Mithra sacrifica un toro. Al igual que Orfeo, representa el ansia por una vida del espíritu que pueda triunfar sobre las primitivas pasiones animales del hombre y, después de una ceremonia de iniciación, darle paz.

Esta serie de imágenes confirma la idea que se encuentra en muchas fantasías o secuencias oníricas de este tipo: que no hay paz final, ni lugar de descanso. En su búsqueda religiosa, hombres y mujeres - en especial quienes viven en las sociedades cristianas modernas de Occidente -, están aún en poder de esas primitivas tradiciones que luchan dentro de ellos por la supremacía. Es un conflicto entre las creencias paganas y las cristianas o, podría decirse, entre el renacer y el resucitar.

Una clave más directa para la resolución de este dilema se puede encontrar en la primera fantasía de esa mujer, en un curioso simbolismo, que fácilmente pudo pasar inadvertido. La mujer dice que en su cripta mortuoria tuvo ante sus ojos una visión de cruces rojas sobre discos de oro. Cuando después se aclaró en el análisis, estuvo a punto de experimentar un profundo cambio psíquico y surgir de esa "muerte" hacia un nuevo tipo de vida. Por tanto, podemos imaginar que esta imagen, que surgió en ella en la profundidad de su desesperación de la vida, anunciaría, en cierto modo, su futura posición religiosa. En su obra posterior, de hecho, dio pruebas de pensar que las cruces rojas representaban su devoción al cristianismo, mientras que los discos de oro representaban su devoción a los misterios religiosos precristianos. Su visión le había dicho que tenía que reconciliar esos elementos cristianos y paganos en la nueva vida que la esperaba.

Una última, pero importante observación, concierne a los antiguos ritos de iniciación y sus relaciones con el cristianismo. El rito de iniciación celebrado en los misterios eleusinos (los ritos de adoración a las diosas de la fertilidad Deméter y Perséfone) no se consideraba adecuado meramente por quienes buscaban vivir con mayor abundancia; también se utilizaba como preparación para la muerte, como si la muerte también requiriese un iniciatorio rito de paso de la misma clase.

En una urna funeraria encontrada en una tumba romana, cerca del columbario del monte Esquilino, encontramos un bajo relieve nítido representando escenas de la etapa final de iniciación en la que el neófito es admitido a la presencia de las diosas, con las que conversa. El resto del bajo relieve se dedica a dos ceremonias preliminares de purificación: el sacrificio del "cerdo místico" y una versión mística del matrimonio sagrado. Todo esto señala hacia una iniciación para la muerte, pero en una forma que carece de la finalidad del duelo. Insinúa ese elemento de los misterios posteriores - especialmente del orfismo -, que hace que la muerte lleve una promesa de inmortalidad. El cristianismo fue aún más lejos. Prometía algo más que la inmortalidad (que en el sentido antiguo de los misterios cíclicos puede significar meramente reencarnación), porque ofrecía la segura y eterna vida en el cielo.

Así volvemos a ver, en la vida moderna, la tendencia a repetir los viejos modelos. Los que tienen que aprender a enfrentarse con la muerte pueden tener que reaprender el antiguo mensaje que nos dice que la muerte es un misterio para el que tenemos que prepararnos con el mismo espíritu de sumisión y humildad que una vez aprendimos para prepararnos para la vida.

Símbolos de trascendencia

Los símbolos que influyen en el hombre varían en su finalidad. Algunos hombres necesitan ser despertados y experimentar su iniciación en la violencia de un dionisíaco "rito tonante". Otros necesitan ser sometidos y son llevados a la sumisión en el designio ordenado del recinto del templo o cueva sagrada, que sugiere la religión de Apolo de los últimos griegos. Una iniciación plena abarca ambos temas, como podemos ver cuando miramos el material extraído de los textos antiguos o de los seres vivientes. Pero es muy cierto que la finalidad esencial de la iniciación reside en domeñar la originaria ferocidad, análoga a la de Trickster, de la naturaleza juvenil. Por tanto, tiene un propósito civilizador o espiritual, a pesar de la violencia de los ritos que se requieren para poner en marcha ese proceso.

Sin embargo, hay otra clase de simbolismo, perteneciente a las más antiguas tradiciones sagradas conocidas, que también está relacionado con los períodos de transición en la vida de una persona. Pero esos símbolos no tratan de integrar al iniciado con ninguna doctrina religiosa o consciencia de grupo secular. Por el contrario, señalan hacia la necesidad del hombre de liberarse de todo estado del ser que es demasiado inmaduro, demasiado fijo o definitivo. En otras palabras, conciernen al desligamiento del hombre - o trascendencia -, de todo modelo definidor de existencia, cuando se avanza hacia otra etapa superior o más madura en su desarrollo.

Un niño, como hemos dicho, posee el sentido de perfección, pero sólo antes del surgimiento inicial de su consciencia del ego. En el caso de un adulto, el sentido de perfección se consigue mediante una unión de la consciencia con los contenidos inconscientes de la mente. Fuera de esa unión, surge lo que Jung llamó "la función trascendente de la psique", por la cual el hombre puede conseguir su más elevada finalidad: la plena realización del potencial de su "sí-mismo" individual.

Así, lo que llamamos "símbolos de trascendencia" son los símbolos que representan la lucha del hombre por alcanzar esa finalidad. Proporcionan los medios por los cuales los contenidos del inconsciente pueden entrar en la mente consciente y también son una expresión activa de esos contenidos.

Esos símbolos son múltiples en su forma. Ya los encontremos en la historia o en los sueños de los hombres y mujeres contemporáneos que atraviesan una etapa crítica de su vida, podemos ver su importancia. En el nivel más arcaico de ese simbolismo, volvemos a encontrarnos el tema de Trickster. Pero esta vez ya no aparece como un forajido que quisiera ser héroe. Se ha convertido en chamán - el hombre que cura -, cuyas prácticas mágicas y alardes de intuición le califican de primitivo dominador de la iniciación. Su poder reside en su supuesta capacidad para dejar su cuerpo y volar por el universo como un pájaro.

En este caso, el ave es el símbolo más apropiado de trascendencia. Representa la peculiar naturaleza de intuición actuando a través de un "médium", es decir, un individuo que es capaz de obtener conocimiento acerca de sucesos lejanos - o hechos de los cuales nada sabe conscientemente -, cayendo en una especie de trance.

La prueba de tales poderes puede encontrarse tan lejos como el período paleolítico de la prehistoria, como el erudito norteamericano Joseph Campbell señaló al comentar una da las famosas pinturas rupestres recientemente descubiertas en Francia. En Lascaux, escribió Campbell, "hay pintado un chamán, caído en trance, que lleva una máscara de ave con la figura de un pájaro posado en un bastón que hay junto a él. Los chamanes de Siberia llevan hoy día tales ropajes de ave y muchos creen que fueron concebidos por su madre como descendientes de un ave...El chamán, entonces, no es sólo un habitante conocido sino también un vástago favorecido de esos reinos de poder que son invisibles para nuestra normal consciencia despierta, que todos pueden visitar rápidamente por medio de visiones, pero en las que él vaga como dominador".

En el nivel superior de este tipo de actividad iniciadora, lejos de esos trucos del negocio con los que los magos reemplazan tan frecuentemente la verdadera visión espiritual, encontramos los yoguis hindúes. En sus estados de trance van más allá de las categorías normales de pensamiento.

Uno de los símbolos oníricos más comunes para este tipo de liberación por medio de la trascendencia es el tema del viaje solitario o peregrinación, que en cierto modo parece una peregrinación espiritual en la que el iniciado entra en conocimiento con la naturaleza de la muerte. Pero ésta no es la muerte como juicio final u otra prueba iniciatoria de fuerza; es un viaje de liberación, renunciación y expiación, presidido y mantenido por cierto espíritu de compasión. Este espíritu se suele representar por una "maestra" más que por un "maestro" de iniciación, una figura femenina suprema (es decir, ánima) tal como Kwan-Yin en el budismo chino, Sofía en la doctrina gnóstica cristiana, o la antigua diosa griega de la sabiduría, Palas Atenea.

No sólo el vuelo de las aves o el viaje hacia el yermo representan este simbolismo sino todo movimiento fuerte que ejemplifique la liberación. En la primera parte de la vida, cuando aún se está ligado a la familia originaria o al grupo social, eso puede experimentarse en ese momento de iniciación en el que hay que aprender a dar, por sí solo, los pasos decisivos en la vida. Es el momento que T. S. Eliot describe en *La tierra baldía en que uno se enfrenta con la terrible osadía de la rendición de un momento del que una edad de prudencia jamás puede retractarse.*

En un período de vida posterior puede no necesitarse romper todos los lazos con todos los símbolos de contenido significativo. Pero, no obstante, se puede estar lleno de ese espíritu de divino descontento que obliga a todos los hombres libres a enfrentarse con algún nuevo descubrimiento o a vivir de una manera nueva. Este cambio puede llegar a ser especialmente importante en el período entre la edad intermedia y la vejez, que es el tiempo de la vida en que tanta gente considera qué ha de hacer en su retiro: si trabajar o jugar, si estarse en casa o viajar.

Si su vida fue aventurera, insegura o llena de cambios, puede desear una vida sedentaria y los consuelos de la certeza religiosa. Pero si vivió principalmente en el módulo social en el que nació, puede necesitar desesperadamente un cambio liberador. Esta necesidad puede llenarse, temporalmente, con un viaje alrededor del mundo o simplemente mudándose a una casa más pequeña. Pero ninguno de estos cambios externos servirá a menos que haya cierta trascendencia interior de los viejos valores al crear, no precisamente inventar, un nuevo modo de vida.

Un caso de este último tipo es una mujer que vivió un estilo de vida que ella, su familia y sus amigos gozaron por largo tiempo porque estaba firmemente arraigada, nutrida culturalmente y asegurada contra las modas transitorias. Esta mujer tuvo este sueño:

"Encontré algunos trozos extraños de madera no labrados, sino de hermosas formas naturales. Alguien dijo: "Los trajo el hombre de Neanderthal". Luego vi a cierta distancia a esos hombres de Neanderthal que parecían una masa oscura, pero no podía distinguir a ninguno de ellos claramente. Pensé que debería llevarme de allí un trozo de su madera.

"Luego continué, como si viajara por mi cuenta, y miré hacia abajo a un abismo enorme como un volcán apagado. Había agua en parte de él y esperé ver allí más hombres de Neanderthal. Pero en vez de eso vi cerdos marinos negros que habían salido del agua y estaban corriendo por entre las negras rocas volcánicas".

En contraste con las amistades de la familia de esta mujer y su estilo de vida de elevada cultura, el sueño la lleva a un período prehistórico más primitivo de lo que podemos imaginar. No puede encontrar ningún grupo social entre esos hombres antiquísimos: los ve como una corporación del verdadero inconsciente, "masa oscura" colectiva a distancia. Sin embargo, estaban vivos, y pudo llevarse un trozo de su madera. El sueño subraya que la madera es natural, no labrada; por tanto, procede de un nivel primordial del inconsciente, no de un nivel condicionado culturalmente. Ese trozo de madera, notable por su mucha edad, liga la experiencia contemporánea de esta mujer con los lejanos orígenes de la vida humana.

Sabemos por muchos ejemplos que un árbol viejo u otra planta representa simbólicamente el crecimiento y desarrollo de la vida psíquica (como cosa distinta de la vida instintiva, comúnmente simbolizada por animales). De aquí que, con ese trozo de madera, esta mujer adquirió un símbolo de su vínculo con los estratos más profundos del inconsciente colectivo.

Luego habla de continuar sola su viaje. Este tema, como ya he señalado, simboliza la necesidad de liberarse, como experiencia iniciatoria. Así es que tenemos aquí otro símbolo de trascendencia.

Después, en el sueño, ve el cráter enorme de un volcán apagado que ha sido el canal de una violenta erupción del fuego procedente de las capas más profundas de la tierra. Podemos sospechar que esto se refiere a un significativo rastro en la memoria que conduce a una pasada experiencia traumática. Ella asociaba eso a una experiencia personal en los primeros tiempos de su vida en que sintió la fuerza destructiva, pero creadora, de sus pasiones hasta tal extremo que creyó se iba a volver loca. Había encontrado, al final de la adolescencia, una necesidad totalmente inesperada de romper con el módulo social excesivamente convencional de su familia. Llevó a cabo ese rompimiento sin grave aflicción y pudo volver, con el tiempo, a hacer las paces con su familia. Pero todavía siguió alentando un profundo deseo de hacer una diferenciación aún mayor del pasado familiar y encontrar la libertad extrayéndola de su propia forma de existencia.

Este sueño recuerda otro. Lo tuvo un joven que tenía un problema totalmente distinto, pero que parecía necesitar un tipo análogo de conocimiento profundo. También sentía prisa por conseguir una diferenciación. Soñó con un volcán, y desde su cráter vio dos pájaros que emprendieron el vuelo como si temieran que el volcán fuera a entrar en erupción. Eso ocurría en un lugar extraño y solitario con un curso de agua entre él y el volcán. En este caso, el sueño representaba un viaje de iniciación individual.

Es análogo a casos recogidos entre las sencillas tribus recolectoras de alimentos, que son los grupos con menor consciencia familiar que conocemos. En estas sociedades, el joven iniciado tiene que emprender un viaje solitario a un lugar sagrado (en las culturas indias de la costa del norte del Pacífico, en realidad puede ser un lago formado en un cráter), donde en un estado visionario o semejante al trance, encuentra su "espíritu guardián" en forma de animal terrestre, ave u objeto natural. El se identifica íntimamente con esta "alma selvática", y de ese modo se hace hombre. Sin una experiencia semejante se le considera, según decía un médico achumaui, como "un indio cualquiera, nadie".

El sueño del joven se produjo al principio de su vida y señalaba hacia su futura independencia e identidad como hombre. La mujer que he descrito se estaba acercando al fin de su vida y también soñó un viaje similar y parecía necesitar la adquisición de una independencia análoga. Pudo vivir el resto de sus días en armonía con una ley humana eterna que, por su antigüedad, trascendió los conocidos símbolos de cultura.

Pero tal independencia no termina en un estado análogo al apartamiento yogui que significaría una renunciación al mundo con todas sus impurezas. En el paisaje, muerto y desolado de su sueño, la mujer vio señales de vida animal. Eran "cerdos marinos" desconocidos para ella como especie. Por tanto, llevarían el significado de un tipo especial de animal, uno que pudiera vivir en dos medios distintos, en el agua o en la tierra.

Esta es la cualidad universal de los animales como símbolos de trascendencia. Estas criaturas, que figuradamente proceden de las profundidades de la antigua Madre Tierra, son habitantes simbólicos del inconsciente colectivo. Traen al campo de la consciencia un especial mensaje tectónico (mundo inferior) que es un tanto diferente de las aspiraciones espirituales simbolizadas por los pájaros del sueño del joven.

Otros símbolos trascendentes de las profundidades son roedores, lagartos, serpientes, y también peces. Hay criaturas intermedias que combinan actividad subacuática y el vuelo del ave con una vida terrestre intermedia. El pato silvestre y el cisne, por ejemplo. Quizás el símbolo onírico de trascendencia más frecuente sea la serpiente, como la representada por el símbolo del dios romano de la Medicina, Esculapio, que ha sobrevivido hasta los tiempos modernos como signo de la profesión médica. Originariamente fue una serpiente arborícola no venenosa; tal como la vemos, enroscada en el bastón del dios sanador, parece incorporar un tipo de mediación entre la tierra y el cielo.

Otro símbolo aún más importante y extendido de la trascendencia tectónica es el motivo de las dos serpientes entrelazadas. Son las famosas serpientes Naga de la antigua India; y también las encontramos en Grecia como las serpientes entrelazadas al extremo del caduceo del dios Hermes. Un hermes de la primitiva Grecia es un pilar de piedra con un busto del dios encima. En un lado están las serpientes entrelazadas y, en otro, un falo erecto. Como las serpientes están representadas en el acto de unión sexual y el falo erecto es inequívocamente sexual, podemos extraer ciertas conclusiones acerca de la función del hermes como símbolo de fertilidad.

Pero nos equivocaríamos si pensásemos que sólo se refiere a la fertilidad biológica. Hermes es Trickster en el diferente papel de mensajero, dios de las encrucijadas y, finalmente, guía de las almas que van al mundo inferior o salen de él. Por tanto, su falo penetra en el mundo desconocido buscando un mensaje espiritual de liberación y curación.

Originariamente, Hermes era conocido en Egipto como e dios de cabeza de ibis Thot y, por tanto, se le concebía como la forma del ave del principio de trascendencia. También, en el período olímpico de la mitología griega, Hermes recuperó atributos de la vida de las aves que agregó a su naturaleza tectónica de serpiente. Su cayado adquirió alas por encima de las serpientes convirtiéndose en *caduceo* o bastón alado de Mercurio, y el propio dios se convirtió en "hombre volador" con sombrero y sandalia con alas. Aquí vemos su pleno poder de trascendencia, de donde la trascendencia más baja de la consciencia-serpiente del mundo inferior, pasando por el médium de realidad terrena, alcanza finalmente trascendencia para la realidad sobrehumana o transpersonal en su vuelo alado.

Tal símbolo compuesto se encuentra en otras representaciones como el caballo alado o el dragón alado u otras criaturas que abundan en las expresiones artísticas de la alquimia, tan ampliamente ilustradas en la obra ya clásica del Dr. Jung sobre ese tema. Seguimos las innumerables vicisitudes de esos símbolos en nuestra labor con los pacientes. Ellos exponen lo que nuestra terapia puede esperar conseguir cuando libera los más profundos contenidos psíquicos de modo que puedan llegar a formar parte de nuestros medios conscientes para la comprensión de la vida más eficazmente.

No es fácil para el hombre moderno captar la significancia de los símbolos que nos llegan desde el pasado o que aparecen en nuestros sueños. Ni es fácil ver cómo el antiguo conflicto entre los símbolos de contención y los de liberación se refiere a nuestra propia situación peligrosa. Sin embargo, se hace fácil cuando nos damos cuenta que son sólo las formas específicas de esos modelos arcaicos las que cambian, no su significado psíquico.

Hemos hablado de aves silvestres como sinónimos de desatadura o liberación. Pero hoy también podríamos hablar de aviones a reacción y cohetes espaciales, porque son la incorporación física del mismo principio trascendente que, al menos, nos libera temporalmente de la gravedad. Del mismo modo, los antiguos símbolos de contención, que en otro tiempo proporcionaron estabilidad y protección, ahora aparecen en la búsqueda que lleva el hombre moderno en pos de la seguridad económica y el bienestar social.

Desde luego, cualquiera de nosotros puede ver que hay un conflicto en nuestra vida entre la aventura y la disciplina o el mal y la virtud o la libertad y la seguridad. Pero éstas son sólo frases que empleamos para describir una ambivalencia que nos preocupa, y para la cual jamás vemos posibilidad de encontrar respuesta.

Hay una respuesta. Existe un punto de contacto entre la contención y la liberación, y podemos encontrarlo en los ritos de iniciación que he descrito. Estos pueden hacer posible que los individuos, o grupos enteros de gente, unan las fuerzas opuestas dentro de sí mismos y alcancen un equilibrio en su vida.

Pero los ritos no ofrecen de modo invariable o automático esa oportunidad. Están relacionados con fases particulares en la vida de un individuo, o de un grupo, y, a menos que se comprendan adecuadamente y se traduzcan en una nueva forma de vida, el momento puede pasar. La iniciación es, esencialmente, un proceso que comienza con un rito de sumisión, continúa con un período de contención y, luego, con otro rito de liberación. De esta forma, el individuo puede reconciliar los elementos en conflicto de su personalidad: puede conseguir un equilibrio que hace de él un ser verdaderamente humano y verdaderamente dueño de sí mismo.

3

El proceso de individuación
M. L. Von Franz

El modelo de desarrollo psíquico

Al comienzo de este libro, el Dr. C. G. Jung introdujo al lector en el concepto del inconsciente, sus estructuras personal y colectiva y su modo simbólico de expresión. Una vez que se ha visto la importancia vital (es decir, el efecto sanador o destructivo) de los símbolos producidos por el inconsciente, queda el difícil problema de la interpretación. El Dr. Jung ha demostrado que todo depende de si alguna interpretación "encaja" y es significativa respecto al individuo. De ese modo, ha indicado el posible significado y la función del simbolismo onírico.

Pero, en el desarrollo de la teoría de Jung, esa posibilidad suscita otras preguntas: ¿Cuál es el propósito de toda la vida onírica del individuo? ¿Qué papel desempeñan los sueños no sólo en la inmediata economía psíquica del ser humano sino en su vida como un todo?

Observando a gran cantidad de personas y estudiando sus sueños (calculaba que había interpretado, por lo menos, 80.000 sueños), Jung descubrió no sólo que todos los sueños son significativos en diversos grados para la vida del soñante sino que todos ellos son parte de un gran entramado de factores psicológicos. También halló que, en total, parecen seguir cierta ordenación o modelo. Jung llama a ese modelo "proceso de individuación". Puesto que los sueños producen escenas e imágenes diferentes cada noche, las personas que no son observadoras minuciosas probablemente no se darán cuenta de modelo alguno. Pero si observamos nuestros sueños durante un período de años y estudiamos toda la serie, veremos que ciertos contenidos emergen, desaparecen y vuelven otra vez. Mucha gente incluso sueña repetidamente con las mismas figuras, paisajes o situaciones; y si los seguimos a lo largo de todas las series, veremos que cambian lenta pero perceptiblemente. Estos cambios pueden acelerarse si la actitud consciente del soñante está influida por una interpretación adecuada de los sueños y sus contenidos simbólicos.

Así es que nuestra vida onírica crea un modelo en meandros en el que los elementos o tendencias individuales se hacen visibles, luego se esfuman, luego reaparecen. Si observamos esos meandros durante un largo período de tiempo, se puede ver la actuación de una especie de regulación oculta o tendencia directa que crea un proceso lento, imperceptible, de desarrollo psíquico: el proceso de individuación.

Paulatinamente va emergiendo una personalidad más amplia y más madura, y poco a poco se hace efectiva y hasta visible para los demás. El hecho de que, frecuentemente, hablemos de "desarrollo detenido" demuestra que suponemos que es posible tal proceso de desarrollo y maduración en todos los individuos. Puesto que el desarrollo psíquico no puede llevarse a cabo por un esfuerzo consciente de fuerza de voluntad, sino que se produce involuntariamente y en forma natural, en los sueños se simboliza con frecuencia por medio del árbol, cuyo desarrollo lento, poderoso e involuntario representa un modelo definido.

El centro organizador desde el cual emana el efecto regulador parece ser una especie de "átomo nuclear" de nuestro sistema psíquico. También podríamos llamarlo inventor, organizador y fuente de imágenes oníricas. Jung llamó a ese centro el "sí-mismo" y lo describió como la totalidad de la psique, para distinguirlo del ego, que constituye sólo una pequeña parte de la totalidad de la psique.

A lo largo de las edades, los hombres se daban cuenta instintivamente de la existencia de tal centro interior. Los griegos lo llamaron el *daimon* interior del hombre; en Egipto se expresaba con el concepto de *alma-ba*; y los romanos lo veneraban como genius innato de cada individuo. En sociedades más primitivas, solía creerse que era un espíritu tutelar encarnado en un animal o en un fetiche.

Este centro interior se mantiene en forma excepcionalmente pura e intacta entre los indios naskapi, quienes aún viven en los bosques de la península de Labrador. Estas gentes sencillas se dedican a la caza y viven en grupos familiares aislados, tan alejados unos de otros que no han podido desarrollar costumbres tribales o creencias y ceremonias religiosas colectivas. En su soledad vitalicia, el cazador naskapi tiene que confiar en sus propias voces interiores y revelaciones inconscientes; no tiene maestros religiosos que le enseñen lo que ha de creer, ni rituales, fiestas o costumbres que le conforten. En su concepto básico de la vida, el ama humana es simplemente un "compañero interior" al que llama "mi amigo" o *mista'peo* que "gran hombre". *Mista'peo* reside en el corazón y es inmortal; en el momento de la muerte o poco antes, deja al individuo y luego reencarna en otro ser.

Los naskapi, que ponen atención a sus sueños y que tratan de encontrar su significado y comprobar su veracidad, pueden entrar en relación profunda con el Gran Hombre, el cual favorece a tales personas y les envía más y mejores sueños. Por tanto, la máxima obligación de un naskapi es seguir las instrucciones dadas por sus sueños y luego dar a su contenido forma permanente por medio del arte. Las mentiras y la deslealtad alejan del reino interior del individuo al Gran Hombre, por lo que la generosidad y el amor al prójimo y a los animales le atrae y le da vida. Los sueños dan a los naskapi plena capacidad para encontrar su camino en la vida, no sólo en el mundo interior sino también en el mundo exterior de la naturaleza. Le ayudan a predecir el tiempo y le dan guía inestimable en la caza de la que depende su vida. Menciono este pueblo tan primitivo porque no está contaminado por nuestras ideas civilizadas y aún conserva el profundo conocimiento interior natural en la esencia de lo que Jung llamó el "sí-mismo".

El "sí-mismo" puede definirse como un factor de guía interior que es distinto de la personalidad consciente y que puede captarse sólo mediante la investigación de nuestros propios sueños. Estos demuestran que el "sí-mismo" es el centro regulador que proporciona una extensión y maduración constantes de la personalidad. Pero este aspecto mayor y más cercano a la totalidad de la psique aparece primero como una mera posibilidad innata. Puede emerger muy débilmente o puede desarrollarse con una totalidad relativa a lo largo de toda la vida. Hasta dónde se desarrolla depende de si el ego está dispuesto o no lo está a escuchar el mensaje del "sí-mismo". Así como los naskapi han percibido que la persona que es receptiva a las insinuaciones del Gran Hombre consigue más y mejores sueños que la ayuden, podemos agregar que el innato Gran Hombre se hace más real en una persona receptiva que en quienes lo desdeñan. Tal persona también se convierte en un ser humano más completo.

Hasta parece que el ego no ha sido producido por la naturaleza para seguir ilimitadamente sus propios impulsos arbitrarios sino para ayudar a que se realice la totalidad: toda la psique. Es el ego el que proporciona luz a todo el sistema, permitiéndole convertirse en consciente y, por tanto, realizarse. Si, por ejemplo, tenemos un talento artístico del cual no es consciente el ego, nada le ocurrirá. Incluso el don puede no llegar a existir. Sólo si nuestro ego se da cuenta de él, podemos llevarlo a la realidad. La innata pero oculta totalidad de la psique no es la misma cosa que una totalidad de la misma llega a ser plenamente conocida y vivida.

Podríamos describir esto de la forma siguiente: la semilla de un pino contiene en forma latente todo el futuro árbol; pero cada semilla cae, en determinado tiempo, en un sitio particular en el que hay cierta cantidad de factores especiales como son la calidad del suelo y las piedras, la inclinación del suelo y su exposición al sol y al viento. La totalidad latente del pino que hay en la semilla reacciona ante esas circunstancias evitando las piedras e inclinándose hacia el sol, resultando que así se determina el crecimiento del árbol. De ese modo, cada pino va llegando lentamente a la existencia, constituyendo la plenitud de su totalidad y emerge en el reino de la realidad. Sin el árbol vivo, la imagen del pino es sólo una posibilidad o una idea abstracta. Insistimos: la realización de la unicidad del hombre individual es la meta del proceso de individuación.

Desde cierto punto de vista, este proceso se produce en el hombre (así como en todo ser viviente) por sí mismo y en el inconsciente;

es un proceso por el cual el hombre vive su innata naturaleza humana. Sin embargo, estrictamente hablando, el proceso de individualización es real sólo si el individuo se da cuenta de él y lleva a cabo conscientemente una conexión viva con él. No sabemos si el pino percibe su propio crecimiento, si goza y sufre las diferentes vicisitudes que lo conforman. Pero el hombre sí es capaz de participar conscientemente en su desarrollo. Incluso siente que de vez en cuando, al tomar decisiones libres, puede cooperar activamente con él. Esta cooperación pertenece al proceso de individuación en el más estricto sentido de la palabra.

Sin embargo, el hombre experimenta algo que no se contiene en nuestra metáfora del pino. El proceso de individuación es más que un acuerdo entre el germen innato de totalidad y los actos externos del destino. Su experiencia subjetiva transmite la sensación de que cierta fuerza suprapersonal se interfiere activamente en forma creativa. A veces notamos que el inconsciente lleva la dirección con un designio secreto. Es como si algo nos estuviese contemplando, algo que no vemos pero que nos ve, quizás el Gran Hombre que reside en el corazón, que nos dice su opinión acerca de nosotros por medio de los sueños.

Pero este aspecto creativamente activo del núcleo psíquico puede entrar en juego sólo cuando el ego se desentiende de toda finalidad intencionada y voluntaria y trata de alcanzar una forma de existencia más profunda y más básica. El ego tiene que ser capaz de estudiar atentamente y entregarse, sin ningún otro designio o intención, a esa incitación interior hacia el desarrollo. Muchos filósofos existencialistas intentan describir ese estado, pero sólo llegan a despojar de sus ilusiones a la consciencia: llegan directamente hasta la puerta del inconsciente, pero luego no consiguen abrirla.

La gente que vive en culturas más firmemente enraizadas que la nuestra, tienen menos dificultad en comprender que es necesario prescindir de la actitud utilitaria de los proyectos conscientes con el fin de dejar paso al desarrollo interno de la personalidad. Una vez conocí a una señora anciana que no había conseguido mucho en su vida, en el sentido de cosas externas. Pero, de hecho, había hecho un buen matrimonio con un marido difícil y, en cierto modo, había desarrollado una personalidad madura. Cuando se quejó de que no había "hecho" nada en su vida, le conté un cuento relatado por un sabio chino, Chuang-Tzu. Ella comprendió inmediatamente y sintió gran alivio. Este es el cuento:

"Un carpintero ambulante, llamado Piedra, vio en sus viajes un gigantesco y añoso roble que se levantaba en un campo junto a un altar hecho de tierra. El carpintero dijo a su aprendiz, el cual admiraba el roble: "Ese es un árbol inútil. Si quieres hacer un barco, pronto se pudriría; si quieres hacer aperos se romperían. No puedes hacer nada que sea útil con ese árbol y por eso ha llegado a ser tan viejo".

"Pero en una posada, aquella misma noche, cuando el carpintero se fue a dormir, el roble añoso se le apareció en sueños y le dijo: "¿Por qué me comparas con vuestros árboles cultivados tales como el espino blanco, el peral, el naranjo y el manzano y todos los demás que dan fruta? Aún antes de que se pueda recoger el fruto, la gente los ataca y los viola. Sus ramas gruesas están desgajadas, sus ramillas rotas. Su propio fruto les acarrea el daño y no pueden vivir fuera de su espacio natural. Esto es lo que ocurre en todas partes y por eso hace tanto tiempo que intenté convertirme en completamente inútil. ¡Tú, pobre mortal! ¿Te imaginas que si yo hubiera sido útil de alguna forma hubiera alcanzado tal tamaño? Además, tú y yo somos dos criaturas y, ¿cómo puede una criatura elevarse tanto como para juzgar a otra criatura? Tú, hombre mortal útil, ¿qué sabes acerca de los árboles inútiles?""

"El carpintero se despertó y meditó sobre su sueño y, después, cuando su aprendiz le preguntó por qué precisamente ese árbol servía para proteger el altar, le respondió: "¡Calla la boca! ¡No quiero oír hablar más sobre eso! El árbol crece aquí a propósito porque en cualquier otro sitio la gente le hubiera maltratado. Si no fuera el árbol del altar, le hubieran convertido en leña".

Evidentemente, el carpintero comprendió su sueño. Vio que el simple hecho de cumplir nuestro destino es la mayor hazaña humana, y que nuestras ideas utilitarias tienen que ceder el paso ante las demandas de nuestra psique inconsciente. Si traducimos esta metáfora al lenguaje psicológico, el árbol simboliza el proceso de individuación que da una lección a nuestro miope ego.

Bajo el árbol que cumplía su destino había - en el cuento de Chuang-Tzu -, un altar hecho de tierra. Era una piedra tosca, sin pulir, sobre la cual la gente hacía sacrificios al dios local al que "pertenecía" ese trozo de tierra. El símbolo del altar de tierra señala el hecho que con el fin de llevar a cabo el proceso de individuación, debemos rendirnos conscientemente al poder del inconsciente, en vez de pensar lo que deberíamos hacer, o lo que generalmente se piensa que es justo, o lo que corrientemente sucede. Sólo hay que escuchar para saber lo que desea la totalidad interior - el "sí-mismo" -, que hagamos aquí y ahora en una determinada situación.

Nuestra actitud debe ser como la del pino mencionado anteriormente: no se incomoda cuando su crecimiento lo estorba una piedra, ni hace planes sobre cómo vencer los obstáculos. Trata meramente de tantear si tiene que crecer más hacia la izquierda o hacia la derecha, hacia el declive o debe alejarse de él. Al igual que el árbol debemos entregarnos a ese impulso casi imperceptible, aunque poderosamente dominador; un impulso que procede de la incitación hacia la realización única y creativa del "sí-mismo". Y éste es un proceso en el que tenemos que buscar y encontrar repetidamente algo que aún no es conocido por nadie. Las insinuaciones orientadoras o impulsos proceden, no del ego, sino de la totalidad de la psique: el "sí-mismo".

Además, es inútil echar miradas furtivas a la forma en que otro cualquiera se desarrolla porque cada uno de nosotros tiene una tarea única de autorrealización. Aunque muchos problemas humanos son análogos, jamás son idénticos. Todos los pinos son muy parecidos (de no ser así no los reconoceríamos como pinos); sin embargo, ninguno es exactamente igual a otro. A causa de estos factores de similitudes y diferencias es difícil resumir las infinitas variaciones del proceso de individuación. El hecho es que cada persona tiene que hacer algo diferente, algo que es únicamente suyo.

Mucha gente ha criticado las teorías junguianas por no presentar sistemáticamente el material psíquico. Pero esos críticos olvidan que el propio material es una experiencia viva cargada de emoción, por naturaleza irracional y siempre cambiante, que no conduce a la sistematización excepto en la modalidad más superficial. La moderna psicología profunda ha alcanzado aquí los mismos límites con los que se enfrentan los microfísicos. Esto es, cuando tratamos medias estadísticas, es posible una descripción racional y sistemática de los hechos. Pero cuando intentamos describir un solo hecho psíquico, no hacemos más que presentar una pintura honrada de él desde todos los ángulos posibles. Del mismo modo, los científicos tienen que admitir que no saben lo que es la luz. Sólo pueden decir que, en ciertas condiciones experimentales, parece constar de partículas, mientras que en otras condiciones experimentales parecen constar de ondas. Pero qué es en "sí misma", no se sabe. La psicología del inconsciente y toda descripción del proceso de individuación encuentran comparables dificultades de definición. Pero aquí trataré de dar un esquema de algunos de sus rasgos más típicos.

El primer acercamiento al inconsciente

Para la mayoría de la gente, los años de juventud se caracterizan por un estado de despertamiento gradual en el que el individuo se va dando cuenta paulatinamente del mundo y de sí mismo. La niñez es un período de gran intensidad emotiva y los primeros sueños del niño con frecuencia manifiestan en forma simbólica la estructura básica de la psique, indicando cómo moldeará posteriormente el destino del individuo. Por ejemplo, Jung habló una vez a un grupo de estudiantes acerca de una joven que se sentía tan asediada por la ansiedad que se suicidó a los veintiséis años de edad. Cuando era niña, soñó que "Jack Frost" ("Juanito Helada", personaje fantástico de los cuentos infantiles que personifica a la helada y al frío) había entrado en su habitación y la había pinchado en el estómago. Se despertó y descubrió que se había pinchado ella misma con la mano. El sueño no le dio miedo; simplemente recordaba que lo había tenido. Pero el hecho de que no reaccionara emotivamente con su extraño encuentro con el demonio del frío - de la vida congelada -, no auguraba nada bueno para el futuro y, en sí mismo, era anormal. Fue con mano fría e insensible como, posteriormente, puso fin a su vida. De ese solo sueño es posible deducir el trágico destino del soñante, presagiado por su psique en la niñez.

A veces no es un sueño sino un suceso real muy impresionante e inolvidable el que, como una profecía, pronostica el futuro en forma simbólica. Es bien sabido que los niños olvidan muchas veces sucesos que parecen impresionantes a los adultos pero, en cambio, conservan un vivo recuerdo de algún incidente o relato del que nadie más se ha dado cuenta. Cuando examinamos uno de esos recuerdos infantiles, generalmente encontramos que describe (si se interpreta como si fuera un símbolo), un problema básico de la formación de la psique del niño.

Cuando un niño alcanza la edad escolar, comienza la fase de edificación del ego y de adaptación al mundo exterior. Esa fase acarrea generalmente una cantidad de conmociones penosas. Al mismo tiempo, algunos niños comienzan a sentirse muy diferentes a los demás y ese sentimiento de ser únicos acarrea cierta tristeza que es parte de la soledad de muchos jovencitos. Las imperfecciones del mundo y el mal que hay dentro de cada uno, así como exteriormente, se convierten en problemas conscientes; el niño tiene que tratar de dominar los impulsos interiores acuciantes (aunque aún no los comprende), así como las demandas del mundo exterior.

Si el desarrollo de la consciencia es estorbado en su normal desenvolvimiento, los niños, frecuentemente, se retiran ante las dificultades interiores y exteriores hacia una "fortaleza" interior; y cuando ocurre eso, sus sueños y sus dibujos simbólicos del material inconsciente revelan muchas veces hasta un punto inusitado un tipo de motivo "nuclear" circular o cuadrangular (que explicaré después). Esto se refiere al núcleo psíquico anteriormente mencionado, el centro vital de la personalidad del cual arranca todo el desarrollo estructural de la consciencia. Es natural que la imagen del centro aparezca en una forma especialmente chocante cuando la vida psíquica del individuo está amenazada. Desde ese núcleo central (en lo que sabemos hoy día) se dirige toda la edificación de la consciencia del ego, y el ego comienza aparentemente un duplicado o réplica estructural del centro originario.

En esta fase primitiva hay muchos niños que buscan seriamente algún significado a la vida que les puede ayudar a desenvolverse en el caos interior y exterior. Hay otros, sin embargo, que aún son llevados inconscientemente por el dinamismo de modelos arquetípicos heredados e instintivos. A esos niños no les concierne el profundo significado de la vida, porque sus experiencias del amor, la naturaleza, el deporte y el trabajo contienen para ellos un significado inmediato y satisfactorio. No es que necesariamente sean más superficiales; generalmente son arrastrados por el curso de la vida con menos fricción y molestia que sus compañeros más introspectivos. Si viajamos en un tren o un coche sin mirar al exterior, son sólo las paradas, los arranques y las vueltas violentas las que nos hacen que notemos que estamos en movimiento.

El proceso de individuación efectivo - el acuerdo consciente con el propio centro interior (núcleo psíquico) o "sí-mismo" -, empieza generalmente con una herida de la personalidad y el sufrimiento que la acompaña. Esta conmoción inicial llega a una especie de "llamada", aunque no siempre se la reconoce como tal. Por el contrario, el ego se siente estorbado a causa de su voluntad o su deseo, y generalmente proyecta la obstrucción hacia algo externo. Esto es, el ego acusa a Dios, o a la situación económica, o al patrono, o al cónyuge, de ser responsable de aquello que le estorba. O quizá todo parece exteriormente muy bien, pero bajo la superficie, la persona padece un mortal aburrimiento que hace que todo le parezca sin significado y vacío. Muchos mitos y cuentos de hadas describen simbólicamente esta etapa inicial en el proceso de individuación, contando acerca de un rey que cayó enfermo o envejeció. Otros modelos de cuentos conocidos son el de una pareja real que no tiene hijos; o que un monstruo roba todas las mujeres, niños, caballos y riquezas de un reino; o que un demonio impide que los ejércitos o los barcos de un rey puedan continuar su marcha; o que las tinieblas cubren las tierras, los pozos se secan, los ríos se agotan y las heladas afligen al país. Parece como si el encuentro inicial con el "sí-mismo" proyectara una oscura sombra hacia el tiempo venidero, o como si el "amigo interior" viniera al principio como un cazador que tendiera una trampa para coger al ego que lucha desesperadamente.

Hay mitos en los que encontramos que la magia o el talismán que cura la desgracia del rey o de su país siempre resulta algo muy especial. En un cuento es un "mirlo blanco" o "un pez que lleva un anillo de oro en las agallas" lo que se necesita para restablecer la salud del rey. En otro, el rey desea "el agua de la vida" o "tres rizos dorados de la cabeza del demonio", o "la trenza de oro de una mujer" (y después, naturalmente, la dueña de la trenza). Sea lo que sea, la cosa que puede alejar el mal es siempre única o difícil de encontrar.

Es exactamente lo mismo en la crisis inicial en la vida de un individuo: busca algo que es imposible encontrar o acerca de lo cual nada se sabe. En tales momentos, todo consejo, por bien intencionado y sensible que sea, es completamente inútil: consejo que incita a que se intente ser responsable, que se tome un descanso, que no trabaje tanto (o que trabaje más), que tenga mayor (o menor) contacto humano o que cultive alguna afición. Nada de eso sirve de ayuda o, al menos, muy raramente. Sólo hay una cosa que parece servir, y es dirigirse directamente, sin prejuicio y con toda ingenuidad, hacia la oscuridad que avanza y tratar de encontrar cuál es la finalidad secreta y qué nos exige.

El propósito oculto de la inminente oscuridad generalmente es algo tan inusitado, tan único e inesperado que, por regla general, sólo se puede encontrar lo que es por medio de sueños y fantasías surgidos del inconsciente. Si dirigimos la atención al inconsciente, sin suposiciones temerarias o repulsas emotivas, con frecuencia se abre camino mediante un torrente de imágenes simbólicas que resultan útiles. Pero no siempre. A veces, ofrece primero una serie de comprobaciones de lo que está mal en nosotros y en nuestros actos conscientes. Luego hay que comenzar el proceso aceptando toda clase de verdades amargas.

Percepción de la sombra

Si el inconsciente se presenta al principio en una forma útil o en una negativa, después de algún tiempo suele surgir la necesidad de readaptar en mejor forma la actitud consciente a los factores inconscientes, es decir, aceptar lo que parece ser "criticismo" por parte del inconsciente. Por medio de los sueños podemos entrar en conocimiento de los aspectos de nuestra personalidad, que por diversas razones hemos preferido no contemplar muy de cerca. Eso es lo que Jung llamó "percepción de la sombra" (Empleó la palabra "sombra" para esa parte inconsciente de la personalidad porque, en realidad, con frecuencia aparece en los sueños en forma personificada).

La sombra no es el total de la personalidad inconsciente. Representa cualidades y atributos desconocidos o poco conocidos del ego: aspectos que, en su mayoría, pertenecen a la esfera personal y que también podrían ser conscientes. En algunos aspectos, la sombra también puede constar de factores colectivos que se entroncan fuera de la vida personal del individuo.

Cuando un individuo hace un intento para ver su sombra, se da cuenta (y a veces se avergüenza) de cualidades e impulsos que niega en sí mismo, pero que puede ver claramente en otras personas: cosas tales como egotismo, pereza mental y sensiblería; fantasías, planes e intrigas irreales; negligencia y cobardía; apetito desordenado de dinero y posesiones; en resumen, todos los pecados veniales sobre los cuales podría haberse dicho: "Eso no importa; nadie se dará cuenta y, en todo caso, otras personas también lo hacen".

Si alguien siente un enojo insoportable cuando un amigo le reprocha una falta, ese alguien puede estar completamente seguro que en ese momento encontrará una parte de su sombra, de la cual no se da cuenta. Desde luego, es natural sentirse molesto cuando otros que "no son mejores" nos critican a causa de faltas de la sombra. Pero, ¿qué podemos decir si nuestros propios sueños - juez interior de nuestro ser - nos reprochan? Ese es el momento en que el ego es cogido, y el resultado, por lo general, es un silencio embarazoso. Después comienza la penosa y larga labor de autoeducación, labor, podríamos decir, que es el equivalente psicológico de los trabajos de Hércules. El primer trabajo de este infortunado héroe, como se recordará, fue limpiar en un día los establos de Augías, en los que cientos de rebaños habían dejado, durante muchos decenios, su estiércol; un trabajo tan enorme que, a cualquier mortal, le habría vencido el desánimo con sólo pensar en ello.

La sombra no consiste sólo en omisiones. También se muestra con frecuencia en un acto impulsivo o impensado. Antes que se tenga tiempo de pensarlo, el comentario avieso estalla, surge el plan, se realiza la decisión errónea, y nos enfrentamos con resultados que jamás pretendimos o deseamos conscientemente. Además, la sombra está expuesta a contagios colectivos en mucha mayor medida que lo está la personalidad consciente. Cuando un hombre está solo, por ejemplo, se siente relativamente bien; pero tan pronto como "los otros" hacen cosas oscuras, primitivas, comienza a temer que si no se une a ellos le considerarán tonto. Así es que deja paso a impulsos que, realmente, no le pertenecen. Es particularmente en contacto con gente del mismo sexo cuando una persona se tambalea entre su propia sombra y la de los demás. Aunque si vemos la sombra en una persona del sexo opuesto, generalmente nos molesta mucho menos y estamos más dispuestos a perdonar.

Por tanto, en los sueños y en los mitos, la sombra aparece como una persona del mismo sexo que el soñante. El siguiente sueño puede servir de ejemplo. El soñante era un hombre de cuarenta y ocho años que trató de vivir primordialmente por sí y para sí, trabajando duramente y dominando su carácter, reprimiendo placeres y expansiones naturales hasta un extremo que sobrepasaba lo que convenía a su verdadera naturaleza.

"Poseía y habitaba una casa muy grande en la ciudad, y aún no conocía todas sus distintas partes. Así es que anduve por ella y descubrí, principalmente en la bodega, varias habitaciones de las que nada sabía e incluso había salidas que conducían a otras bodegas o a calles subterráneas. Me sentí intranquilo cuando hallé que varias de esas salidas no estaban cerradas y algunas ni siquiera tenían cerradura. Además, había algunos obreros trabajando por allí cerca que podrían haberse introducido...

"Cuando volví al piso bajo, pasé por un patio trasero en el que también descubrí diferentes salidas a la calle o a otras casas. Cuando traté de examinarlas más de cerca, se me acercó un hombre dando grandes risotadas y gritando que éramos viejos compañeros de escuela. Yo también le recordé y, mientras me contaba su vida, fue con él hacia la salida y paseamos juntos por las calles.

"Había un extraño claroscuro en el aire cuando pasábamos por una enorme calle circular y llegamos a un prado verde donde, de repente, nos sobrepasaron tres caballos al galope. Eran animales hermosos, fuertes, briosos pero bien domados y no llevaban jinete. (¿Se habrían escapado del servicio militar?)".

El laberinto de pasadizos extraños, cámaras y salidas sin cerrar en la bodega, recuerda la antigua representación egipcia del mundo infernal, que es un símbolo muy conocido de representación del inconsciente con sus posibilidades desconocidas. También muestra cómo se está abierto a otras influencias en el lado de la sombra inconsciente, y cómo pueden irrumpir en él elementos misteriosos y ajenos. Se podría decir que la bodega es el cimiento de la psique del soñante. En el patio trasero del extraño edificio (que representa el panorama psíquico aún sin descubrir de la personalidad del soñante) aparece, de repente, un antiguo compañero de escuela. Esta persona encarna, evidentemente, otro aspecto del propio soñante, un aspecto que formó parte de su vida cuando era niño, pero que perdió y olvidó. sucede con frecuencia que las cualidades de la niñez de una persona (por ejemplo, alegría, irascibilidad o quizá, confianza) desaparezcan repentinamente y no sepamos dónde o cómo se fueron. Son esas características perdidas para el soñante las que ahora vuelven (del patio trasero) y tratan de reanudar la amistad. Esta figura, probablemente, representa la desdeñada capacidad del soñante para gozar de la vida y el lado extravertido de su sombra.

Pero pronto comprendemos por qué el soñante se sintió "intranquilo" precisamente antes de encontrarse a ese viejo amigo aparentemente inofensivo. Cuando pasea con él por la calle, los caballos se escapan. El soñante piensa que pueden haberse escapado del servicio militar (es decir, de la disciplina consciente que hasta entonces había caracterizado su vida). El hecho que los caballos no llevaran jinete muestra que las directrices instintivas pueden desligarse del control consciente. En ese viejo amigo y en los caballos reaparece toda la fuerza positiva que faltaba antes y que tanto necesitaba el soñante.

Este es un problema que surge con frecuencia cuando nos encontramos con nuestro "otro lado". La sombra contiene generalmente valores necesitados por la consciencia, pero que existen en una forma que hace difícil integrarlas en nuestra vida. Los pasadizos y la casa grande en este sueño también muestran que el soñante aún no conoce las dimensiones de su propia psique y aún no le es posible llenarlas.

La sombra de este sueño es típica de un introvertido (un hombre que tiende a retirarse demasiado de la vida exterior). En el caso de un extravertido, que se vuelve más hacia los objetos externos y la vida exterior, la sombra parecería totalmente distinta.

Un joven que tenía un temperamento muy vivaz y había iniciado una y otra vez empresas afortunadas, tuvo al mismo tiempo sueños que insistían en que concluyera una obra de creación que tenía empezada. He aquí uno de esos sueños:

"Un hombre está tendido en una cama y se ha echado la colcha sobre la cara. Es un francés, un desesperado al que no le importaría encargarse de cualquier tarea delictiva. Un funcionario me acompaña escaleras abajo y sé que se ha tramado algo contra mí: concretamente, que el francés me habría matado en cuanto tuviere ocasión. (Eso es lo que parecía exteriormente) Efectivamente, él se desliza tras de mí cuando me acerco a la salida, pero yo estoy en guardia. Un hombre alto y corpulento (más bien rico e influyente) se apoyó de repente en la pared junto a mí sintiéndose enfermo. Rápidamente aprovecho la ocasión de matar al funcionario apuñalándole el corazón. "Sólo se nota como un poco de humedad" - esto lo dice a modo de comentario -. Ahora estoy a salvo porque el francés no me ataca puesto que está muerto el hombre que le daba órdenes. (Probablemente, el funcionario y el hombre corpulento e influyente son la misma persona, reemplazando, en cierto modo, el segundo al primero)".

El desesperado representa el otro lado del soñante - su introversión -, que ha alcanzado una situación de ruina total. Yace en una cama (es decir, es pasivo) y se cubre la cara con la colcha porque desea que le dejen solo. El funcionario, por otra parte, y el hombre corpulento y próspero (que, secretamente, son la misma persona) personifican las prósperas responsabilidades y actividades externas del soñante. La enfermedad repentina del hombre corpulento está relacionada con el hecho que este soñante, en realidad, se había puesto enfermo muchas veces cuando consentía que su dinámica energía explotara muy forzadamente en su vida externa. Pero este hombre triunfador no tiene sangre en las venas - sólo una especie de humedad -, lo cual significa que esas ambiciosas actividades externas del soñante no contienen vida y pasión auténticas, sino que son mecanismos sin sangre. Por tanto, no habría verdadera pérdida si mataba al hombre corpulento. Al final del sueño, el francés queda satisfecho; evidentemente, representa una figura positiva de la sombre que se ha hecho negativa y peligrosa sólo a causa de que la actitud consciente del soñante no estaba de acuerdo con ella.

El tal sueño nos muestra que la sombra puede constar de muchos elementos diferentes, por ejemplo, de ambición inconsciente (el hombre corpulento e influyente) y de introversión (el francés). Esta asociación particular del soñante con el francés era, además, que ambos sabían muy bien cómo manejar los asuntos amorosos. Por tanto, las dos figuras de la sombra también representan dos directrices muy conocidas: poder y sexo. La directriz del poder aparece momentáneamente en doble forma, como funcionario y como hombre próspero. El funcionario, o empleado del Estado, personifica la adaptación colectiva, mientras que el hombre próspero denota ambición; pero, naturalmente, ambos sirven a la directriz del poder. Cuando el soñante consigue detener esa peligrosa fuerza interior, el francés, de repente, deja de ser hostil. En otras palabras, el aspecto igualmente peligroso de la directriz del sexo también se ha rendido.

Evidentemente, el problema de la sombra desempeña un papel importante en todos los conflictos políticos. Si el hombre que tuvo ese sueño hubiera sido insensible al problema de su sombra, hubiera identificado fácilmente al francés desesperado con los "peligros co-munistas" de la vida exterior, o al funcionario, más el hombre prós-pero, con los "insaciables capitalistas". De esa forma habría evitado ver que tenía dentro de sí tales elementos en lucha. Si la gente ob-serva sus propias tendencias inconscientes en otras personas, se llama a eso una "proyección". La agitación política en todos los pa-íses está llena de tales proyecciones, en gran parte parecidas a las cotillerías de vecindad entre grupos pequeños e individuos. Las pro-yecciones de todo tipo oscurecen nuestra visión respecto al prójimo, destruyen su objetividad, y de ese modo destruyen también toda po-sibilidad de auténticas relaciones humanas.

Y hay una desventaja adicional en la proyección de nuestra som-bra. Si identificamos nuestra sombra, pongamos por caso, con los comunistas o los capitalistas, una parte de nuestra personalidad per-manece en el lado opuesto. El resultado es que constantemente (aun-que de modo involuntario) haremos cosas a nuestras espaldas que apoyarán a ese otro lado y, por tanto, ayudaremos inintencionada-mente a nuestro enemigo. Si, por el contrario, nos damos cuenta de la proyección, y podemos examinar las cuestiones sin miedo ni hos-tilidad, tratando con tacto a las demás personas, entonces hay la pro-babilidad de un entendimiento mutuo o, al menos, una tregua.

Que la sombra se convierta en nuestro amigo o en nuestro ene-migo depende en gran parte de nosotros mismos. Como muestran los dos sueños, el de la casa inexplorada y el del francés desespe-rado, la sombra no es siempre, y necesariamente, un contrincante. De hecho, es exactamente igual a cualquier ser humano con el cual tenemos que entendernos, a veces cediendo, a veces resistiendo, a veces mostrando amor, según lo requiera la situación. La sombra se hace hostil sólo cuando es desdeñada o mal comprendida.

Algunas veces, aunque no frecuentes, un individuo se siente im-pelido a vivir el peor lado de su naturaleza y reprimir su lado mejor. En tales casos, la sombra aparece en sus sueños como una figura po-sitiva. Pero para una persona que vive según sus emociones y senti-mientos naturales, la sombra puede aparecer como un intelectual frío y negativo; entonces personifica los juicios venenosos y los pensamientos negativos que se tuvieron anteriormente. Así es que, cualquier forma que tome, la función de la sombra es representar el lado opuesto del ego e incorporar precisamente esas cualidades que nos desagradan en otras personas.

Sería relativamente fácil que se pudiera integrar la sombra en la personalidad consciente con sólo intentar ser honrado y utilizar la propia perspicacia. Pero, desgraciadamente, no siempre es eficaz tal intento. Hay tal dirección apasionada dentro de la parte sombría de uno mismo, que la razón no puede prevalecer ante ella. Una experiencia amarga procedente del exterior puede ayudar ocasionalmente; por así decir, tendría que caernos un ladrillo en la cabeza para que pusiera fin a las directrices y a los impulsos de la sombra. A veces, una decisión heroica puede servir para detenerlos, pero tal esfuerzo sobrehumano, en general, es sólo posible si el Gran Hombre que se lleva dentro (el "sí-mismo"), ayuda al individuo a llevarlo a cabo.

El hecho que la sombra contenga el opresivo poder del impulso irresistible no quiere decir, sin embargo, que la tendencia tenga que ser siempre heroicamente reprimida. A veces, la sombra es poderosa, porque la incitación del "sí-mismo" señala en la misma dirección y, así, no se puede saber si es el "sí mismo" o bien la sombra quien está detrás del impulso interior. En el inconsciente, desgraciadamente, se está en la misma situación que en un paisaje a la luz de la luna: todos los contenidos son borrosos y se funden unos con otros y nunca se puede saber exactamente qué es o dónde está cada cosa o dónde empieza y dónde termina. (A esto se le llama "contaminación" de los contenidos inconscientes).

Cuando Jung llamó sombra a un aspecto de la personalidad inconsciente, se refería a un factor relativamente bien definido. Pero, a veces, todo lo que es desconocido para el ego se mezcla con la sombra, incluso las fuerzas más valiosas y elevadas. ¿Quién, por ejemplo, puede estar completamente seguro de si el francés desesperado del sueño que he citado era un vagabundo inútil o un valioso introvertido? ¿Y a los caballos escapados en el sueño anterior, se les permitía correr libres o no? En tal caso, cuando el propio sueño no aclara las cosas, la personalidad consciente tendrá que decidir.

Si la figura de la sombra contiene fuerzas valiosas y vitales, tienen que ser asimiladas a experiencias efectivas y no reprimidas. Corresponde al ego renunciar a su orgullo y fatuidad y vivir conforme a algo que parece oscuro, pero que, en realidad, puede no serlo. Esto ha de requerir un sacrificio tan heroico como la conquista de la pasión, pero en un sentido opuesto.

Las dificultades éticas que surgen cuando nos encontramos con nuestra sombra están bien descritas en el Libro 18 del Corán. En ese relato, Moisés se encuentra con Khidr ("El Verde" o "primer ángel de Dios) en el desierto. Caminan al azar juntos, y Khidr expresa su temor de que Moisés no sea capaz de contemplar sus hechos sin indignación. Si Moisés no puede soportarlo y confiar en él, Khidr tendrá que marcharse.

Inmediatamente, Khidr hunde la barca de pesca de unos humildes pescadores. Luego, ante los ojos de Moisés, mata a un joven hermoso y, finalmente, reedifica las murallas caídas de una ciudad de incrédulos. Moisés no puede reprimir su indignación y, por tanto, Khidr tiene que abandonarle. Antes de su marcha explica las razones de sus actos: al hundir la barca ha salvado, en realidad, a sus propietarios, porque los piratas estaban en camino para robarla. De ese modo, los pescadores podían recuperarla. El joven hermoso iba en camino de cometer un crimen y matándole, Khidr salvó a sus piadosos padres de la infamia. Al reedificar la muralla, se salvaron de la ruina dos jóvenes piadosos, porque su tesoro estaba enterrado bajo ella. Moisés, que había sentido tanta indignación moral, vio entonces (demasiado tarde) que sus juicios habían sido excesivamente apresurados. Los actos de Khidr le habían parecido francamente malvados, pero, en realidad, no lo eran.

Considerando ingenuamente esa historia, se podría suponer que Khidr es la sombra rebelde, caprichosa y malvada del pío y legalista Moisés. Pero no es ése el caso. Khidr es mucho más la personificación de ciertas acciones creativas secretas de la cabeza de Dios. (Se puede encontrar un significado análogo en el famoso cuento indio *El rey y el cadáver*, según lo interpretó Henry Zimmer.) No es casual que no haya citado ningún sueño para ilustrar este sutil problema. Elegí ese conocido pasaje del Corán porque abarca la experiencia de toda una vida, que muy difícilmente podría haberse expresado con tal claridad en un sueño individual.

Cuando en nuestros sueños surgen figuras oscuras y parecen necesitar algo, no podemos estar seguros de si personifican simplemente una parte sombría de nosotros mismos o el "sí-mismo" o ambos a la vez. Adivinar de antemano si nuestro oscuro compañero simboliza una escasez que tenemos que superar o un trozo significativo de vida que deberíamos aceptar; éste es uno de los más difíciles problemas que encontramos en el camino de la individuación. Además, los símbolos oníricos son, a menudo, tan sutiles y complicados que no se puede estar seguro de su interpretación. En situaciones semejantes, todo lo que se puede hacer es aceptar la incomodidad de la duda ética, no tomando decisiones definitivas, ni comprometerse y continuar observando los sueños. Esto se parece a la situación de la Cenicienta cuando su madrastra echó ante ella un montón de guisantes buenos y malos y le dijo que los separase. Aunque parecía una tarea desesperada, la Cenicienta comenzó, pacientemente, a separarlos y, de repente, unas palomas (u hormigas, según otras versiones) vinieron a ayudarla. Esos animales simbolizan los profundos y útiles impulsos inconscientes que sólo pueden sentirse en nuestro cuerpo, por así decir, y que señalan un camino.

En algún sitio, en el mismo fondo de nuestro ser, generalmente sabemos dónde hemos de ir y qué hemos de hacer. Pero hay veces en que el payaso al que llamamos "yo" se porta de un modo tan desconcertante que la voz interior no consigue hacerse oír.

A veces, fracasa todo intento para entender las insinuaciones del inconsciente y ante tal dificultad sólo se puede tener el valor de hacer lo que parece justo, mientras hay que estar dispuesto a rectificar si las sugerencias del inconsciente señalaran, de repente, en otra dirección. También puede ocurrir (aunque no es corriente), que una persona encuentre mejor hacer resistencia a las incitaciones del inconsciente, aún al precio de sentirse desviado al hacerlo, que separarse demasiado de su condición de ser humano (Esta sería la posición de la gente que tiene que vivir en una situación delictiva con el fin de ser ella misma).

La fuerza y la claridad interior que necesita el ego para tomar una decisión tal, viene producida secretamente por el Gran Hombre que, aparentemente, no desea revelarse con demasiada claridad. Puede ser que el "sí-mismo" desee que el ego elija libremente o puede que el "sí-mismo" dependa de la consciencia humana y de sus decisiones para ayudarle a hacerse manifiesto. Cuando sobrevienen esos difíciles problemas éticos, nadie puede juzgar de buena fe las acciones de otro. Cada hombre tiene que examinar su propio problema y tratar de determinar lo que es justo para él. Como dijo un antiguo maestro del budismo Zen, tenemos que seguir el ejemplo del vaquero, el cual vigila sus vacas "llevando una vara en la mano para evitar que pasten en los prados ajenos".

Estos nuevos descubrimientos de psicología profunda obligan a que se haga algún cambio en nuestras ideas de ética colectiva, porque nos llevarán a juzgar todas las acciones humanas de un modo mucho más individual y más sutil. El descubrimiento del inconsciente es uno de los descubrimientos de mayor alcance de los últimos tiempos. Pero el hecho de que el reconocimiento de su realidad inconsciente represente autoexamen y reconocimiento de nuestra propia vida hace que mucha gente continúe portándose como si nada hubiera ocurrido. Se requiere mucho valor para tomar en serio el inconsciente y ocuparse de los problemas que plantea. La mayoría de las personas son demasiado indolentes para pensar con profundidad aún en esos aspectos morales de su conducta de la cual son conscientes; son demasiado perezosas para considerar cómo el inconsciente las afecta.

El ánima: la mujer interior

La aparición de la sombra no acarrea invariablemente problemas éticos difíciles y sutiles. Con frecuencia emerge otra "figura interior". Si quien tiene el sueño es un hombre, descubrirá una personificación femenina de su inconsciente; y será una figura masculina en el caso de una mujer. Muchas veces, esa segunda figura simbólica surge tras de la sombra produciendo nuevos problemas diferentes.

Jung llamó a estas figuras masculina y femenina "ánimus" y "ánima" respectivamente.

El ánima es una personificación de todas las tendencias psicológicas femeninas en la psique de un hombre, tales como vagos sentimientos y estados de humor, sospechas proféticas, captación de lo irracional, capacidad para el amor personal, sensibilidad para la naturaleza y - por último pero no en último lugar -, su relación con el inconsciente. No es una pura casualidad el que en los tiempos antiguos se emplearan sacerdotisas (como la sibila griega) para interpretar la voluntad divina y para establecer comunicación con los dioses.

Un ejemplo especialmente claro de cómo el ánima se experimenta como una figura interior en la psique del hombre se halla en los sanadores y profetas (chamanes) entre los esquimales y otras tribus árticas. Algunos de éstos incluso llevan ropas de mujer o llevan pintados en su vestimenta pechos femeninos con el fin de manifestar su lado interno femenino, el lado que les capacita para ponerse en relación con la "tierra de los fantasmas" (es decir, lo que nosotros llamaríamos el inconsciente).

El informe sobre cierto caso habla de un joven al que estaba iniciando un viejo chamán el cual le introdujo en un hoyo hecho en la nieve. Quedó en un estado de ensoñación y agotamiento. En ese estado de coma, vio de repente una mujer que emitía luz. Ella le instruyó en todo lo que necesitaba saber y después, como espíritu protector suyo, le ayudó a practicar su difícil profesión poniéndole en relación con las potencias del más allá. Tal experiencia muestra el ánima como la personificación del inconsciente de un hombre.

En su manifestación individual, el carácter del ánima de un hombre, por regla general, adopta la forma de la madre. Si comprende que su madre tuvo una influencia negativa sobre él, su ánima se expresará con frecuencia en formas irritables, deprimidas, con incertidumbre, inseguridad y susceptibilidad. (Sin embargo, si es capaz de vencer los asaltos negativos, puede servirle, incluso, para reforzar la masculinidad). Dentro del alma de tal hombre, la figura negativa del ánima-madre repetirá interminablemente este tema: "No soy nada. Nada tiene sentido. Para otros es diferente, pero para mí...No disfruto de nada". Estos "humores del ánima" producen una especie de embotamiento, miedo a la enfermedad, a la impotencia, o a los accidentes. La totalidad de su vida toma un aspecto triste y opresivo. Tales estados de humor sombrío pueden, incluso, inducir a un hombre al suicidio y, en tal caso, el ánima se convierte en un demonio de la muerte. En tal papel aparece en la película de Cocteau *Orfeo*.

El francés llama a esa figura del ánima una *femme fatale* (Una versión más moderada de esa ánima sombría la personifica la Reina de la Noche en la *Flauta mágica* de Mozart). Las sirenas griegas o las Lorelei germanas también personifican este aspecto peligroso del ánima que, en esa forma, simboliza la ilusión destructiva. El siguiente cuento siberiano es un ejemplo de la conducta de esa ánima destructiva:

"Un día, un cazador solitario vio una hermosa mujer saliendo de un profundo bosque, al otro lado del río. Ella le saludó con la mano y cantó:

¡Oh, ven, cazador solitario en la calma del anochecer!

¡Ven, ven! Te echo de menos, te echo de menos.

Ahora te besaré, te besaré.

¡Ven, ven!, mi nido está cerca, mi nido está cerca.

¡Ven, ven!, cazador solitario, ahora en la calma del anochecer.

"El se quitó la ropa y cruzó el río a nado pero, de repente, ella voló en forma de búho riendo y mofándose de él. Cuando trató de cruzar otra vez el río para recuperar su ropa, se hundió en el agua fría".

En este cuento, el ánima simboliza un irreal sueño de amor, felicidad y calor maternal (su nido), un sueño que atrae a los hombres alejándoles de la realidad. El cazador se hunde porque corre tras una anhelada fantasía que no podía satisfacerse.

Otra forma en que puede revelarse el ánima negativa en la personalidad de un hombre es en los comentarios irritados, venenosos, afeminados con los que rebaja todo. Los comentarios de ese tipo siempre contienen una despreciable tergiversación de la verdad y son sutilmente destructivos. Hay leyendas en todo el mundo en las que aparece "una damisela venenosa" (como las llaman en Oriente). Es una hermosa criatura que esconde armas en su cuerpo o un veneno secreto con el que mata a sus amantes en la primera noche que pasan juntos. De ese modo, el ánima es tan fría y desconsiderada como ciertos aspectos misteriosos de la propia naturaleza, y en Europa se expresa con frecuencia, hasta hoy día, en la creencia en las brujas.

Si, por otra parte, la experiencia de un hombre acerca de su madre ha sido positiva, eso también puede afectar a su ánima en formas típicas, aunque diferentes, con el resultado que, o bien resulta afeminado o es presa de las mujeres y, por tanto, incapaz de luchar con las penalidades de la vida. Un ánima de ese tipo puede volver sentimentales a los hombres o pueden convertirse en tan sensibleros como viejas solteronas, o tan sensibles como la princesa del cuento, la cual podía notar un cañamón bajo treinta colchones. Una manifestación aún más sutil del ánima negativa aparece en ciertos cuentos de hadas en la forma de una princesa que dice a sus pretendientes que le respondan a una serie de acertijos o, quizá, que se escondan delante de ella. Si no pueden responder, o si ella los puede encontrar, tendrán que morir, e, invariablemente, ella gana. El ánima de esa caracterización envuelve a los hombres en un destructivo juego intelectual. Podemos notar el efecto de esa añagaza del ánima en todos esos diálogos neuróticos seudointelectuales que inhiben al hombre de entrar en contacto directo con la vida y sus decisiones reales. Reflexiona tanto sobre la vida que no puede vivirla y pierde toda su espontaneidad y sus sentimientos resultantes.

Las manifestaciones más frecuentes del ánima toman la forma de fantasías eróticas. Los hombres pueden ser llevados a nutrir sus fantasías viendo películas y espectáculos de *strip-tease*, o soñando despiertos con materiales pornográficos. Éste es un aspecto crudo y primitivo del ánima que se convierte en forzoso sólo cuando un hombre no cultiva suficientemente sus relaciones sentimentales, cuando su actitud sentimental hacia la vida ha permanecido infantil.

Todos estos aspectos del ánima tienen la misma tendencia que hemos observado en la sombra, es decir, pueden ser proyectados de modo que aparezcan ante el hombre como las cualidades de alguna mujer determinada. Es la presencia del ánima la que hace que un hombre se enamore de repente cuando ve a una mujer por primera vez y sabe inmediatamente que es "ella". En esa situación, el hombre tiene la impresión de haber conocido íntimamente a esa mujer desde siempre; se enamora tan perdidamente de ella que al observador le parece completa locura. Las mujeres que son "como hadas" atraen especialmente tales proyecciones del ánima porque los hombres pueden atribuir casi todo a una criatura que es tan fascinantemente indefinida y, por tanto, pueden continuar fantaseando en torno a ella.

La proyección del ánima en esa forma tan repentina y apasionada como un asunto amoroso puede alterar el matrimonio de un hombre y conducirle al llamado "triángulo humano", con sus dificultades correspondientes. Sólo se puede encontrar una solución soportable a un drama semejante si se reconoce que el ánima es una fuerza interior. El objetivo secreto del inconsciente al acarrear tal complicación es forzar al hombre a que desarrolle y lleve a su propio ser a la madurez integrando más de su personalidad inconsciente e incorporándola a su verdadera vida.

Pero ya hemos dicho bastante acerca del lado negativo del ánima. Hay también otros tantos aspectos positivos. El ánima es, por ejemplo, causante del hecho de que un hombre sea capaz de encontrar la cónyuge adecuada. Otra función, por lo menos tan importante: siempre que la mente lógica del hombre es incapaz de discernir hechos que están escondidos en su inconsciente, el ánima le ayuda a desenterrarlos. Aún más vital es el papel que desempeña el ánima al poner la mente del hombre a tono con los valores interiores buenos y, por tanto abrirle el camino hacia profundidades interiores más hondas. Es como si una "radio" interior quedara sintonizada con cierta longitud de onda que excluyera todo lo que no hace al caso pero permitiera la audición de la voz del Gran Hombre. Al establecer esta recepción de la "radio" interior, el ánima adopta el papel de guía, o mediadora, en el mundo interior y con el "sí-mismo". Así es como aparece ella en los ejemplos de iniciación de chamanes que he descrito antes; ése es el papel de Beatrice en el *Paraíso* de Dante, y también el de la diosa Isis cuando se le aparece en un sueño a Apuleyo, el famoso autor de *El asno de oro*, con el fin de iniciarle en una forma de vida más elevada y más espiritual.

El sueño de un psicoterapeuta de cuarenta y cinco años de edad puede servir para aclarar cómo el ánima puede ser una guía interior. Cuando se iba a acostar la noche anterior a tener ese sueño, estuvo pensando que era duro pasarse la vida solo, si se carecía del apoyo de una Iglesia. Halló que envidiaba a la gente que estaba protegida por el abrazo maternal de una organización. (Había nacido en el seno de una familia protestante pero no volvió a tener ninguna afiliación religiosa).Su sueño fue el siguiente:

"Estoy en la nave lateral de una antigua iglesia llena de gente. Junto con mi madre y mi esposa, estoy sentado al final de la nave en la que parece haber asientos adicionales.

"Voy celebrar la misa como sacerdote y tengo un grueso misal en las manos o, más bien, un devocionario o una antología de poesías. Este libro no me es conocido y no puedo encontrar el pasaje adecuado. Estoy muy excitado porque tengo que comenzar inmediatamente y, para mayor complicación, mi madre y mi esposa me molestan con su charla acerca de trivialidades sin importancia. Ahora cesa de sonar órgano y todos me están esperando, así es que me levanto de forma resuelta y le pido a una de las monjas que están arrodilladas detrás de mí que me dé su libro de misa y me señale el pasaje adecuado, lo cual hace ella en forma cortés. Ahora, esa misma monja, a modo de sacristán, me precede hacia el altar que está en algún sitio tras de mí, hacia la izquierda, como si nos acercáramos a él desde un ala lateral. El libro de misa es como un pliego de pinturas, una especie de tablero, de unos noventa centímetros de largo y treinta de ancho, y en él está el texto con antiguas pinturas dispuestas en columnas, una junto a la otra.

"Primero la monja tiene que leer una parte de la liturgia antes que yo comience, y yo aún no he encontrado en el texto el pasaje correspondiente. Ella me dijo que era el número 15, pero los números no están claros y no puedo encontrarlo. No obstante, me vuelvo con resolución hacia los fieles y, ahora, ya he encontrado el número 15 (el penúltimo en el tablero), aunque todavía no sé si podré descifrarlo. De todas maneras, tengo que intentarlo. Me despierto".

Este sueño expresaba de manera simbólica una respuesta del inconsciente a los pensamientos que el soñante había tenido la noche anterior. En efecto, el inconsciente le decía: "Tú mismo tienes que convertirte en sacerdote de tu iglesia interior, en la iglesia de tu alma". De este modo indica el sueño que el soñante ha de tener el apoyo de una organización; estar dentro de una iglesia, no una iglesia externa sino una que existe dentro de su propia alma.

La gente (todas sus propias cualidades psíquicas) desea que él actúe como sacerdote y celebre la misa. Ahora bien, el sueño no puede referirse a la misa auténtica ya que su libro de misa es muy diferente al verdadero. Parece que la idea de la misa se utiliza como un símbolo y, por tanto, significa un acto de sacrificio en el que está presente la Divinidad para que el hombre pueda comunicarse con ella. Esta solución simbólica, por supuesto, no es válida en general sino que sólo se refiere a este soñante determinado. Es una solución típica para un protestante porque un hombre que mediante una fe verdadera aún se mantiene en la Iglesia católica, generalmente experimenta su ánima en la imagen de la propia Iglesia, y sus imágenes sagradas son para él los símbolos del inconsciente.

Nuestro soñante no tenía esa experiencia eclesiástica y por eso tenía que seguir un camino interior. Además, el sueño le decía lo que tenía que hacer. Le dijo: "Tus lazos maternos y tu extraversión (representada por la esposa que es extravertida) te distrae y te hace sentirte inseguro y con una charla sin significado te impide celebrar la misa interior. Pero si sigues a la monja (el ánima introvertida), ella te conducirá a la vez como acólito y como sacerdote. Ella posee un extraño libro de misa que consta de 16 (cuatro por cuatro) antiguas pinturas. Tu misa consiste en tu contemplación de esas imágenes psíquicas que tu ánima religiosa te revela". En otras palabras, si el soñante vence su incertidumbre interna, causada por su complejo materno, hallará que la tarea de su vida tiene la naturaleza y la calidad de un servicio religioso y que si medita acerca del significado simbólico de las imágenes en su alma, le conducirán a su realización.

En este sueño, el ánima aparece en su propio papel positivo, es decir, como mediadora entre el ego y el "sí-mismo". La disposición de las pinturas, cuatro por cuatro, señala el hecho que la celebración de esa misa interior se realiza en servicio de la totalidad. Como demostró Jung, el núcleo de la psique (el "sí-mismo") normalmente se expresa en alguna forma de estructura cuádruple. El número cuatro también está relacionado con el ánima porque, como observó Jung, hay cuatro etapas en su desarrollo. La figura de Eva es la mejor simbolización de la primera etapa, la cual representa relaciones puramente instintivas y biológicas. La segunda puede verse en la Helena de Fausto: ella personifica un nivel romántico y estético que, no obstante, aún está caracterizado por elementos sexuales. La tercera está representada, por ejemplo, por la Virgen María, una figura que eleva el amor (eros) a alturas de devoción espiritual. El cuarto tipo lo simboliza la Sapiencia, sabiduría que trasciende incluso lo más santo y lo más puro. Otro símbolo de este tipo es la Sulamita del *Cantar de los Cantares* de Salomón. (En el desarrollo psíquico del hombre moderno, raramente se alcanza esta etapa. Mona Lisa es la que más se acerca a esa ánima de sabiduría).

En esta etapa sólo estoy señalando que el concepto de cuadruplicidad se produce con frecuencia en ciertos tipos de material simbólico. sus aspectos esenciales los estudiaremos después.

Pero, ¿qué significa en la práctica el papel del ánima como guía en el interior? Esta función positiva se produce cuando un hombre toma en serio los sentimientos, esperanzas y fantasías enviadas por su ánima y cuando los fija de alguna forma; por ejemplo, por escrito, en pintura, escultura, composición musical o danza. Cuando trabaja en eso paciente y lentamente, va surgiendo otro material inconsciente más profundo salido de las honduras y conectado con materiales anteriores. Después que una fantasía ha sido plasmada de alguna forma, debe examinarse intelectual y estéticamente con una reacción valorizadora del sentimiento. Y es esencial mirarla como a un ser completamente real; no tiene que haber ninguna duda secreta que eso es "sólo una fantasía". Si esto se realiza con devota atención durante un largo período, el proceso de individuación se va haciendo paulatinamente la única realidad y puede desplegarse en su forma verdadera.

Muchos ejemplos extraídos de la literatura muestran el ánima como guía y mediadora respecto al mundo inferior: la *Hypneroto-*

machia, de Francesco Colonna; *Ella*, de Rider Haggard, o "el eterno femenino" en el *Fausto*, de Goethe. En un texto místico medieval, una figura de ánima explica su propia naturaleza del modo siguiente:

"Soy la flor del campo y el lirio del valle. Soy la madre del buen amor y del miedo y del saber y de la santa esperanza...Soy la mediadora de los elementos, haciendo que unos y otros se pongan de acuerdo; convierto lo caliente en frío y viceversa, y lo que es áspero lo suavizo...Soy la ley en el sacerdote y la palabra en el profeta y el consejo en el sabio. Mataré y daré vida y no hay nadie que pueda librarse de mi mano".

En la Edad Media se produjo una perceptible diferenciación espiritual en materias religiosas, poéticas y de otra índole cultural; y el mundo fantástico del inconsciente era reconocido con mayor claridad que antes. Durante ese período, el culto caballeresco a la dama significó un intento para diferenciar el lado femenino de la naturaleza del hombre respecto a la mujer exterior así como en relación con el mundo interior.

La dama a cuyo servicio se consagraba el caballero, y por quien llevaba a cabo sus hechos heroicos, era, naturalmente, una personificación del ánima. El nombre del portador del Grial en la versión de la leyenda según Wolfram von Eschenbach es especialmente significativo: *Conduir-amour* ("guía en el amor"). Enseña al héroe a diferenciar sus sentimientos y su comportamiento respecto a las mujeres. Sin embargo, posteriormente, este esfuerzo individual y personal por desarrollar las relaciones con el ánima se abandonó cuando su aspecto sublime se fundió con la figura de la Virgen que entonces se convirtió en el objeto de devoción y alabanza ilimitadas. Cuando al ánima, como Virgen, se la concibió como ser totalmente positivo, sus aspectos negativos encontraron expresión en la creencia en las brujas.

En China, la figura paralela a la de María es la diosa Kwan-Yin. Una figura del ánima más popular en China es la "Señora de la Luna", que otorga el don poético o musical a sus favoritos e, incluso, puede concederles la inmortalidad. En la India, el mismo arquetipo está representado con Shakti, Pavati, Rati, y muchas otras; entre los musulmanes, ella es, principalmente, Fátima, la hija de Mahoma.

La adoración al ánima como figura religiosa oficialmente reconocida acarrea el grave inconveniente de que le hace perder sus aspectos individuales. Por otra parte, si se la considera exclusivamente como a un ser personal, hay el peligro de que si ella es proyectada en el mundo exterior, sea sólo ahí donde se la pueda encontrar. Esta última situación puede crear interminables molestias porque el hombre se convierte, a la vez, en víctima de sus fantasías eróticas y en un ser que depende forzosamente de una mujer correcta.

Sólo la decisión penosa (pero esencialmente sencilla) de tomar en serio las fantasías y sentimientos propios puede evitar, en esa etapa, un estancamiento total del proceso de individuación interior, porque únicamente de esa forma puede un hombre descubrir qué significa esa figura como realidad interior. Así el ánima vuelve a ser lo que fue originariamente: la "mujer interior" que transmite los mensajes vitales del "sí-mismo".

El ánimus: el hombre interior

La personificación masculina en el inconsciente de la mujer - el ánimus - muestra aspectos buenos y aspectos malos, como le ocurre al ánima en el hombre. Pero el ánimus no aparece con tanta frecuencia en forma de fantasía o modalidad erótica; es más apto para tomar la forma de convicción "sagrada" oculta. Cuando tal convicción es predicada con voz fuerte, insistente, masculina, o impuesta a otros por medio de escenas de brutal emotividad, se reconoce fácilmente la masculinidad subyacente en una mujer. Sin embargo, aún en una mujer que exteriormente sea muy femenina, el ánimus puede ser también una fuerza dura e inexorable. Podemos encontrarnos de repente en contra de algo en una mujer que es obstinada, fría y completamente inaccesible.

Uno de los temas favoritos que el ánimus repite incesantemente en las meditaciones de ese tipo de mujeres viene a ser así: "La única cosa que yo deseo en el mundo es amor...y él no me ama"; o "En esta situación sólo hay dos posibilidades...y las dos son igualmente malas". (El ánimus jamás cree en excepciones). Raramente se puede contradecir la opinión de un ánimus porque, por lo general, suele tener razón; sin embargo, pocas veces parece ajustarse a la situación individual. Es apto para una opinión que parece razonable pero al margen de la cuestión.

Al igual que el carácter del ánima de un hombre está moldeado por su madre, el ánimus está básicamente influido por el padre de la mujer. El padre dota al ánimus de su hija con el matiz especial de convicciones indiscutibles, irrecusablemente "verdaderas", convicciones que jamás incluyen la realidad personal de la propia mujer tal como es realmente.

Ésa es la causa de que, algunas veces, el ánimus sea, como el ánima, un demonio de la muerte. Por ejemplo, en un cuento gitano, un apuesto extranjero es recibido por una mujer solitaria a pesar que ella tuvo un sueño que le advertía que él era el rey de la muerte. Después de haber estado con ella algún tiempo, ella le instó a que le dijera quién era realmente. Él, al principio, rehusó diciendo que ella moriría si se lo decía. Sin embargo, la mujer insiste y él le revela de repente que es la propia muerte. La mujer muere inmediatamente de miedo.

Considerado mitológicamente, el apuesto extranjero es probablemente una imagen pagana del padre o de un dios que aparece como rey de la muerte (como en el rapto de Perséfone realizado por Hades). Pero psicológicamente representa una forma particular del ánimus que atrae a las mujeres alejándolas de todas las relaciones humanas y, en especial, de todos los contactos con hombres auténticos. Personifica al capullo de seda de los pensamientos soñadores, llenos de deseos y de juicios acerca de cómo "debieran ser" las cosas, y que separan a la mujer de la realidad de la vida.

El ánimus negativo no aparece sólo como un demonio de la muerte. En los mitos y en los cuentos de hadas desempeña el papel de ladrón y asesino. Un ejemplo es Barba Azul, que mataba secretamente a todas sus mujeres en una cámara oculta. En esta forma, el ánimus personifica todas las reflexiones semiconscientes, frías y destructivas que invaden a la mujer en las horas de la madrugada cuando no ha conseguido realizar cierta obligación sentimental. Es entonces cuando comienza a pensar acerca de la herencia de la familia y asuntos de esa índole, una especie de tejido de pensamientos calculadores, llenos de malicia e intriga, que la llevan a un estado en que es capaz de desear la muerte a otros. ("Cuando uno de nosotros muera, me trasladaré a la Riviera" dice una mujer a su marido al contemplar la hermosa costa mediterránea; un pensamiento que resultaba inofensivo por el hecho de haberlo dicho).

Alimentando secretas intenciones destructivas, una mujer puede conducir a su marido, y una madre a sus hijos, a enfermedades, accidentes o, incluso, la muerte. O puede decidir que sus hijos no lleguen a casarse: una forma del mal, profundamente escondida, que raramente sube a la superficie de la mente consciente de la madre (Una anciana simple nos dijo una vez, mientras nos mostraba un retrato de su hijo, ahogado a los veintisiete años: "Lo prefiero así; es mejor que dárselo a otra mujer")

A veces una extraña pasividad y la paralización de todo sentimiento, o una profunda inseguridad que puede conducir casi a una sensación de nulidad pueden ser el resultado de la opinión de un ánimus inconsciente. En las profundidades del ser de la mujer, el ánimus le susurra: "No tienes esperanza. ¿De qué vale intentarlo? De nada sirve que lo hagas. La vida jamás cambiará para mejorar".

Desgraciadamente, siempre que una de esas personificaciones del inconsciente se apodera de nuestra mente, parece como si tuviéramos tales pensamientos y sentimientos. El ego se identifica con ellos hasta el extremo que resulta imposible separarlos y verlos tal como son. Se está realmente "poseído" por la figura desde el inconsciente. Sólo después que ha cesado la posesión, se comprueba con horror que hemos dicho y hecho cosas diametralmente opuestas a nuestros verdaderos pensamientos y sentimientos, que hemos sido la presa de un factor psíquico ajeno.

Al igual que el ánima, el ánimus no consta meramente de cualidades negativas tales como brutalidad, descuido, charla vacía, malas ideas silenciosas y obstinadas. También tiene un lado muy positivo y valioso; también puede construir un puente hacia el "sí-mismo" mediante su actividad creadora. El siguiente sueño de una mujer de cuarenta y cinco años puede ayudar en la aclaración de este punto:

"Dos figuras embozadas trepan hasta el balcón y entran en la casa. Van envueltas en un ropaje negro con capucha, y parece que quieren atormentarnos a mi hermana y a mí. Ella se esconde bajo la cama, pero ellos la sacan de allí con una escoba y la torturan. Luego me toca a mí. El jefe de ellos me empuja contra la pared, haciendo gestos mágicos ante mi cara. Mientras tanto, su ayudante hace un boceto en la pared y, cuando lo miro, digo (con el fin de congraciarme): "¡Pero si está muy bien dibujado!" Ahora, de repente, mi torturador tiene noble cabeza de artista y dice con orgullo: "Sí, desde luego", y comienza a limpiarse las gafas".

El aspecto sádico de esas dos figuras era muy conocido por la soñante ya que, en realidad, sufría con frecuencia de ataques agudos de ansiedad durante los cuales le asediaba el pensamiento de que la gente a la que ella quería se encontraba en gran peligro o, incluso, había muerto. Pero el hecho que la figura del ánimus sea doble en el sueño sugiere que los salteadores personifican un factor psíquico que es dual en sus efectos y que podría ser algo completamente distinto a esos pensamientos atormentadores. La hermana de la soñante, la cual huyó de los hombres, es cogida y torturada. En realidad, esa hermana había muerto cuando era muy joven. Tenía dotes artísticas, pero había utilizado muy poco su talento. Después, el sueño revela que los salteadores embozados están, en realidad, disfrazados de artistas y que si la soñante les reconoce sus dotes (que son las de ella) prescindirán de sus malas intenciones.

¿Cuál es el significado profundo del sueño? Es que, tras los espasmos de ansiedad, hay un peligro auténtico y mortal; pero también hay una posibilidad creadora para la soñante. Ella, al igual que su hermana, tenía cierto talento como pintora, pero dudaba si la pintura sería para ella una actividad con significado. Ahora bien: su sueño le dice del modo más firme que debe reavivar ese talento. Si obedece, el ánimo destructivo y atormentador se transformará en una actividad creadora y plena de significado.

Al igual que en este sueño, el ánimus aparece con frecuencia como un grupo de hombres. De esa forma, el inconsciente simboliza el hecho que el ánimus representa una colectividad más que un elemento personal. A causa de esa inclinación a lo colectivo, las mujeres habitualmente se refieren (cuando su ánimus habla por medio de ellas) a "uno" o "ellos" o "todo el mundo", y en tales circunstancias su conversación, muchas veces contiene las palabras "siempre" y "debiera" y "tuviera".

Muchísimos mitos y cuentos de hadas hablan de un príncipe convertido por hechicería en un animal salvaje o en un monstruo, que es redimido por el amor de una doncella: un proceso que simboliza la forma en que el ánimus se hace consciente. (El Dr. Henderson ha comentado en el capítulo anterior el significado del motivo de *La Bella y la Bestia*). Muy frecuentemente, a la heroína no se le permite hacer preguntas acerca de su misterioso y desconocido enamorado y esposo; o se encuentra con él sólo en la oscuridad y jamás debe mirarle. Esto implica que, por confianza y amor ciegos hacia él, ella podrá redimir a su marido. Pero eso jamás sucede. Ella siempre rompe su promesa y, al final, encuentra a su amado otra vez después de una búsqueda larga y difícil y de muchos sufrimientos.

El paralelo de eso en la vida es que la atención consciente que una mujer tiene que conceder al problema de su ánimus probablemente requiere mucho tiempo y acarrea infinidad de sufrimientos. Pero si ella se da cuenta de quién y qué es su ánimus y qué hace con ella, y si ella se enfrenta con esas realidades en vez de dejarse poseer, su ánimus puede convertirse en un compañero interior inapreciable que la dota con las cualidades masculinas de iniciativa, arrojo, objetividad y sabiduría espiritual.

El ánimus, exactamente igual que el ánima, muestra cuatro etapas de desarrollo. La primera aparece como una personificación de mero poder físico, por ejemplo, como campeón atlético u "hombre musculoso". En la segunda etapa, posee iniciativa y capacidad para planear la acción. En la tercera, el ánimus se transforma en la "palabra", apareciendo con frecuencia como profesor o sacerdote. Finalmente, en su cuarta manifestación, el ánimus es la encarnación del *significado*. En este elevado nivel, se convierte (como el ánima) en mediador de la experiencia religiosa por la cual la vida adquiere nuevo significado. Da a la mujer firmeza espiritual, un invisible apoyo interior que la compensa de su blandura exterior. En su forma más desarrollada, el ánimus conecta, a veces, la mente de la mujer con la evolución espiritual de su tiempo y puede, por tanto, hacerla aún más receptiva que un hombre a las nuevas ideas creadoras. A causa de esto, en tiempos primitivos, muchos pueblos empleaban a las mujeres como adivinadoras y profetisas. La intrepidez creadora de su ánimus positivo, a veces expresa pensamientos e ideas que estimulan a los hombres a nuevas empresas.

El "hombre interior" dentro de la psique de una mujer puede conducir a disturbios matrimoniales análogos a los mencionados en la sección referente al ánima. Lo que complica especialmente las cosas es el hecho que la posesión de uno de los cónyuges por el ánimus (o el ánima) puede ejercer automáticamente tal efecto irritante en el otro que él (o ella) quede también poseído. Ánimus y ánima tienden siempre a arrastrar la conversación a un nivel más bajo y a producir una atmósfera emotiva irascible y desagradable.

Como dije antes, el lado positivo del ánimus puede personificar un espíritu emprendedor, atrevido, veraz, y en su forma más elevada, de profundidad espiritual. Por medio de él, una mujer puede experimentar el proceso subyacente de su situación objetiva personal y cultural, y puede encontrar el camino de una intensa actitud espiritual ante la vida. Esto, naturalmente, presupone que su ánimus deje de representar opiniones que están por encima del criticismo. La mujer tiene que encontrar el atrevimiento y la interior amplitud mental para dudar de la santidad de sus convicciones. Sólo entonces será capaz de aceptar las sugerencias del inconsciente, en especial cuando contradicen las opiniones de su ánimus. Sólo entonces llegarán hasta ella las manifestaciones de su "sí-misma" y podrá entender conscientemente su significado.

El "sí-mismo": símbolos de totalidad

Si una persona ha forcejeado seriamente y el tiempo suficiente con el problema del ánima (o del ánimus) hasta que ya no se sienta parcialmente identificada con él, el inconsciente cambia otra vez su carácter dominante y aparece en una nueva forma simbólica que representa al "sí-mismo", el núcleo más íntimo de la psique. En los sueños de una mujer este centro está generalmente personificado como figura femenina superior: sacerdotisa, hechicera, madre tierra o diosa de la naturaleza o del amor. En el caso del hombre, se manifiesta como iniciador y guardián (un *guru* indio), anciano sabio, espíritu de la naturaleza, etc. Dos cuentos populares ilustran el papel que se puede desempeñar tal figura. El primero es un cuento austríaco:

"Un rey ordenó a sus soldados que vigilaran de noche junto al cadáver de una princesa negra que había sido hechizada. Cada medianoche, ella se levantaba y mataba al guardián. Hasta que uno de los soldados, al que le había llegado su turno de guardia, desesperado, huyó al bosque. Allí encontró a un "viejo guitarrista que es el propio nuestro Señor". Este viejo músico le dijo dónde podía esconderse en la iglesia y le aleccionó sobre lo que tenía que hacer para que la princesa negra no le alcanzara. Con esa ayuda divina,, consiguió redimir a la princesa y casarse con ella".

Claramente, el "viejo guitarrista que es el propio nuestro Señor" es, en términos psicológicos, una personificación simbólica del "sí-mismo". Con su ayuda, el ego evita la destrucción y es capaz de vencer - y hasta redimir - a un aspecto muy peligroso de su ánima.

En la psique de una mujer, como he dicho, el "sí-mismo" asume personificaciones femeninas. Esto se ilustra con el segundo cuento, que es un relato esquimal:

"Una muchacha solitaria que se desilusionó con el amor se encuentra a un hechicero que viaja en una barca de cobre. Es el "Espíritu de la Luna", el cual dio todos los animales a los hombres y también concede suerte en la caza. Rapta a la muchacha hacia el reino celestial. Una vez, cuando el Espíritu de la Luna la ha dejado, ella vista una casita junto a la mansión del Espíritu de la Luna. Allí encuentra a una mujer muy pequeñita, vestida con la "membrana intestinal de la foca barbuda", la cual previene a la heroína contra el Espíritu de la Luna, diciéndole que él planea matarla. (Parece que es un asesino de mujeres, una especie de Barba Azul). La mujer pequeñita hace una cuerda muy larga con la cual la muchacha puede descender a la tierra en tiempo de luna nueva, que es el momento en que la mujer pequeñita puede debilitar al Espíritu de la Luna. La muchacha desciende, pero, al llegar a la tierra, no abre los ojos todo lo de prisa que le dijo la mujer pequeñita. A causa de ello, queda convertida en una araña y ya no vuelve más a convertirse en ser humano."

Como hemos señalado, el músico divino del primer cuento es una representación del "anciano sabio", personificación típica del "sí-mismo". Es análogo al hechicero Merlín de la leyenda medieval o al dios griego Hermes. La mujer pequeñita con su extraño traje de membrana es una figura paralela que simboliza al "sí-mismo" tal como aparece en la psique femenina. El músico viejo salva al héroe del poder del ánima destructiva y la mujer pequeñita protege a la muchacha contra el Barba Azul esquimal (que es, en forma de Espíritu de la Luna, su ánimus). en este caso, no obstante, las cosas van mal, un punto que examinaré después.

Sin embargo, el "sí-mismo" no siempre toma la forma de un viejo sabio o una vieja sabia. Estas personificaciones paradójicas son intentos para expresar algo que no está comprendido en el tiempo, algo que es, simultáneamente joven y viejo. El sueño de un hombre de edad intermedia muestra a "sí-mismo" que aparece como un joven:

"Viniendo de la calle, un joven entró a caballo en nuestro jardín. (No había seto ni verja como lo hay en realidad y el jardín estaba abierto). No sabía si entró intencionalmente o si el caballo le llevó allí contra su voluntad.

"Yo estaba en el sendero que conduce a mi despacho y contemplaba muy complacido la llegada. El ver al muchacho sobre su hermoso caballo me impresionó profundamente.

"El caballo era un animal pequeño, salvaje y fuerte, un símbolo de energía (semejaba un jabalí) y tenía un pelaje espeso, cerdoso y gris plateado. El joven pasó cabalgando ante mí entre el despacho y la casa, se bajó del caballo y lo llevó con cuidado para que no pisoteara el cuadro de flores de hermosos tulipanes rojos y anaranjados. El cuadro de flores había sido arreglado y plantado por mi mujer (según el sueño)"

Ese joven significa el "sí-mismo", y con ello renovación de la vida, un *élan* vital creador, y una nueva orientación espiritual por medio de la cual todo se transforma en lleno de vida y ánimo emprendedor.

Si un hombre se consagra a las instrucciones de su propio inconsciente, éste puede concederle ese don, de tal modo que, de repente, la vida que resulta añeja y triste, se transforma en una aventura interior, rica, interminable, llena de posibilidades creadoras. En la psicología de una mujer, esa misma personificación juvenil del "sí-mismo" puede aparecer como una muchacha de dotes sobrenaturales. En este caso la soñante es una mujer al borde de la cincuentena:

"Yo estaba frente a una iglesia y fregaba la acera con agua. Luego corrí calle abajo en el preciso momento en que salían los estudiantes del instituto. Llegué a un río estancado a través del cual habían tendido una tabla o tronco de árbol; pero cuando estaba intentando pasar para cruzarlo, un estudiante malvado brincó en la tabla de tal modo que se resquebrajó y yo estuve a punto de caer al agua. "¡Idiota!", le grité. Al otro lado del río estaban jugando tres niñas y una de ellas extendió la mano para ayudarme. Pensé que su manita no era lo bastante fuerte para ayudarme, pero, cuando la cogí, ella consiguió sin el menor esfuerzo tirar de mí por el ribazo de la otra orilla".

La soñante es una persona religiosa, pero, según su sueño, ya no puede seguir perteneciendo por más tiempo a la Iglesia (protestante); de hecho, parece haber perdido la posibilidad de entrar en ella aunque trate de mantener el acceso tan limpio como le sea posible. Según el sueño, tiene que cruzar un río estancado y esto indica que el río de la vida está detenido a causa del irresuelto problema religioso (Cruzar un río es una imagen simbólica frecuente de un cambio fundamental de actitud). El estudiante era interpretado por la propia soñante como la personificación de un pensamiento que había tenido anteriormente: que ella podría satisfacer su ansia espiritual asistiendo al instituto. Evidentemente el sueño no hace pensar mucho en ese proyecto. Cuando ella se atreve a cruzar sola el río, una personificación del "sí-mismo" (la niña) pequeña, pero de fuerza sobrenatural, la ayuda.

Pero la forma de un ser humano, sea joven o viejo, es sólo una de las muchas formas en que puede aparecer el "sí-mismo" en los sueños o visiones. Las diversas edades que asume muestran que no sólo está con nosotros durante toda la vida, sino también que existe más allá del curso de la vida del que nos damos cuenta conscientemente, que es lo que crea nuestra experiencia del paso del tiempo.

Así como el "sí-mismo" no está totalmente contenido en nuestra experiencia consciente del tiempo (en nuestra dimensión espacio-tiempo), está también simultáneamente omnipresente. Además aparece con frecuencia en una forma que sugiere una omnipresencia especial; esto es, se manifiesta como un ser humano gigantesco, simbólico, que abarca y contiene todo el cosmos. Cuando esta imagen surge en los sueños de un individuo, podemos esperar una solución creadora para su conflicto, porque entonces se aviva el centro psíquico vital (es decir, todo el ser se condensa en unicidad) con el fin de vencer la dificultad.

No es de admirar que esa figura de Hombre Cósmico aparezca en muchos mitos y enseñanzas religiosas. Generalmente se le describe como algo que es útil y positivo. Aparece como Adán, como el persa Gayomart o como el Purusha hindú. esta figura puede, incluso, describirse como el principio básico de todo el mundo. Los antiguos chinos, por ejemplo, enseñaban que antes de la creación de toda cosa, había un colosal hombre divino llamado P'an Ku que dio forma al cielo y a la tierra. Cuando lloró, sus lágrimas formaron los ríos Amarillo y Yangtze; cuando respiraba se levantaba el viento; cuando hablaba, se desataba el trueno, y cuando miraba en derredor, relucía el rayo. Si estaba de buen humor, hacía buen tiempo; si estaba triste, se nublaba. Cuando murió, se dividió y de su cuerpo se formaron las cinco montañas sagradas de China. Su cuerpo se convirtió en la montaña T'ai, en el este, el tronco se convirtió en la montaña de Sung, en el centro, el brazo derecho, en la montaña Heng, al norte, el brazo izquierdo, en la montaña Heng, al sur, y los pies, en la montaña Hua, al oeste. Sus ojos se convirtieron en el sol y la luna.

Ya hemos visto que las estructuras simbólicas que parecen referirse al proceso de individuación tienden a basarse en el motivo del número cuatro, al igual que las cuatro funciones de la consciencia o las cuatro etapas del ánima o del ánimus. Aquí reaparece en la forma cósmica de P'an Ku. Sólo en circunstancias específicas aparecen otras combinaciones numéricas en el material psíquico. Las manifestaciones naturalmente sin estorbos del centro psíquico se caracterizan por su cuadruplicidad, es decir, por tener cuatro divisiones o alguna otra estructura que deriva de series numéricas de 4, 8, 16, y así sucesivamente. El número 16 desempeña un papel de particular importancia puesto que se compone de cuatro cuatros.

En nuestra civilización occidental, ideas semejantes a la del Hombre Cósmico se unieron al símbolo de Adán, el primer hombre. Hay una leyenda judía según la cual cuando Dios creó a Adán, recogió primero polvo rojo, negro, blanco y amarillo de las cuatro esquinas del mundo y así Adán "alcanzó de un extremo al otro del mundo". Cuando se inclinaba, su cabeza tocaba en el este y los pies en el oeste. Según otra tradición judía, toda la Humanidad estaba contenida en Adán desde el principio, lo que significa el alma de todos los que nacieron en adelante. Por tanto, el alma de Adán era "como el pabilo de una vela compuesto de innumerables cabos". En este símbolo, la idea de unidad total de toda la existencia humana, más allá de todas las unidades individuales, está claramente expresada.

En la antigua Persia, el mismo Primer Hombre originario - llamado Gayomart -, se describía como una inmensa figura emitiendo luz. Cuando murió, salieron de su cuerpo toda clase de metales y de su alma salió el oro. Su semen cayó en la tierra y de él procedió la primera pareja humana en forma de dos matas de ruibarbo. Es chocante que al chino P'an Ku también se le representaba cubierto de hojas como una planta. Quizá eso sea porque al Primer Hombre se le imaginó como unidad autodesarrollada y viviente que meramente existía sin ningún impulso animal o voluntad propia. Entre un grupo de gente que vive en las orillas del Tigris, Adán sigue siendo adorado, en la actualidad, como la "superalma" oculta o "espíritu protector" místico de todo el género humano. Esta gente dice que Adán procedía de una palma datilera, otra repetición del motivo de la planta.

En Oriente, y en algunos círculos gnósticos de Occidente, la gente reconoció bien pronto que el Hombre Cósmico era más una imagen psíquica interior que una realidad concreta externa. Según la tradición hindú, por ejemplo, es algo que vive dentro del ser humano individual y es la única parte inmortal. Este Gran Hombre interior redime al individuo conduciéndole, fuera de la creación y sus sufrimientos, otra vez a su esfera originaria. Pero sólo puede hacer esto si el hombre le reconoce y se despierta de su sueño para dejarse conducir. En los mitos simbólicos de la antigua India, esta figura se conoce como Purusha, nombre que significa simplemente "hombre" o "persona". Purusha vive dentro del corazón de todo individuo y, sin embargo, al mismo tiempo llena todo el cosmos.

Según el testimonio de muchos mitos, el Hombre Cósmico no es sólo el principio sino la meta final de toda vida, de toda la creación. "Toda naturaleza cereal significa trigo, todo tesoro de la naturaleza significa oro, toda generación significa hombre", dice el sabio medieval Maestro Eckhart. Y si consideramos esto desde el punto de vista psicológico, así es ciertamente. Toda la realidad psíquica interior de cada individuo está orientada, en definitiva, hacia ese símbolo arquetípico del "sí-mismo".

En la práctica, esto significa que la existencia de los seres humanos nunca se explicará satisfactoriamente en términos de instintos aislados o mecanismos intencionados como son hambre, poder, sexo, supervivencia, perpetuación de las especies y demás. Esto es, el principal propósito del hombre no es comer, beber, etc. sino *ser humano*. Por encima y más allá de esos impulsos, nuestra realidad psíquica interior sirve para manifestar un misterio vivo que sólo puede expresarse con un símbolo y, para su expresión, el inconsciente escoge con frecuencia la poderosa imagen del Hombre Cósmico.

En nuestra civilización occidental, el Hombre Cósmico se ha identificado en gran parte con Cristo, y en Oriente con Krishna o con Buda. En el Antiguo Testamento esta misma figura simbólica aparece como "Hijo del Hombre" y en el posterior misticismo judío se le llama Adán Kadmon. Ciertos movimientos religiosos de los últimos tiempos de la Antigüedad, le llamaron simplemente Anthropos (hombre en griego). Como todos los símbolos, esta imagen señala un secreto inconocible: el desconocido significado definitivo de la existencia humana.

Como hemos señalado, ciertas tradiciones afirman que el Hombre Cósmico es la meta de la creación, pero su alcanzamiento no debe entenderse como un posible acontecer externo. Desde el punto de vista del hindú, por ejemplo, no es tanto que el mundo externo se disolverá algún día en el Gran Hombre originario sino que la orientación extravertida del ego hacia el mundo exterior desaparecerá con el fin de dar paso al Hombre Cósmico. Esto sucede cuando el ego se sumerge en el "sí-mismo". El fluir de representaciones del ego (que va de un pensamiento a otro) y sus deseos (que corren de un objeto a otro), se calman cuando es encontrado el Gran Hombre interior. En verdad, nunca debemos olvidar que, para nosotros, la realidad exterior sólo existe en tanto que la percibimos conscientemente, y que no podemos demostrar que existe "en sí y por sí".

Los numerosos ejemplos procedentes de diversas civilizaciones y distintos períodos, muestran la universalidad del símbolo del Gran Hombre. Su imagen está presente en el pensamiento de los hombres como una especie de meta o expresión de misterio básico de nuestra vida. Como este símbolo representa lo que es total y completo, con frecuencia se concibe como un ser bisexuado. En esta forma, el símbolo reconcilia uno de los más importantes pares de opuestos psicológicos: macho y hembra. Esa unión también aparece con frecuencia en los sueños como una pareja divina, real o distinguida de cualquier otro modo. El siguiente sueño, de un hombre de cuarenta y siete años, muestra este aspecto del "sí-mismo" en una forma dramática:

"Estoy en una plataforma y, debajo de mí, veo una osa de piel áspera, pero bien cuidada. Está erguida sobre sus patas traseras y sobre una losa está puliendo una piedra plana y ovalada que se va poniendo más brillante. No muy lejos, una leona y su cachorro hacen lo mismo, pero las piedras que pulen son mayores y de forma redonda. Un poco después, la osa se convierte en una mujer gorda y desnuda con pelo negro y ojos oscuros y fieros. Me dirijo hacia ella en forma provocativamente erótica y, de repente, ella se acerca con el fin de cogerme. Tengo miedo y me refugio en unos andamiajes donde había estado antes. Después estoy en medio de muchas mujeres, la mitad de las cuales son primitivas y tienen hermoso pelo negro (como si se hubieran transformado procediendo de animales); la otra mitad eran nuestras mujeres (de la misma nacionalidad que el soñante) y tenían el pelo rubio o castaño. Las mujeres primitivas entonan una canción muy sentimental en voz alta y melancólica. Ahora, en un carruaje muy elegante, llega un joven que lleva en la cabeza una corona real de oro, engastada con rubíes resplandecientes; una visión muy hermosa. Junto a él va sentada una joven rubia, probablemente su esposa, pero sin corona. Parece que la leona y su cachorro se han transformado en esta pareja. Pertenecen al grupo de primitivas. Ahora, todas las mujeres (las primitivas y las otras) entonan un cántico solemne, y el carruaje real avanza lentamente hacia el horizonte."

Aquí el núcleo interior de la pisque del soñante se muestra al principio en una visión temporal de la pareja real que emerge de las profundidades de su naturaleza animal y el estrato primitivo de su inconsciente. La osa del comienzo es una especie de diosa (Artemisa, por ejemplo, era adorada en Grecia en forma de osa). La piedra oscura ovalada que frota y pule probablemente simboliza el ser íntimo del soñante, su verdadera personalidad. Frotar y pulir piedras es una actividad humana muy antigua y muy conocida. En Europa se han encontrado en algunos lugares piedras "sagradas" envueltas en corteza de árbol y ocultas en cuevas; probablemente fueron guardadas allí, como poseedoras de poderes divinos, por hombres de la Edad de Piedra. En la actualidad, algunos de los aborígenes australianos creen que sus antepasados muertos continúan existiendo en piedras, en forma de poderes y virtudes divinos, y que si frotan esas piedras, aumenta el poder (como si se cargaran de electricidad) en beneficio, a la vez, del vivo y del muerto.

El hombre que tuvo el sueño que estamos examinando, había rechazado hasta entonces aceptar un compromiso matrimonial con una mujer. Su temor a ser cogido por ese aspecto de la vida le hace, en el sueño, huir de la osa-mujer hacia la plataforma de espectador donde pudiera ver pasivamente las cosas sin estar mezclado en ellas. Por medio del motivo de la piedra que pule la osa, el inconsciente trata de mostrarle que él debiera ponerse en contacto con ese lado de la vida; es mediante el roce de la vida matrimonial como su ser interior puede ser formado y pulido.

Cuando la piedra esté pulida, comenzará a brillar como un espejo de modo que la osa podrá verse en ella; esto significa que sólo aceptando el contacto terrenal puede el alma humana ser transformada en un espejo en el que los poderes divinos puedan contemplar su propia imagen. Pero el soñante huye hacia un lugar más alto, es decir, hacia toda clase de reflexiones con las que puede escapar de las exigencias de la vida. Luego el sueño le muestra que si huye de las exigencias de la vida, una parte de su alma (su ánima) permanecerá indiferenciada, un hecho simbolizado por el grupo no descrito de mujeres que se dividen en una mitad primitiva y otra más civilizada.

La leona y su cachorro, que aparecen después en escena, personifican el misterioso apremio hacia la individuación, indicado por su tarea de dar forma a unas piedras redondas (Una piedra redonda es un símbolo del "sí-mismo"). Los leones y una pareja real son, en sí mismos, un símbolo de totalidad. En el simbolismo medieval, la "piedra filosofal" (símbolo preeminente de la totalidad del hombre) se representa como una pareja de leones o como una pareja humana cabalgando en leones. Simbólicamente, esto señala hacia el hecho que, con frecuencia, el apremio respecto a la individuación aparece en forma velada, oculto en la abrumadora pasión que se puede sentir por otra persona.

En tanto que la imagen de totalidad en este sueño se expresa en forma de un par de leones está todavía contenida en ese tipo de pasión abrumadora. Pero cuando el león y la leona se convierten en rey y reina, el apremio hacia la individuación alcanza el nivel de la percepción consciente y puede ahora ser entendido por el ego como meta verdadera de la vida.

Antes que los leones se transformaran en seres humanos, eran sólo las mujeres primitivas las que cantaban y lo hacían en tono sentimental; es decir, los sentimientos del soñante permanecían en un nivel primitivo y sentimental. Pero en honor de los leones humanizados, tanto las mujeres primitivas como las civilizadas cantan al unísono un himno de alabanza. La expresión de sus sentimientos en forma unánime muestra que la división interior del ánima se ha cambiado ahora en armonía interior.

Aún aparece otra personificación del "sí-mismo" en un relato de una llamada "imaginación activa" de una mujer. (La imaginación activa es cierta forma de meditar imaginativamente por la cual podemos entrar deliberadamente en contacto con el inconsciente y hacer una conexión consciente con fenómenos psíquicos. La imaginación activa está entre los descubrimientos más importantes de Jung. Mientras, en cierto sentido, es comparable a las formas orientales de meditación, como el método del budismo Zen o del yoga tántrico, o a los métodos occidentales, como los ejercicios espirituales de los jesuitas, es fundamentalmente distinto porque el meditador permanece vacío por completo de toda meta o programa consciente. Así la meditación llega a ser el experimento solitario de un individuo libre, que es todo lo contrario de un intento guiado para dominar el inconsciente. Sin embargo, no es éste el lugar adecuado para entrar en un análisis detallado de la imaginación activa; el lector encontrará una de las descripciones hechas por Jung, en su escrito *The Transcendent Function*).

En la meditación de la mujer, el "sí-mismo" aparece en forma de ciervo que dice al ego: "Soy tu hijo y tu madre. Me llaman el "animal de enlace" porque uno personas, animales y hasta piedras unos con otros si entro en ellos. Soy tu sino o el yo objetivo. Cuando aparezco, te redimo de los azares sin significado de la vida. El fuego que arde dentro de mí, arde en toda la naturaleza. Si un hombre lo pierde, se convierte en egocéntrico, solitario, desorientado y débil".

El "sí-mismo" se simboliza muchas veces en forma de animal que representa nuestra naturaleza instintiva y su relación con nuestro medio ambiente. (Esa es la razón de que haya tantos animales auxiliadores en mitos y cuentos de hadas). Esta relación del "sí-mismo" con la naturaleza circundante y aún con el cosmos probablemente procede del hecho que el "átomo nuclear" de nuestra psique está un tanto entrelazado con el mundo entero, exterior e interiormente. Todas las manifestaciones superiores de vida están, en cierto modo, armonizadas con el continuo espacio-tiempo circundante. Los animales, por ejemplo, tienen sus alimentos especiales, sus propios materiales para construir las viviendas y sus territorios definidos, con todo lo cual están exactamente armonizados y adaptados sus instintos. Los ritmos del tiempo también desempeñan su parte. Sólo basta que pensemos en el hecho de que la mayoría de los animales herbívoros tienen su descendencia precisamente en la época del año en que la hierba es más jugosa y abundante. Teniendo presente tales consideraciones, un famoso zoólogo ha dicho que la "intimidad natural" de cada animal tiene un mayor alcance del mundo que le rodea y "psiquifica" el tiempo y el espacio.

En formas que aún están completamente fuera de nuestra comprensión, nuestro inconsciente está análogamente armonizado con nuestro medio ambiente: con nuestro grupo, con la sociedad en general y, más lejos aún, con el continuo espacio-tiempo y con toda la naturaleza. De este modo, el Gran Hombre de los indicios naskapi no revela meramente las verdades interiores, también sugiere dónde y cuándo se ha de cazar. Y así, por medio de los sueños, el cazador naskapi desarrolla las palabras y melodías de las canciones mágicas con las que atrae a los animales.

Pero esta ayuda específica del inconsciente no la recibe solamente el hombre primitivo. Jung descubrió que los sueños también pueden dar al hombre civilizado la guía que necesita para encontrar el camino por entre los problemas de la vida interior y de la exterior. Es cierto que muchos de nuestros sueños se refieren a detalles de nuestra vida exterior y nuestro medio circundante. Cosas tales como un árbol frente a nuestra ventana, la bicicleta o el coche propios, una piedra cogida durante un paseo pueden elevarse al nivel del simbolismo por medio de nuestra vida onírica y hacerse significativos. Si prestamos atención a nuestros sueños, en vez de vivir en un mundo impersonal y frío de sino sin sentido, podemos comenzar a surgir en un mundo propio lleno de sucesos importantes y secretamente ordenados.

Sin embargo, nuestros sueños no se refieren primordialmente y como regla general a nuestra adaptación a la vida exterior. En nuestro mundo civilizado, la mayoría de los sueños se refieren al desarrollo (por el ego) de la actitud interior "adecuada" respecto al "sí-mismo", pues estas relaciones están más alteradas en nosotros por las modernas formas de pensar y de comportamiento que en el caso de pueblos primitivos. Estos, por lo general, viven directamente de su centro interior, pero nosotros, con nuestra consciencia desarraigada, estamos tan trabados por cuestiones externas y tan ajenas que es muy difícil que los mensajes del "sí-mismo" pasen entre ellas para llegar hasta nosotros. Nuestra mente consciente crea continuamente la ilusión de un mundo exterior claramente modelado "real" que bloquea otras muchas percepciones. No obstante, nuestra naturaleza inconsciente está unida en forma inexplicable con nuestros medio ambiente psíquico y físico.

Ya he mencionado el hecho que el "sí-mismo" se simboliza con especial frecuencia en forma de piedra, sea preciosa o no. Vimos un ejemplo de esto en las piedras que pulían la osa y los leones. En muchos sueños, el centro nuclear, el "sí-mismo" también aparece como un cristal. La disposición matemática de un cristal, evoca en nosotros el sentimiento intuitivo de que aún en la llamada materia "muerta" actúa un principio de ordenación espiritual. Por eso, muchas veces el cristal representa simbólicamente la unión de opuestos extremos: materia y espíritu.

Quizá cristales y piedras son símbolos especialmente aptos del "sí-mismo" a causa de la "exactitud" de su materia. Hay muchas personas que no pueden refrenarse de recoger piedras de color o forma poco corrientes y las guardan sin saber por qué lo hacen. Es como si las piedras tuvieran un misterio vivo que las fascinara. Los hombres han recogido piedras desde el principio de los tiempos y parecen haber supuesto que algunas de ellas contenían la fuerza vital con todo su misterio. Los antiguos germanos, por ejemplo, creían que los espíritus de los muertos continuaban viviendo en sus tumbas de piedra. La costumbre de colocar piedras en las tumbas puede arrancar, en parte, de la idea simbólica que algo eterno permanece de la persona del muerto, lo cual puede representarse más apropiadamente con una piedra. Aunque el ser humano difiere lo más posible de una piedra, el centro más íntimo del hombre se parece de modo especial y extraño a ella (acaso porque la piedra simboliza la mera existencia remotamente alejada de emociones, sentimientos, fantasías y pensamientos discursivos del ego-consciencia). En este sentido, la piedra simboliza lo que, quizá, es la experiencia más sencilla y profunda: la experiencia de algo eterno que el hombre puede tener en esos momentos en que se siente inmortal e inalterable.

La incitación que encontramos en, prácticamente, todas las civilizaciones a erigir monumentos de piedra a los hombres famosos o en los sitios de sucesos importantes, probablemente arranca también de ese significado simbólico de la piedra. La piedra que Jacob colocó en el lugar donde tuvo su famoso sueño, o ciertas piedras dejadas por gentes sencillas en las tumbas de sus santos o héroes locales, muestran la naturaleza originaria de la incitación humana a expresar una experiencia, de por sí inexpresable, con el símbolo pétreo. No es asombroso que muchos cultos religiosos utilicen piedras para significar a Dios o para señalar lugares de adoración. El santuario más sagrado del mundo islámico es la Kaaba, la piedra negra en La Meca, a la que todos los piadosos musulmanes esperan peregrinar.

Según el simbolismo eclesiástico cristiano, Cristo es "la piedra que reprobaron los edificadores", que llegó a ser "cabecera de esquina" (Lucas, XX, 17). También se le llama "roca espiritual..." (1 Corintios, X, 4) Los alquimistas medievales, que buscaban el secreto de la materia de una forma precientífica, esperando encontrar a Dios en ella o, al menos, el funcionamiento de la actividad divina, creían que ese secreto estaba incorporado en su famosa "piedra filosofal". Pero algunos de los alquimistas percibieron oscuramente que su tan buscada piedra era el símbolo de algo que podía encontrarse sólo dentro de la psique del hombre. Un antiguo alquimista árabe, Morienus, dice: "Esta cosa (la piedra filosofal) se extrae de *ti; tú* eres su mineral, y se puede encontrar en ti; o, para decirlo con más claridad, ellos (los alquimistas) la toman de ti. Si reconoces esto, el amor y la aprobación de la piedra crecerá dentro de ti. Has de saber que esto es verdad sin duda alguna". La piedra alquímica (el *lapis*) simboliza algo que nunca puede perderse o disolverse, algo eterno que los alquimistas comparaban a la experiencia mística de Dios dentro de nuestra alma. Generalmente se requieren prolongados sufrimientos para quemar todos los elementos psíquicos superfluos que ocultan la piedra. Pero cierta profunda experiencia interior del "sí-mismo" la tiene la mayoría de la gente, por lo menos, una vez en la vida. Desde el punto de vista psicológico, una auténtica actitud religiosa consiste en un esfuerzo para descubrir esa experiencia única y mantenerse gradualmente a tono con ella (es importante que una piedra es también una cosa permanente), para que el "sí-mismo" llegue a ser un compañero interior hacia el cual está dirigida continuamente nuestra atención.

El hecho que este superior y más frecuente símbolo del "sí-mismo" sea un objeto de materia inorgánica señala aún a otro campo de investigación y de especulación, esto es, la relación, todavía desconocida, entre lo que llamamos psique inconsciente y lo que llamamos "materia", un misterio que la medicina psicosomática se esfuerza en descubrir. Al estudiar esa conexión aún indefinida e inexplicada (podría resultar que "psique" y "materia" son en realidad el mismo fenómeno, uno observado desde "dentro" y otro desde "fuera"), el Dr. Jung expuso un nuevo concepto que él llamó *sincronicidad*. este término significa una "coincidencia significativa" de sucesos exteriores e interiores que no están conectados casualmente. Lo importante es la palabra "significativa".

Si un avión se estrella ante mis ojos cuando me estoy sonando la nariz, esto es una coincidencia de hechos que no tiene significado. Es simplemente un suceso casual de un tipo que sucede en todo momento. Si compro una bata azul y, por error, la tienda me envía una negra en el mismo día en que se muere un familiar mío, esto puede ser una coincidencia significativa. Los dos hechos no están relacionados casualmente, pero están conectados por el significado simbólico que nuestra sociedad da al color negro.

Dondequiera que el Dr. Jung observaba tales coincidencias significativas en la vida de una persona, parecía (como revelaban los sueños de esa persona) que había un arquetipo activado en el inconsciente de la persona. Aclararemos esto con mi ejemplo de la bata negra: en un caso semejante, la persona que recibe la bata negra puede haber tenido también un sueño sobre el tema de la muerte. Parece como si el arquetipo subyacente se manifestara simultáneamente en los hechos internos y externos. El denominador común es un mensaje simbólicamente expresado, en este caso, un mensaje sobre la muerte.

Tan pronto como percibimos que ciertos tipos de hechos "gustan" de acumularse en ciertos momentos, comenzamos a comprender la actitud de los chinos cuyas teorías de medicina, filosofía e, incluso, de edificación se basan en una "ciencia" de las coincidencias significativas. Los textos clásicos chinos no preguntaban qué *causaba* qué, sino más bien qué "gusta" que *ocurra con* qué. Podemos ver mucho de este mismo tema subyacente en la astrología, y en la forma en que diversas civilizaciones dependieron de la consulta de los oráculos y pusieron atención a los presagios. Todo eso son intentos de explicar una coincidencia que es diferente de una que depende de causa y efecto fáciles de comprender.

Al crear el concepto de sincronicidad, el doctor Jung esboza un camino por el que podemos penetrar más profundamente en la interrelación de psique y materia. Y precisamente hacia tal relación parece apuntar el símbolo de la piedra. Pero esto es todavía un campo totalmente abierto e inexplorado del que se tendrán que ocupar las futuras generaciones de psicólogos.

Podría parecer que el examen de la sincronicidad me ha apartado de mi tema principal, pero creo que es necesario hacer, por lo menos, una breve referencia introductoria a ella porque es una hipótesis junguiana que parece estar cargada de futuras posibilidades de investigación y aplicación. Además, los sucesos sincrónicos acompañan casi invariablemente a las fases cruciales del proceso de individuación. Pero con demasiada frecuencia pasan inadvertidos porque la persona no ha aprendido a vigilar tales coincidencias y a relacionarlas con el simbolismo de sus sueños.

La relación con el "sí-mismo".

Hoy día hay más y más gentes, en especial las que viven en las grandes ciudades, que sufren un terrible vacío y aburrimiento, como si estuvieran esperando algo que jamás llega. Las películas y la televisión, los espectáculos deportivos y las excitaciones políticas pueden divertirlas por un momento, pero una y otra vez, agotadas y desanimadas, regresan al yermo de su propia vida.

La única aventura que aún merece la pena para el hombre moderno se encuentra en el reino interior de la psique inconsciente. Con esta idea vagamente en el pensamiento muchos se vuelven hoy día hacia el yoga y otras prácticas orientales. Pero tales cosas no ofrecen ninguna nueva aventura auténtica, porque en ellas sólo obtienen lo que ya es conocido para los hindúes o los chinos, sin que lleguen al verdadero contacto con el centro de su vida interior. Aunque es cierto que los métodos orientales sirven para concentrar la mente y dirigirla al interior (y que esa forma de proceder es, en cierto sentido, análoga a la introversión de un tratamiento analítico), hay una diferencia muy importante. Jung desarrolla una forma de alcanzar el propio centro interior y de establecer contacto con el misterio vivo del inconsciente, por uno mismo y sin ayuda. Esto es completamente distinto que seguir un camino ya muy trillado. Tratar de conceder a la realidad viva del "sí-mismo" una cantidad constante de atención diaria es como tratar de vivir simultáneamente en dos niveles o en dos mundos diferentes. Dedicamos nuestra mente, como antes, a los deberes externos, pero, al mismo tiempo, permanecemos alerta a los indicios y signos, en los sueños y en sucesos exteriores, que utiliza el "sí-mismo" para simbolizar sus intenciones y la dirección del curso de la vida.

Los antiguos textos chinos que se refieren a esta clase de experiencia emplean con frecuencia el símil del gato acechando el nido de ratones. Uno de los textos dice que no deberíamos permitir que se entrometieran otros pensamientos, pero nuestra atención no sería demasiado aguda, ni tampoco sería demasiado obtusa. Existe exactamente el nivel adecuado de percepción. "Si el aprendizaje se soporta de este modo...será eficaz cuando pase el tiempo y cuando llegue la causa de goce, como una fruta madura que cae inmediatamente, algo puede ocurrir que toque o haga contacto y que producirá inmediatamente el supremo despertar del individuo. Este es el momento en que el ejecutante será como el que bebe agua y sólo sabe si está fría o caliente. Llega a estar libre de toda duda sobre sí mismo y experimenta una gran felicidad análoga a la que se siente al encontrar al padre propio en un cruce de caminos".

Así, en medio de la vida exterior corriente, nos sentimos cogidos, de repente, en una emocionante aventura interior; y como es única para cada individuo, no puede ser copiada o robada.

Hay dos razones principales por las que el hombre pierde contacto con el centro regulador de su alma. Una de ellas es que cierta tendencia instintiva única o imagen emotiva puede llevarle a una unilateralidad que le hace perder su equilibrio. Esto también ocurre a los animales; por ejemplo, un ciervo sexualmente excitado olvidará completamente el hambre y la seguridad. Esta unilateralidad y consecuente pérdida del equilibrio era muy temida por los pueblos primitivos que la llamaban "pérdida del alma". Otra amenaza para el equilibrio interior procede del exceso de soñar despierto que, en una forma secreta, generalmente gira en torno a determinados complejos. De hecho, el soñar despierto surge, precisamente, porque pone en contacto a una persona con sus complejos; a la vez, amenaza la concentración y continuidad de su consciencia.

El segundo obstáculo es exactamente lo opuesto y se debe a una superconsolidación de la consciencia del ego. Aunque es necesaria una consciencia disciplinada para la realización de actividades civilizadas (sabemos lo que ocurre si el encargado de las señales de un ferrocarril se deja llevar por el soñar despierto), tiene la grave desventaja que puede bloquear la recepción de impulsos y mensajes procedentes del centro. Ésa es la causa de que tantos sueños de las personas civilizadas se refieran a la restauración de esa receptividad intentando corregir la actitud de la consciencia hacia el centro inconsciente del "sí-mismo".

Entre las representaciones mitológicas del "sí-mismo" encontramos mucha insistencia acerca de las cuatro esquinas del mundo, y en muchas pinturas se representa al Gran Hombre en el centro de un círculo dividido en cuatro. Jung empleó la palabra hindú *mandala* (círculo mágico) para designar una estructura de ese orden, que es una representación simbólica del "átomo nuclear" de la psique humana, cuya esencia no conocemos. A este respecto es interesante que un cazador naskapi representó gráficamente a su Gran Hombre no como un ser humano, sino como un *mandala*.

Mientras que los naskapi experimentan directa e ingenuamente el centro interior sin ayuda de doctrinas o ritos religiosos, otros pueblos utilizan el motivo *mandala* con el fin de recuperar un perdido equilibrio interior. Por ejemplo los indios navajos tratan, por medio de pinturas hechas con arena, representando estructuras análogas a *mandalas*, volver a una persona enferma a la armonía consigo misma y con el cosmos y, por tanto, devolverle la salud.

En las civilizaciones orientales, se emplean pinturas análogas para consolidar el ser interior o para facilitar a alguien que se sumerja en profunda meditación. La contemplación de un *mandala* significa que aporta la paz interior, la sensación de que la vida ha vuelto a encontrar sus significado y orden. El *mandala* también aporta esa sensación cuando aparece espontáneamente en los sueños de las personas modernas que no están influidas por ninguna tradición religiosa de ese tipo y nada saben acerca de ello. Quizá el efecto positivo es aún mayor en tales casos, porque el conocimiento y la tradición emborronan y bloquean la experiencia espontánea.

Un ejemplo de un *mandala* producido espontáneamente se halla en el siguiente sueño de una mujer de sesenta y dos años. Surge como preludio a una nueva fase de vida en la que ella se transforma en muy creadora:

"Veo un paisaje en la semioscuridad. Al fondo la cresta elevada y luego la continuación llana de un monte. A lo largo de la línea donde se levanta, se mueve un "disco cuadrangular" que brilla como el oro. En primer término veo una tierra arada que está comenzando a brotar. Ahora percibo de repente una mesa redonda con una losa de piedra gris encima, y, en el mismo momento, el "disco cuadrangular" está sobre la mesa. Ha dejado el monte, pero no sé cómo y cuándo ha cambiado de lugar".

Los paisajes de los sueños (como en el arte) frecuentemente simbolizan un estado de ánimo inexpresable. En este sueño, la semioscuridad del paisaje indica que la claridad de la consciencia del día está disminuida. "La naturaleza interior" puede comenzar ahora a revelarse a su propia luz, por eso se nos dice que el "disco cuadrangular" se hace visible en el horizonte. Hasta aquí, el símbolo del "sí-mismo", el disco, ha sido en gran parte una idea intuitiva en el horizonte mental de la soñante, pero luego, en el sueño, cambia de posición y pasa a ser el centro del paisaje de su alma. Una semilla, sembrada hace mucho tiempo comienza a brotar: durante mucho tiempo antes, la soñante había prestado cuidadosa atención a sus sueños y ahora esa labor daba su fruto (Nos acordamos de la relación entre el símbolo del Gran Hombre y la planta de la vida mencionada anteriormente). Luego e disco dorado se traslada al lado "derecho", el lado donde las cosas se hacen conscientes. Entre otras cosas, "derecho" frecuentemente significa, psicológicamente, el lado de la consciencia, de la adaptación del ser "justo", mientras que "izquierdo" significa la esfera de las reacciones inconscientes inadaptadas o, a veces, hasta algo que es "siniestro". Después, finalmente, el disco dorado detiene su movimiento y va a posarse - significativamente - en una mesa redonda de piedra. Ha encontrado una base permanente.

Como Aniela Jaffé observa más adelante en este libro, la redondez (el motivo *mandala*) generalmente simboliza una totalidad natural, mientras que una formación cuadrangular representa la realización de ella en la consciencia. En el sueño, el "disco cuadrangular" y la mesa redonda se juntan y de ese modo se tiene al alcance una realización consciente del centro. La mesa redonda, dicho sea de paso, es un símbolo muy conocido de totalidad y desempeña un papel en la mitología: por ejemplo, la Tabla Redonda del Rey Arturo, imagen derivada de la mesa de la Última Cena.

De hecho, siempre que un ser humano se vuelve auténticamente hacia el mundo interior y trata de conocerse - no rumiando sus pensamientos y sentimientos personales, sino siguiendo las expresiones de su propia naturaleza objetiva tales como los sueños y las fantasías auténticas -, luego, más pronto o más tarde, emerge el "sí-mismo". Entonces el ego encontrará una fuerza interior que contiene todas las posibilidades de renovación.

Pero hay una dificultad que sólo he mencionado indirectamente hasta ahora. Y es que toda personificación del inconsciente - la sombra, el ánima, el ánimus y el "sí-mismo" - tienen, a la vez, un aspecto claro y otro oscuro. Vimos antes que la sombra puede ser vil o mala, un impulso instintivo que hemos de vencer. Sin embargo, puede ser un impulso hacia el desarrollo que debemos cultivar y seguir. De la misma forma, el ánima y el ánimus tienen aspecto doble: pueden proporcionar un desarrollo que da la vida y un creacionismo a la personalidad, o pueden producir petrificación y muerte física. Y aún el "sí-mismo", el amplísimo símbolo del inconsciente, tiene un efecto ambivalente como, por ejemplo, en el cuento esquimal, cuando la "mujer pequeñita" ofrece salvar a la heroína del poder del Espíritu de la Luna pero, en realidad, la convierte en una araña.

El lado oscuro del "sí-mismo" es lo más peligroso de todo, precisamente porque el "sí-mismo" es la fuerza mayor de la psique. Puede hacer que las personas "tejan" megalomanías u otras fantasías engañosas que las captan y las "poseen". Una persona en tal estado piensa con excitación creciente que se ha apoderado de los grandes enigmas cósmicos y los ha resuelto; por tanto, pierde todo contacto con la realidad humana. Un síntoma seguro de ese estado es la pérdida del sentido del humor y de los contactos humanos.

Así, el surgimiento del "sí-mismo" puede acarrear un gran peligro para el ego consciente de una persona. El doble aspecto del "sí-mismo" está hermosamente ilustrado en este cuento de hadas iranio, titulado *El secreto del baño Bâdgerd*:

"El grande y noble príncipe Hâtim Tâi recibe orden de su rey para que averigüe el misterio del baño Bâdgerd (castillo de la inexistencia). Cuando se acerca a él, después de pasar por muchas aventuras peligrosas, oye que nadie ha regresado jamás de él, pero insiste en continuar. Es recibido en un edificio redondo por un barbero que tiene un espejo y que le conduce al baño, pero tan pronto como el príncipe entra en el agua estalla un atronador ruido, se produce la oscuridad total, el barbero desaparece y, lentamente, el agua empieza a subir.

"Hâtim nada desesperadamente dando vueltas hasta que, por último, e agua alcanza lo alto de la cúpula redonda que forma el techo del baño. Ahora teme estar perdido, pero reza una oración y se agarra a la piedra central de la cúpula. Vuelve a sonar un ruido atronador, todo cambia, y Hâtim se encuentra de pie y solo en un desierto.

"Después de largo y penoso vagar, llega a un hermoso jardín en medio del cual hay un círculo de estatuas de piedra. En el centro de las estatuas ve un loro en su jaula y una voz de lo alto le dice: "¡Ah, héroe! probablemente no saldrás vivo de este baño. Una vez Gayomart (el Primer Hombre) encontró un enorme diamante que relucía con más brillo que el sol y la luna. Decidió esconderlo donde nadie pudiera encontrarlo y, por tanto, construyó este baño mágico, para protegerlo. El loro que ves ahí forma parte de la magia. A sus pies hay un arco y una flecha de oro con una cadena de oro y con ellos puedes intentar, por tres veces, matar al loro. Si le aciertas, desaparecerá la maldición, pero si no, quedarás petrificado como le ocurrió a todos esos"

"Hâtim probó una vez y falló. Sus piernas se petrificaron. Falló otra vez y quedó petrificado hasta el pecho. La tercera vez cerró los ojos, exclamó "Dios es grande", disparó a ciegas y esta vez dio al loro. Se desató una tempestad de truenos y nubes de polvo. Cuando todo eso se ha calmado, en lugar del loro hay un enorme y hermoso diamante y todas las estatuas han vuelto a la vida. Todos les dan las gracias por su redención".

El lector reconocería en ese cuento los símbolos del "sí-mismo": el Primer Hombre Gayomart, el edificio redondo en forma de mandala, la piedra central y el diamante. Pero ese diamante está rodeado de peligro. El loro demoníaco significa el espíritu malo de imitación que nos hace fallar el blanco y nos petrifica psicológicamente. Como ya he indicado, el proceso de individuación excluye toda imitación, análoga a la del loro, de los otros. Una y otra vez, en todos los países, la gente ha tratado de copiar en su conducta "externa" o ritualista la experiencia religiosa original de sus maestros religiosos - Cristo o Buda o cualquier otro maestro - y, por tanto, se ha "petrificado". Seguir los pasos de un gran maestro espiritual no significa que hay que copiar y realizar el modelo de proceso de individuación que representa su vida. Significa que debemos tratar, con sinceridad y devoción, de igualarnos a él en el curso de nuestra propia vida.

El barbero del espejo, quien luego desaparece, significa las dotes de reflexión que Hâtim pierde cuando más las necesita; las aguas crecientes representan el riesgo de que podamos ahogarnos en el inconsciente y perdernos en nuestras propias emociones. Con el fin de comprender las indicaciones simbólicas del inconsciente, hay que tener cuidado en no quedarse fuera de uno mismo o "junto a uno mismo", sino estar emotivamente dentro de uno mismo. Desde luego, es de vital importancia que el ego pueda continuar actuando en forma normal. Sólo si permanecemos como seres humanos corrientes, conscientes de nuestra plenitud, podremos llegar a ser receptivos de los significativos contenidos y procesos del inconsciente. ¿Pero cómo puede un ser humano sostener la tensión de sentirse aunado con todo el universo si, al mismo tiempo, es sólo una miserable criatura humana terrenal? Si, por un lado, nos despreciamos como meras cifras estadísticas, nuestra vida no tiene sentido y no merece la pena vivirla. Pero si, por otro lado, nos sentimos parte de algo mucho mayor, ¿cómo vamos a mantener los pies sobre el suelo? Desde luego, es muy difícil mantener esas oposiciones internas dentro de sí sin caer hacia uno u otro extremo.

Aspecto social del "sí-mismo"

Hoy día, el enorme crecimiento de la población, evidente sobre todo en las grandes ciudades, tiene inevitablemente un efecto depresivo sobre nosotros. Pensamos: "Bien, solamente vivo de tal y tal modo en tales y cuales señas como millares de otras personas. Si a algunas de ellas las matan, ¿qué importancia tiene? De todas maneras, hay demasiada gente". Y cuando leemos en el periódico la muerte de innumerables gentes desconocidas que, personalmente, nada significan para nosotros, se acrecienta la sensación de que nuestra vida para nada se tiene en cuenta. Ese es el momento en que resulta de la mayor ayuda la atención hacia el inconsciente, porque los sueños muestran al soñante cómo cada detalle de su vida está entretejido con las realidades más importantes.

Lo que todos nosotros sabemos teóricamente - que toda cosa depende del individuo - se convierte, a través de los sueños, en un hecho palpable que todo el mundo puede experimentar por sí mismo. A veces, tenemos la firme impresión que el Gran Hombre desea algo de nosotros y nos encomienda tareas muy especiales. Nuestra reacción ante tal experiencia puede ayudarnos a adquirir la fuerza para nadar contra la corriente de los prejuicios colectivos, teniendo en cuenta seriamente nuestra propia alma.

Naturalmente, esto no resulta siempre una tarea agradable. Por ejemplo, se desea hacer una excursión con unos amigos el próximo domingo; luego un sueño lo prohibe y exige que, en lugar de eso, se haga cierto trabajo creador. Si se escucha al inconsciente y se le obedece, serán de esperar constantes interferencias en los planes conscientes. La voluntad se cruzará con otras intenciones a las que habrá que someterse o, en todo caso, habrá que considerar seriamente. Ésa es, en parte, la causa de que la obligación unida al proceso de individuación se considere con tanta frecuencia una carga más que una bendición inmediata.

San Cristóbal, el patrón de los viajeros, es un símbolo apropiado de esa experiencia. Según la leyenda, sentía un orgullo arrogante de su tremenda fuerza física y sólo estaba dispuesto a servir al más fuerte. Primero sirvió a un rey; pero cuando vio que el rey temía al demonio, le abandonó y se hizo criado del demonio. Entonces, descubrió un día que el demonio temía al crucifijo y, de ese modo, decidió servir a Cristo, si podía encontrarle. Siguió el consejo de un sacerdote que le dijo que esperara a Cristo en un vado. En los años siguientes cruzó a mucha gente de una orilla a la otra. Pero una vez, en una noche oscura y tormentosa, un niñito le llamó diciéndole que quería que le cruzara el río. Con gran facilidad cogió al niño y se lo puso en los hombros, pero anduvo más despacio a cada paso porque su carga se hacía más y más pesada. Cuando llegó a la mitad del río sintió "como si transportara todo el universo", Entonces se dio cuenta que llevaba a Cristo sobre sus hombros, y Cristo le perdonó sus pecados y le dio vida eterna.

Este niño milagroso es un símbolo del "sí-mismo" que literalmente "deprime" al ser humano corriente, aún cuando es la única cosa que puede redimirle. En muchas obras de arte, el Cristo niño es pintado como la esfera del mundo o con ella, un motivo que claramente denota el "sí-mismo", porque un niño y una esfera son símbolos universales de totalidad.

Cuando una persona trata de obedecer al inconsciente, con frecuencia le será imposible, como hemos visto, hacer lo que quiera. Pero igualmente, muchas veces le será imposible hacer lo que otras personas quieren que haga. Ocurre a menudo, por ejemplo, que tenga que separarse de su grupo - de su familia, de su socio, o de otras relaciones personales - con el fin de encontrarse a sí misma. Por eso se dice a veces que el hacer caso al inconsciente convierte a la gente en antisocial y egocéntrica. Por regla general esto no es cierto porque hay un factor poco conocido que entra en esa actitud: el aspecto colectivo (podríamos decir social) del "sí-mismo".

Desde un punto de vista práctico, este factor se revela en que un individuo que siga sus sueños durante bastante tiempo, encontrará que, con frecuencia, se refieren a sus relaciones con otras personas. Sus sueños pueden prevenirle para que no confíe demasiado en cierta persona, o puede soñar acerca de un encuentro favorable y grato con alguien a quien anteriormente nunca ha prestado atención consciente. Si un sueño escoge la imagen de otra persona de esa forma, hay dos interpretaciones posibles. Primera, la figura puede ser una proyección que significa que la imagen soñada de esa persona es un símbolo de un aspecto interior del propio soñante. Se sueña, por ejemplo, con un vecino poco honrado, pero el vecino está utilizado por el sueño como un retrato de la propia falta de honradez del soñante. Es tarea de la interpretación de los sueños encontrar en qué zonas especiales actúa la falta de honradez del soñante. (Esto se llama interpretación del sueño en el plano subjetivo)

Pero también ocurre a veces que los sueños nos dicen auténticamente algo sobre otras personas. De ese modo, el inconsciente desempeña un papel que está muy lejos de que se entiende totalmente. Al igual que todas las más elevadas formas de vida, el hombre está a tono con los seres vivientes que le rodean en grado muy notable. Percibe instintivamente sus sufrimientos y problemas, sus atributos positivos y negativos y sus valores, con total independencia de sus pensamientos conscientes acerca de otras personas.

Nuestra vida onírica nos permite tener una vislumbre de esas percepciones sublimes y mostrarnos que tienen efecto sobre nosotros. Después de tener un sueño agradable acerca de alguien, aún sin interpretar el sueño, miraremos involuntariamente a esa persona con mayor interés. La imagen onírica puede habernos engañado a causa de nuestras proyecciones; o puede habernos dado información objetiva. Encontrar cuál es la interpretación acertada requiere una actitud honrada y atenta, y pensar con cuidado. Pero, como en el caso de todos los procesos interiores, es en definitiva el "sí-mismo" el que ordena y regula nuestras relaciones humanas, mientras el ego consciente se toma el trabajo de localizar las proyecciones engañosas y trata con ellas dentro de sí mismo en vez de hacerlo desde el exterior. Así es como la gente espiritualmente armonizada y de igual modo orientada encuentra su camino hacia los demás, para crear un grupo que ataje por entre todas las usuales afiliaciones sociales y orgánicas de la gente. Tal grupo no está en conflicto con otros; es sólo distinto o independiente. El proceso de individuación conscientemente realizado cambia así las relaciones de una persona. Los lazos familiares tales como el parentesco o los intereses comunes se reemplazan por un tipo de unidad diferente: un lazo mediante el "sí-mismo".

Todas las actividades y obligaciones que pertenecen exclusivamente al mundo exterior dañan en forma definida las actividades secretas del inconsciente. Mediante esos vínculos inconscientes, quienes pertenecen al mismo grupo van juntos. Ésta es una de las razones por las cuales resultan destructivos los intentos de influir en la gente por medio de anuncios y de propaganda política.

Esto plantea la importante cuestión de si la parte inconsciente de la psique humana puede, en definitiva, ser influida. La experiencia práctica y la observación exacta muestran que no podemos influir en nuestros propios sueños. Cierto es que hay personas que afirman que pueden influir sobre ellos. Pero si examinamos su material onírico, encontramos que hacen sólo lo que yo hago con mi perro desobediente: le mando hacer esas cosas que noto le gusta hacer de todos modos, de esa forma puedo conservar mi ilusión de autoridad. Sólo un largo proceso de interpretación de nuestros propios sueños y de compararnos con lo que los sueños dicen puede transformar gradualmente el inconsciente. Y las actitudes conscientes también tienen que cambiar en ese proceso.

Si un hombre que desea influir en la opinión pública abusa de los símbolos con ese fin, naturalmente, éstos impresionarán a las masas mientras sean verdaderos símbolos, pero que el inconsciente de las masas sea captado o no es algo que no puede calcularse de antemano, algo que sigue siendo totalmente irracional. Ningún editor de música, por ejemplo, puede decir anticipadamente si una canción será o no un éxito, aún cuando contenga imágenes y melodías populares. Ningún intento deliberado para influir el inconsciente ha producido hasta ahora resultado importante alguno, y parece que el inconsciente de las masas preserva su autonomía tanto como el inconsciente individual.

A veces, con el fin de expresar su propósito, el inconsciente puede emplear un motivo de nuestro mundo exterior y así parece que está influido por él. Por ejemplo, me he encontrado con muchos sueños de gente actual que tenían algo que ver con Berlín. En esos sueños, Berlín es un símbolo de un lugar psíquico débil - un sitio de peligro -, y por esa razón es el lugar donde el "sí-mismo" puede aparecer. También encontré un número extraordinario de reacciones oníricas en la película *Hiroshima, mon amour*. En la mayoría de esos sueños se expresaba la idea de que los dos enamorados protagonistas de la película tenían que unirse (lo cual simboliza la unión de los opuestos interiores) o que hubiera una explosión atómica (símbolo de la disociación completa, equivalente a la locura).

Sólo cuando los manipuladores de la opinión pública añaden presión comercial o actos de violencia a sus actividades parecen conseguir un éxito momentáneo. Pero, de hecho, eso produce meramente una represión de las auténticas reacciones inconscientes. Y la represión de esas masas conduce al mismo resultado que la represión individual; esto es, a la disociación neurótica y a la enfermedad psicológica. Todos esos intentos para reprimir las reacciones del inconsciente tienen que fracasar a la larga porque se oponen básicamente a nuestros instintos.

Sabemos, por el estudio de la conducta social de los animales superiores, que los grupos pequeños (aproximadamente de 10 a 50 individuos) crean las mejores condiciones posibles de vida para el animal solitario y para el grupo, y el hombre no parece ser una excepción a ese respecto. Su bienestar físico, su salud psíquica espiritual y, más allá del reino animal, su eficiencia cultural parecen florecer mejor en semejante formación social. En lo que hasta ahora comprendemos del proceso de individuación, el "sí-mismo" muestra tendencia a producir tales grupos pequeños creando al mismo tiempo lazos sentimentales netamente definidos entre ciertos individuos y sentimientos de relación con toda la gente. Sólo si esas relaciones son creadas por el "sí-mismo" se puede tener alguna seguridad que la envidia, los celos, la lucha y todas las formas de proyecciones negativas no romperán el grupo. Por tanto, una devoción incondicional a nuestro proceso de individuación también proporciona la mejor adaptación social posible.

Esto no significa, desde luego, que no habrá choque de opiniones y obligaciones en conflicto o desacuerdo acerca del camino "recto", ante el cual tenemos constantemente que apartarnos y escuchar nuestra voz interior con el fin de encontrar el punto de vista individual que el "sí-mismo" trata que tengamos.

La actividad política fanática (pero no la ejecución de deberes esenciales), parece un tanto incompatible con la individuación. Un hombre que se consagró enteramente a liberar a su país de la ocupación extranjera tuvo este sueño:

"Con algunos de mis compatriotas subo por una escalera al ático de un museo, donde hay una sala pintada de negro y que parece un camarote de barco. Una señora de mediana edad y de aspecto distinguido abre la puerta; su nombre es X, hija de X. (X era un famoso héroe nacional, del país del soñante, que intentó liberarlo hace algunos siglos. Podría compararse con Juana de Arco o con Guillermo Tell. En realidad, X no tuvo hijos.) En la sale vemos los retratos de dos damas aristocráticas vestidas con ropajes de brocados floreados. Mientras la señorita X nos está explicando esos cuadros, de repente adquieren vida: primero comienzan a vivir los ojos y luego el pecho parece respirar. La gente se sorprende y va a una sala de conferencias donde la señorita X les hablará acerca del fenómeno. Ella dice que mediante su intuición y su sentimiento esos retratos adquieren vida; pero algunas personas están indignadas y dicen que la señorita X está loca; otras, hasta abandonan la sala de conferencias".

El rasgo importante de este sueño es que la figura del ánima, la señorita X, es una pura creación del sueño. Sin embargo, tiene el nombre de un famoso héroe nacional (como si fuera, por ejemplo, Guillermina Tell, hija de Guillermo Tell.) Por las implicaciones contenidas en el nombre, el inconsciente señala al hecho que hoy día el soñante no intente, como X hizo hace mucho tiempo, liberar a su país en una forma exterior. Ahora, dice el sueño, se ha realizado la liberación por el ánima (por el alma del soñante), que la realiza trayendo a la vida las imágenes del inconsciente.

Que la sala en el ático del museo parezca, en parte, el camarote de un barco y esté pintada de negro es muy significativo. El color negro sugiere tinieblas, noche, crisis interna, y si la sale es un camarote, entonces el museo es también, en cierto modo, un barco. Esto sugiere que cuando la tierra firme de la consciencia colectiva se ve anegada por la inconsciencia y la barbarie, este museo-barco, lleno de imágenes vivas, puede convertirse en un arca salvadora que llevará a quienes entren en ella a otra orilla espiritual. Los retratos que cuelgan en un museo son, por lo general, los vestigios muertos del pasado y, con frecuencia, las imágenes del inconsciente se consideran del mismo modo hasta que descubrimos que están vivas y llenas de significado. Cuando el ánima (que aparece aquí en su papel adecuado de guía del alma) contempla las imágenes con intuición y sentimiento, éstas comienzan a vivir.

La gente indignada que aparece en el sueño representa el lado del soñante influido por la opinión colectiva, algo en él que desconfía y rechaza el que se dé vida a las imágenes psíquicas. Éstas personifican la resistencia al inconsciente, que puede expresarse en una forma como ésta: "¿Qué ocurriría si empezaran a arrojarnos bombas atómicas? ¡El saber psicológico no nos serviría de mucho!".

Este lado que hace resistencia es incapaz de librarse del pensamiento estadístico y de los prejuicios racionales extravertidos. Sin embargo, el sueño señala que en nuestro tiempo puede comenzar una auténtica liberación, sólo mediante una transformación psicológica. ¿Hasta qué punto debemos liberar nuestro propio país si después no existe una meta de vida que tenga sentido...si no existe meta alguna que merezca la pena de ser libre? Si el hombre ya no encuentra ningún sentido a la vida, no hay diferencia en que la pase bajo un régimen comunista o uno capitalista. Sólo si puede usar su libertad para crear algo que tenga significado, es importante que sea libre. Por eso encontrar el significado íntimo de la vida es lo más importante para el individuo, y por eso se debe dar prioridad al proceso de individuación.

Los intentos para influir en la opinión pública por medio de la prensa, la radio, la televisión y la publicidad se basan en dos factores. Por una parte, confían en técnicas de sondeo que revelan la tendencia de la "opinión" o de los "deseos", es decir, las actitudes colectivas. Por otra parte, expresan los prejuicios, proyecciones y complejos inconscientes (principalmente el complejo de poder) de quienes manejan la opinión pública. Pero las estadísticas no hacen justicia al individuo. Aunque el tamaño medio de las piedras de un montón sea de cinco centímetros encontraremos muy pocas de ese tamaño exacto en el montón.

Que el segundo factor no puede crear nada positivo es claro desde el principio. Pero si un solo individuo se dedica a la individuación, frecuentemente tiene un positivo efecto contagioso en la gente que le rodea. Es como si una chispa saltara de uno a otro. Y esto suele ocurrir cuando no se tiene intención de influir en los demás y, con frecuencia, cuando no se emplean palabras. Es precisamente hacia ese camino interior al que la señorita X quiere conducir al soñante.

Casi todos los sistemas religiosos de nuestro planeta contienen imágenes que simbolizan el proceso de individuación o, al menos, alguna etapa de él. En los países cristianos el "sí-mismo" se proyecta, como ya dije antes, en el segundo Adán: Cristo. En Oriente, las figuras relevantes son las de Krishna y Buda.

Para la gente que está adherida a una religión (es decir, que aún cree realmente en su contenido y enseñanzas), la regulación psicológica de su vida está afectada por símbolos religiosos y aún sus sueños, muchas veces, giran en torno a ellos. Cuando el difunto papa Pío XII definió la Asunción de María, una mujer católica soñó, por ejemplo, que ella era una sacerdotisa católica. Su inconsciente parecía extender el dogma de esta forma: "Si María es ahora casi una diosa, debería tener sacerdotisas". Otra católica, que oponía ciertos reparos a algunos aspectos menores y externos de su credo, soñó que la iglesia de su ciudad natal había sido derribada y reedificada, pero que el tabernáculo con la hostia consagrada y la estatua de la Virgen María tenían que ser trasladados de la iglesia vieja a la nueva. El sueño le mostraba que algunos aspectos de su religión, realizados por el hombre, necesitaban renovación, pero que sus símbolos básicos - Dios hecho hombre y la Gran Madre, la Virgen María - sobrevivirían al cambio.

Tales sueños demuestran el vivo interés que toma el inconsciente en las representaciones religiosas conscientes de una persona. Esto plantea la cuestión de si es posible captar una tendencia general en todos los sueños religiosos de la gente contemporánea. En las manifestaciones del inconsciente halladas en nuestra moderna cultura cristiana, sea protestante o católica, el Dr. Jung observó con frecuencia que hay una tendencia inconsciente actuando para redondear nuestra fórmula trinitaria de la Deidad con un cuarto elemento, que tiende a ser femenino, oscuro e incluso maligno. En realidad, este cuarto elemento siempre existió en el reino de nuestras representaciones religiosas, pero fue separado de la imagen de Dios y se convirtió en su duplicado, en la forma de la propia materia (o señor de la materia, es decir, el demonio.) Ahora el inconsciente parece querer reunir esos extremos al haberse hecho la luz demasiado brillante y la oscuridad demasiado sombría. Naturalmente, es el símbolo central de la religión, la imagen de la Divinidad, la que está más expuesta a las tendencias inconscientes hacia la transformación.

Un abad tibetano dijo una vez al Dr. Jung que los *mandalas* más impresionantes del Tíbet están construidos por la imaginación, o dirigidos por la fantasía, cuando el equilibrio psicológico del grupo se perturba o cuando un pensamiento particular no puede expresarse porque aún no está contenido en la sagrada doctrina y, por tanto, tiene que ser buscado. En estas observaciones surgen dos aspectos básicos, de igual importancia, del simbolismo del *mandala*. El *mandala* sirve como propósito conservador, especialmente, para restablecer un orden existente con anterioridad. Pero también sirve al propósito creador de dar expresión y forma a algo que aún no existe, algo que es nuevo y único. El segundo aspecto es, quizá, aún más importante que el primero, pero no lo contradice. Porque, en la mayoría de los casos, lo que restablece el antiguo orden, simultáneamente, implica cierto elemento de creación nueva. En el nuevo orden, los modelos más antiguos vuelven a un nivel superior. El proceso es el de la espiral ascendente que va hacia arriba mientras vuelve una y otra vez al mismo punto.

Una pintura hecha por una mujer sencilla, que había pasado su niñez en un ambiente protestante, mostraba un mandala en forma de espiral. En un sueño, esta mujer recibió la orden de pintar la Divinidad. Posteriormente, (también en un sueño) la vio en un libro. De Dios mismo ella sólo vio la flotante túnica, el ropaje del que hizo un hermoso despliegue de luz y sombra. Esto contrastaba de modo impresionante con la estabilidad de la espiral en la profundidad del firmamento azul. Fascinada por la túnica y la espiral, la soñante no miró con detenimiento a la otra figura que estaba en las rocas. Cuando se despertó y pensó acerca de quiénes eran esas figuras divinas, se dio cuenta, de repente, que era "el propio Dios". Esto le produjo una conmoción de miedo que le duró mucho tiempo.

Generalmente, el Espíritu Santo se representa en el arte cristiano por una rueda de fuego o una paloma, pero aquí aparece como una espiral. Éste es un nuevo pensamiento "no contenido aún en la doctrina", que ha surgido espontáneamente en el inconsciente. Que el Espíritu Santo es la fuerza que actúa en pro del desarrollo de nuestra comprensión religiosa no es una idea nueva, pero sí es nueva su representación en forma de espiral.

La misma mujer pintó después un segundo cuadro, también inspirado por un sueño, mostrando a la soñante, con su ánimus positivo, de pie en lo alto de Jerusalén, cuando el ala de Satán desciende para oscurecer la ciudad. El ala satánica le recordaba mucho la túnica flotante de Dios de la primera pintura, pero en el primer sueño la espectadora está por encima, en algún lado del cielo, y ve frente a sí la terrible hendedura en las rocas. El movimiento de la túnica de Dios es un intento de alcanzar a Cristo, la figura de la derecha, pero no lo consigue del todo. En la segunda pintura, se ve lo mismo pero desde abajo, desde un ángulo humano. Mirándolo desde un ángulo más elevado, lo que se mueve y extiende es una parte de Dios; sobre ello se eleva la espiral como símbolo de un posible desarrollo futuro. Pero visto desde la base de nuestra realidad humana, esa misma cosa que está en el aire es la tenebrosa y extraña ala del demonio.

En la vida de la soñante, esas dos pinturas se hicieron reales en una forma que no nos concierne aquí, pero es evidente que también contienen un significado colectivo que sobrepasa lo personal. Pueden profetizar el descenso de una oscuridad divina sobre el hemisferio cristiano, una oscuridad que, sin embargo, señala hacia la posibilidad de evolución adicional. Puesto que el eje de la espiral no se mueve hacia arriba, sino en el fondo de la pintura, la evolución adicional no conducirá ni a mayor altura espiritual ni a un descenso al reino de la materia, sino a otra dimensión, probablemente al fondo de esas figuras divinas. Y eso quiere decir al inconsciente.

Cuando surgen del inconsciente de una persona símbolos religiosos que son, en parte, distintos de los que conocemos, se teme con frecuencia que alteren erróneamente o disminuyan los símbolos religiosos oficialmente conocidos. Este temor hace, incluso, que mucha gente rechace la psicología analítica y todo el inconsciente.

Si miramos tal resistencia desde un punto de vista psicológico, tendríamos que decir que, en lo que concierne a la religión, los seres humanos pueden dividirse en tres tipos. Primero están los que aún creen auténticamente en sus doctrinas religiosas, cualesquiera que éstas sean. Para estas personas, los símbolos y doctrinas "ajustan" tan satisfactoriamente con lo que sienten profundamente en su interior que no hay posibilidad que se deslicen dentro de ellas graves dudas. Esto ocurre cuando las ideas de la consciencia y el fondo inconsciente están en relativa armonía. La gente de ese tipo puede permitirse contemplar sin prejuicio los nuevos descubrimientos psicológicos sin temer que les hagan perder la fe.

El segundo tipo lo forman esas personas que han perdido completamente su fe y la han reemplazado con ideas racionales puramente conscientes. Para estas personas la psicología profunda significa simplemente una introducción en zonas recién descubiertas de la psique y no les preocupa embarcarse en la nueva aventura e investigar sus sueños para comprobar la verdad de ellos.

Después está un tercer grupo de personas que en una parte de sí mismas (probablemente la cabeza) ya no creen en sus tradiciones religiosas, mientras que en alguna otra aún siguen creyendo. El filósofo francés Voltaire es un ejemplo de este grupo. Atacó violentamente a la Iglesia católica con argumentos racionales *(écrasez l'infâme)*, pero en su lecho de muerte, según algunos relatos, pidió la extremaunción. Sea o no esto verdad, cierto es que su cabeza era irreligiosa, mientras que sus sentimientos y emociones parecían seguir siendo ortodoxos. Tales gentes nos recuerdan a una persona que se queda pillada por la puerta automática de un autobús: ni puede apearse ni volver a entrar. Los sueños de tales personas quizá pudieran ayudarlas a resolver su dilema, pero frecuentemente se sienten molestas al volverse hacia su inconsciente porque ellas mismas no saben lo que piensan y quieren.

La complicada situación de quienes se ven cogidos en la tierra de nadie entre dos estados mentales está creada, en parte, por el hecho que toda doctrina religiosa oficial pertenece, en realidad, a la consciencia colectiva (lo que Freud llamaba el superego); pero una vez hace mucho tiempo, surgieron del inconsciente. Este es un punto que impugnan muchos historiadores de la religión y teólogos. Prefieren dar por cierto que una vez hubo una especie de "revelación". He investigado durante muchos años en busca de una prueba concreta de la hipótesis de Jung acerca de este problema; pero resulta difícil encontrarla, porque la mayoría de los ritos son tan antiguos que no es posible descubrir su origen. Sin embargo, el ejemplo siguiente parece ofrecer una pista importante:

Alce Negro, hechicero de los siux Ogalala, que murió no hace mucho, nos cuenta en su autobiografía *Black Elk Speaks* (Alce Negro habla), que, cuando tenía nueve años, se puso gravemente enfermo y durante una especie de coma tuvo una tremenda visión. Vio cuatro grupos de hermosos caballos que venían de las cuatro esquinas del mundo y luego, sentados dentro de una nube, vio a los Seis Abuelos, los espíritus ancestrales de su tribu, "los abuelos del mundo entero". Le dieron seis símbolos de curación para su pueblo y le mostraron nuevas formas de vida. Pero cuando tenía dieciséis años, se le desarrolló de repente una fobia terrible siempre que se aproximaba una tormenta porque oía a "seres tonantes" que le llamaban para que "se apresurase". Esto le recordaba el ruido atronador que hacían los caballos cuando se le acercaron en su visión. Un viejo hechicero le explicó que su miedo procedía del hecho que guardaba su visión para sí y le dijo que debía contarla a su tribu. Así lo hizo, y después él y su pueblo representaron la visión en un ritual, utilizando caballos de verdad. No sólo el propio Alce Negro sino otros miembros de su tribu se sintieron mejor después de esa representación. Alce Negro dice: "Hasta los caballos parecían más saludables y felices después de la danza".

El ritual no se repitió porque la tribu fue destruida muy poco después. Pero aquí tenemos otro caso diferente en el cual aún sobrevive un ritual. Los esquimales que viven cerca del río Colville, en Alaska, explican así el origen de su fiesta del águila:

"Un joven cazador mató a un águila muy poco común y quedó tan impresionado por la belleza del ave muerta, que la disecó e hizo de ella un fetiche para él, honrándola con sacrificios. Un día en que el cazador había viajado muy tierra adentro durante una cacería, de repente, aparecieron dos hombres-animales como mensajeros y le condujeron a la tierra de las águilas. Allí oyó un ruido sordo de tambores, y los mensajeros le explicaron que eso eran los latidos del corazón de la madre del águila muerta. Entonces se le apareció al cazador el espíritu del águila en forma de mujer vestida de negro. Ella le pidió que iniciase una fiesta del águila en su pueblo para honrar a su hijo muerto. Después que el pueblo de las águilas le enseñó cómo debía hacerlo, él se encontró, de repente, exhausto, de nuevo otra vez donde se había encontrado a los mensajeros. Al volver a su tierra, enseñó a su pueblo cómo celebrar la gran fiesta del águila, tal como lo han seguido haciendo fielmente desde entonces".

Por esos ejemplos vemos cómo un rito o costumbre religiosa puede surgir directamente de una revelación inconsciente tenida por un solo individuo. Aparte de tales comienzos, la gente que vive en grupos culturales desarrolla sus diversas actividades religiosas, de tan enorme influencia, en la vida entera de la sociedad. Durante un largo proceso de evolución, el material originario se moldea y remoldea con palabras y acciones, se embellece y va adquiriendo formas definidas. Sin embargo, el proceso de cristalización tiene una gran desventaja. Se va aumentando el número de gentes que no conocen directamente la experiencia original y sólo pueden creer lo que sus mayores y maestros les cuentan sobre ella. Ya no saben que tales hechos son reales y, desde luego, ignoran qué se siente durante esa experiencia.

En sus formas presentes, archielaboradas y demasiado viejas, tales tradiciones religiosas se resisten con frecuencia a nuevas alteraciones creadoras del inconsciente. A veces, los teólogos defienden, incluso, esos "verdaderos" símbolos religiosos y doctrinas simbólicas contra el descubrimiento de una actividad religiosa en la psique inconsciente, olvidando que los valores por los que luchan deben su existencia a esa misma actividad. Sin una psique humana que reciba las inspiraciones divinas y las exprese en palabras o las plasme artísticamente, ningún símbolo religioso habría llegado, ningún símbolo habría perdurado.

Si alguien objetara que hay en sí misma una realidad religiosa independiente de la psique humana, sólo podríamos contestarle con esta pregunta: "¿Quién dice eso sino una psique humana?". Sin importar lo que afirmemos, nunca nos podremos liberar de la existencia de la psique, porque estamos contenidos dentro de ella y es el único medio con el que podemos captar la realidad.

Por tanto, el moderno descubrimiento del inconsciente cierra una puerta para siempre. Excluye definitivamente la idea ilusoria, tan favorecida por algunas personas, de que el hombre puede conocer la realidad en sí misma. También en la física moderna se ha cerrado otra puerta con el "principio de indeterminación" de Heisenberg, dejando fuera el error de que podemos comprender una realidad física absoluta. El descubrimiento del inconsciente, sin embargo, compensa la pérdida de esas bien amasadas ilusiones al abrirnos un inmenso e inexplorado campo de percepciones.

Pero, como dije al principio, es prácticamente imposible comunicar toda la realidad de nuestra experiencia en el nuevo campo. Gran parte de ella es única y sólo parcialmente se puede comunicar con palabras. También aquí se ha cerrado una puerta ante la ilusión de que podemos entender totalmente a otra persona y decirle lo que le conviene. Una vez más, sin embargo, se puede encontrar una compensación de eso en el nuevo reino de la experiencia con el descubrimiento de la función social del "sí-mismo", que labora en forma oculta para unir a individuos separados que tienen que estar juntos.

La charla intelectual se reemplaza de ese modo con hechos significativos que ocurren en la realidad de la psique. De ahí que, para que el individuo entre en serio en el proceso de individuación que hemos diseñado, ha de proponerse una orientación nueva y diferente hacia la vida. También el científico ha de proponerse una forma nueva y diferente de acercarse científicamente a los hechos externos. Qué efectos tendrá eso en el campo del conocimiento humano y en la vida social de los seres humanos es algo que no puede predecirse. Pero nos parece cierto que el descubrimiento de Jung acerca del proceso de individuación es un hecho que las generaciones futuras tendrán que tener en cuenta si quieren evitar desviarse hacia una visión estancada o, incluso, regresiva.

4

El simbolismo en las artes visuales
ANIELA JAFFÉ

Símbolos sagrados: la piedra y el animal

La historia del simbolismo muestra que todo puede asumir significancia simbólica: los objetos naturales (como piedras, plantas, animales, hombres, montañas y valles, sol y luna, viento, agua y fuego), o cosas hechas por el hombre (casas, barcos, coches) o, incluso, formas abstractas (números, o el triángulo, el cuadrado y el círculo). De hecho, todo el cosmos es un símbolo posible.

El hombre, con su propensión a crear símbolos, transforma inconscientemente los objetos o formas en símbolos (dotándolos, por tanto, de gran importancia psicológica) y los expresa ya en su religión o en su arte visual. La historia entrelazada de la religión y del arte, remontándose a los tiempos prehistóricos, es el relato que nuestros antepasados dejaron de los símbolos que para ellos eran significativos y emotivos. Aún hoy día, como muestran la pintura y la escultura modernas, todavía sigue viva la interacción de la religión y el arte.

Como primera parte de mi estudio del simbolismo en las artes visuales, voy a examinar algunos de los motivos específicos que han sido mundialmente sagrados o misteriosos para el hombre. Después, en lo restante del capítulo, deseo estudiar el fenómeno del arte del siglo XX, no en su utilización de los símbolos, sino en su significancia como *símbolo en sí mismo*, una exposición simbólica de la condición psicológica del mundo moderno.

En las páginas que siguen, he escogido tres motivos reiterativos con los que ilustrar la presencia y naturaleza del simbolismo en el arte de períodos muy diferentes. Son los símbolos de la piedra, el animal y el círculo; cada uno de los cuales tiene su significancia psicológica permanente desde las más primitivas expresiones de la consciencia humana hasta las formas más artificiosas del arte del siglo XX.

Sabemos que aún las piedras sin labrar tuvieron un significado muy simbólico para las sociedades antiguas y primitivas. Se creía con frecuencia que las piedras bastas y naturales eran la morada de espíritus o de dioses, y se utilizaron en las culturas primitivas como lápidas sepulcrales, amojonamientos u objetos de veneración religiosa. Su empleo puede considerarse como una forma primitiva de escultura, un primer intento de investir a la piedra con un poder más expresivo que el que podrían darle la casualidad y la naturaleza.

La historia del sueño de Jacob, en el Antiguo Testamento, es un ejemplo típico de cómo, hace millares de años, el hombre creía que en la piedra estaba incorporado un dios vivo o un espíritu divino y cómo la piedra llegó a ser un símbolo:

"Salió pues, Jacob...para dirigirse a Jarán. Llegó a un lugar donde se dispuso a pasar la noche, pues el sol se ponía ya, y tomando una de las piedras que en el lugar había, la puso de cabecera y se acostó. Tuvo un sueño. Veía una escala que, apoyándose sobre la tierra, tocaba con la cabeza en los cielos, y que por ella subían y bajaban los ángeles de Dios. Junto a él estaba Yavé, que le dijo: "Yo soy Yavé, el Dios de Abraham, tu padre, y el Dios de Isaac; la tierra sobre la cual estás acostado te la daré a ti y a tu descendencia..." Despertó Jacob de su sueño y se dijo: "Ciertamente ya está Yavé en este lugar, y yo no lo sabía"; y atemorizado añadió: "¡Qué terrible es este lugar! No es sino la casa de Dios y la puerta de los cielos." Levantóse Jacob bien de mañana, y tomando la piedra que había tenido de cabecera, la alzó, como memoria, y vertió óleo sobre ella. Llamó a este lugar Betel..."(Génesis, XXVIII, 10-19)".

Para Jacob, la piedra era una parte integrante de la revelación. Era la mediadora entre él y Dios.

En muchos primitivos santuarios megalíticos, la deidad está representada no por una sola piedra, sino por muchas piedras sin labrar, dispuestas de diferentes modos. (Los alineamientos geométricos de piedras en Bretaña y el círculo megalítico de Stonehenge son ejemplos famosos.) Las disposiciones de piedras toscas también desempeñan un papel importante en los muy civilizados jardines rocosos del budismo Zen. Su disposición no es geométrica, sino que parece haberse producido por casualidad. Sin embargo, la realidad es que es la expresión de la más refinada espiritualidad.

Muy tempranamente en la historia, los hombres comenzaron los intentos para expresar lo que pensaban en el alma o espíritu de la roca tratando de darle una forma reconocible. En muchos casos, la forma era una aproximación, más o menos definida, a la figura humana; por ejemplo, los antiguos menhires con sus toscos trazos de rostros, o los hermes nacidos de las piedras de los linderos en la antigua Grecia, o los muy primitivos ídolos de piedra con rasgos humanos. La animación de la piedra tiene que explicarse como la proyección en la piedra de un contenido, más o menos claro, del inconsciente.

La tendencia primitiva a dar apenas el esbozo de una figura humana y a retener mucho de la forma natural de la piedra también puede verse en la escultura moderna. Muchos ejemplos muestran la preocupación del artista por la "expresión propia" de la piedra; empleando el lenguaje del mito, a la piedra se le permite "hablar por sí misma". Esto puede verse, por ejemplo, en la obra del escultor suizo Hans Aeschbacher, del escultor americano James Rosati y del artista de origen alemán Max Ernst. En una carta desde Maloja, en 1935, Ernst escribió: "Alberto (el artista suizo Giacometti) y yo padecemos de esculturitis. Trabajamos con rocas de granito, grandes y pequeñas, procedentes de las morrenas del glaciar Forno. Maravillosamente pulidas por el tiempo, las heladas y la intemperie, son fantásticamente bellas por sí mismas. Ninguna mano humana puede hacer eso. Por tanto, ¿por qué no dejar el duro trabajo previo a los elementos, y limitarnos a garrapatear en ellas las runas de nuestro propio misterio?".

No está explicado lo que Ernst quiere decir con "misterio". Pero más adelante, en este capítulo, trataré de mostrar que los "misterios" del artista moderno no son muy diferentes a aquellos de los antiguos maestros que tan bien conocían el "espíritu de la piedra".

La insistencia sobre ese "espíritu" en muchas esculturas es una indicación de la línea divisoria cambiante e indefinible entre la religión y el arte. Algunas veces no se pueden separar una de otra. La misma ambivalencia puede verse también en otro motivo simbólico, como aparece en las antiguas obras de arte: el símbolo del animal.

Las pinturas de animales se remontan a la Era Glacial (es decir, entre 60.000 y 10.000 años a. C.) Fueron descubiertas en paredes de cuevas en Francia y España a finales del siglo pasado, pero fue a principios del actual siglo cuando los arqueólogos comenzaron a darse cuenta de su extremada importancia y a investigar su significado. Estas investigaciones revelaron una cultura prehistórica infinitamente remota cuya existencia jamás se había sospechado.

Aún hoy día, una extraña magia parece rondar las cuevas que contienen los grabados y pinturas rupestres. Según el historiador alemán del arte Herbert Kühn, a los habitantes de las zonas donde se encontraron esas pinturas, en Africa, España, Francia y Escandinavia, no se les puede convencer para que se acerquen a las cuevas. Una especie de temor religioso o, quizá, miedo a los espíritus que vagan entre las rocas y las pinturas, los mantiene apartados. Los nómadas que pasan por allí aún dejan sus ofrendas votivas ante las viejas pinturas rupestres en Africa del Norte. En el siglo XV, el papa Calixto II prohibió las ceremonias religiosas en la "cueva de las pinturas de caballo" No se sabe a qué cueva se refería el papa, pero no hay duda que sería una cueva prehistórica que tuviera pinturas de animales. Todo esto viene a demostrar que las cuevas y rocas con pinturas de animales siempre se han considerado instintivamente como lo que eran originariamente: lugares religiosos. El numen del lugar ha sobrevivido a los siglos.

En algunas cuevas, el visitante moderno tiene que cruzar por galerías bajas, oscuras y húmedas, hasta alcanzar el sitio donde se abren, de repente, las grandes "cámaras" pintadas. Ese acceso dificultoso puede expresar el deseo de los hombres primitivos de ocultar a la mirada común todo lo que contenía y ocurría en las cuevas, y proteger su misterio. La vista repentina e inesperada de las pinturas en las cámaras, viniendo del acceso dificultoso e inspirador de miedo, tenía que producir una impresión abrumadora al hombre primitivo.

Las pinturas rupestres del Paleolítico consisten casi totalmente en figuras de animales cuyos movimientos y posturas fueron observados al natural y reproducidos con gran destreza artística. Sin embargo, hay muchos detalles indicativos que las figuras se hicieron para que fueran algo más que reproducciones naturalistas. Kühn escribe: "Lo extraño es que muchas pinturas primitivas fueron utilizadas como blanco de tiro. En Montespan hay un grabado representando a un caballo al que le acosan hacia una trampa; está marcado con impactos de dardos. Una figura de barro representando un oso, en esa misma cueva, tiene cuarenta y dos agujeros."

Esas pinturas sugieren una magia de caza como la que aún practican las tribus cazadoras en Africa. El animal pintado tiene la función de un "doble"; con su matanza simbólica, los cazadores intentan anticipar y asegurar la muerte del animal verdadero. Esto es una forma de magia simpática que se basa en la "realidad" de un doble representado en una pintura: lo que ocurra a la pintura le ocurrirá al original. El hecho psicológico subyacente es una sólida identificación entre un ser vivo y su imagen a la que se considera el alma del ser. (Esta es una de las causas de que muchas gentes primitivas rehúyan ser fotografiadas).

Otras pinturas rupestres pueden haber servido para ritos mágicos de fertilidad. Muestran animales en el momento del apareamiento; puede verse un ejemplo en las figuras de los bisontes, macho y hembra, en la cueva de Tuc d'Audubert, Francia. De este modo, la pintura realista de los animales se enriqueció con matices mágicos y tomó un significado simbólico. Se convirtió en la imagen de la esencia viviente del animal.

Las figuras más interesantes de las pinturas rupestres son las de seres semihumanos disfrazados de animales, que a veces se encuentran junto a los animales. En la cueva de los Trois Frères, en Francia, un hombre envuelto en una piel de animal toca una flauta primitiva como si estuviera conjurando a los animales. En la misma cueva hay un ser humano danzando, con cornamenta, cabeza de caballo y garras de oso. Esta figura, dominando una mezcolanza de varios centenares de animales es, indiscutiblemente, el "Señor de los Animales".

Los usos y costumbres de algunas tribus africanas primitivas de hoy día pueden arrojar alguna luz sobre el significado de esas figuras misteriosas e indudablemente simbólicas. En las iniciaciones, las sociedades secretas, y aún en la institución de la monarquía en esas tribus, los animales y los disfraces animales desempeñan con frecuencia un papel importante. El rey y el jefe también son animales, generalmente leones y leopardos. Vestigios de tal costumbre pueden aún hallarse en el título del último emperador de Etiopía, Haile Selassie ("El León de Judá") o en el título honorífico del Dr. Hastings Banda ("El León de Niasalandia").

Cuanto más nos remontamos en el tiempo, o cuanto más primitiva o cercana a la naturaleza es la sociedad, más al pie de la letra se tomarán esos títulos. Un jefe primitivo no sólo se disfraza de animal; cuando aparece en los ritos de iniciación con su disfraz completo de animal es el animal. Aún más: es un espíritu animal, un demonio terrible que realiza la circuncisión. En tales momentos, incorpora o representa al antepasado de la tribu y del clan y, por tanto, al propio dios primordial. Representa, y es, el animal "tótem". Así es que no nos equivocaremos mucho si vemos en la figura del hombre-animal danzante de la cueva de los Trois Frères una especie de jefe que se ha transformado, con su disfraz, en un demonio animal.

Con el transcurso del tiempo, el disfraz completo de animal fue reemplazado en muchos sitios por máscaras de animales y demonios. Los hombres primitivos prodigaron toda su habilidad artística en esas máscaras, y muchas de ellas aún no han sido superadas en el poder e intensidad de su expresión. Con frecuencia, son objeto de la misma veneración que el dios o el propio demonio. Las máscaras animales participan en las artes populares de muchos países modernos, como Suiza, o en las máscaras de magnífica expresividad del antiguo drama japonés *No*, que aún se sigue representando en el Japón moderno. La función simbólica de la máscara es la misma que la del originario disfraz animal. La expresión humana individual queda sumergida, pero, en su lugar, el enmascarado asume la dignidad y la belleza (y también la expresión horrible) de un demonio animal. En lenguaje psicológico, la máscara transforma a su portador en una imagen arquetípica.

La danza, que originariamente no era más que un perfeccionamiento del disfraz animal con movimientos y gestos apropiados, fue probablemente suplementaria de la iniciación o de otros ritos. Era, por así decir, ejecutada por demonios en honor de un demonio. En el barro blando de la cueva de Tuc d'Audubert, Herbert Kühn encontró huellas de pies en torno a figuras de animales. Mostraban que la danza era parte aún de los ritos de la era glacial. "Sólo se pueden ver huellas de talones - escribe Kühn -. Los danzantes se movían como bisontes. Bailaron una danza del bisonte para la fertilidad y multiplicación de los animales y para su matanza".

En el capítulo de introducción, el doctor Jung ha señalado la íntima relación, o aún identificación, entre el salvaje y su animal tótem (o "alma selvática"). Hay ceremonias especiales para el establecimiento de esa relación, particularmente en los ritos de iniciación para los muchachos. El muchacho entra en posesión de su "alma racional", y al mismo tiempo sacrifica su propio "ser animal" mediante la circuncisión. Ese proceso doble le admite al clan totémico y le pone en relación con su animal tótem. Sobre todo, se hace hombre y (en un sentido más amplio) ser humano.

Los africanos de la costa oriental, califican de "animales" a los incircuncisos. Ni han recibido un alma animal ni han sacrificado su "animalidad". En otras palabras, puesto que ni el aspecto humano ni el animal del alma de un muchacho incircunciso se han hecho conscientes, se considera dominante su aspecto animal.

El motivo animal suele simbolizar la naturaleza primitiva e instintiva del hombre. Aún los hombres civilizados tienen que darse cuenta de la violencia de sus impulsos instintivos y de su impotencia ante las emociones autónomas que surgen del inconsciente. Esto resulta más acusado en los hombres primitivos, cuya consciencia no está muy desarrollada y que están peor dotados para capear la tormenta emotiva. En el primer capítulo de este libro, en el que el Dr. Jung estudia las formas en que el hombre desarrolla la capacidad de reflexión, pone un ejemplo de un africano que, arrebatado por la cólera, mató a su amado hijo pequeño. Cuando el hombre se recuperó, se sintió abrumado por la pena y el remordimiento de lo que había hecho. En este caso, se soltó un impulso negativo y fue mortal sin contar con la voluntad consciente. El demonio animal es el símbolo más expresivo de tal impulso. La vivacidad y concreción de esta imagen permite al hombre relacionarse con ella como representativa del poder abrumador que hay en él. Lo teme, y busca el modo de propiciarle con sacrificios y ritos.

Muchísimos mitos se refieren a un animal primitivo que ha de sacrificarse en aras de la fertilidad o aún de la creación. Un ejemplo de esto es el sacrificio de un toro por el dios solar persa Mithra, del cual surge la tierra con toda riqueza y fruto. En la leyenda cristiana de san Jorge matando al dragón, vuelve a aparecer el rito primitivo de la matanza ritual.

En las religiones y el arte religioso de, prácticamente, todas las razas, se adscriben atributos animales a los dioses supremos, o los dioses se representan en forma de animales. Los antiguos babilonios trasladaron sus dioses a los cielos en forma de Carnero, Toro, Cangrejo, León, Escorpión, Pez y demás signos del Zodíaco. Los egipcios representaban a la diosa Hathor con cabeza de vaca; al dios Amón, con cabeza de carnero, y a Thot, con cabeza de ibis o en forma de mono cinocéfalo. Ganesh, el dios hindú de la buena suerte, tiene cuerpo humano, pero la cabeza es de elefante. Vishnú es un jabalí. Hanuman es un dios con forma de mono. (Por cierto que los hindúes no asignan al hombre el primer puesto en la jerarquía de los seres: el elefante y el león son superiores a él.)

La mitología griega está llena de simbolismos animales. Zeus, el padre de los dioses, muchas veces se acerca a la muchacha que desea, revistiendo la forma de un cisne, un toro o un águila. En la mitología germánica, el gato está consagrado a la diosa Freya, mientras que el jabalí, el cuervo y el caballo están consagrados a Wotan.

Hasta en el cristianismo, el simbolismo animal desempeña una parte sorprendentemente grande. Tres de los evangelistas tienen emblemas animales: san Lucas tiene el toro: san Marcos, el león, y san Juan, el águila. Sólo uno, san Mateo, está representado por un hombre o un ángel. El propio Cristo aparece simbólicamente como el cordero de Dios o el pez, pero también es la serpiente exaltada en la cruz, el león y, en raras ocasiones, el unicornio. Estos atributos animales de Cristo indican que aún el Hijo de Dios (personificación suprema del hombre) no puede prescindir de su naturaleza animal más que de su superior naturaleza espiritual. Lo infrahumano, así como lo sobrehumano, se consideran pertenecientes al reino de la divinidad; la relación de esos dos aspectos del hombre está hermosamente simbolizada en las pinturas navideñas del nacimiento de Cristo en un establo, entre animales.

La profusión ilimitada del simbolismo animal en la religión y el arte de todos los tiempos no recalca meramente la importancia del símbolo; muestra cuán vital es para los hombres integrar en su vida el contenido psíquico del símbolo: el instinto. En sí mismo, un animal no es bueno ni malo; es una parte de la naturaleza. No puede desear nada que no está en su naturaleza. Diciéndolo de otro modo, obedece a sus instintos. Estos instintos, con frecuencia nos parecen misteriosos, pero tienen su paralelo en la vida humana: el fundamento de la naturaleza humana es el instinto.

Pero en el hombre, el "ser animal" (que vive en él como su psique instintiva) puede convertirse en peligroso si no se le reconoce y se le integra en la vida. El hombre es la única criatura con capacidad para dominar con su voluntad al instinto, pero también es capaz de reprimirlo, deformarlo y herirlo; pero un animal, hablando metafóricamente, nunca es tan fiero y peligroso como cuando se le hiere. Los instintos reprimidos pueden llegar a dominar al hombre; incluso pueden destruirlo.

El sueño corriente en el que el soñante es perseguido por un animal, casi siempre indica que un instinto se ha desgajado de la consciencia y debe ser (o trata de ser) readmitido e integrado en la vida. Cuanto más peligrosa es la conducta de un animal en el sueño, más inconsciente es el alma primitiva e instintiva del soñante, y más imperativa es su integración en la vida si se quiere evitar algún mal irreparable. Los instintos reprimidos y heridos son los peligros que amenazan al hombre civilizado; los impulsos no inhibidos son los peligros que amenazan al hombre primitivo. En ambos casos, el "animal" está alejado de su verdadera naturaleza; y para ambos, la aceptación del alma animal es la condición para el completamiento y la vida vivida en plenitud. El hombre primitivo tiene que domar al animal que lleva dentro de sí y convertirlo en su útil compañero; el hombre civilizado tiene que cuidar el animal que lleva dentro de sí y hacerlo su amigo.

Otros colaboradores de este libro estudian la importancia de los motivos de la piedra y el animal respecto del sueño y el mito; yo los he utilizado aquí como ejemplos generales de la aparición de tales símbolos vivientes a lo largo de la historia y el arte (y, en especial, el arte religioso). Ahora examinaremos, de la misma forma, un símbolo más poderoso y universal: el círculo.

El símbolo del círculo

La doctora M. L. von Franz ha explicado el círculo (o la esfera) como símbolo del "sí-mismo". Expresa la totalidad de la psique en todos sus aspectos, incluida la relación entre el hombre y el conjunto de la naturaleza. Ya el símbolo del círculo aparezca en el primitivo culto solar, en la religión moderna, en mitos y sueños, en dibujos *mandalas* de los monjes tibetanos, en los trazados de ciudades o en las ideas esféricas de los primeros astrónomos, siempre señala el único aspecto más vital de la vida: su completamiento definitivo.

Un mito indio de la creación cuenta que el dios Brahma, estando en un gigantesco loto de mil pétalos, volvió los ojos a los cuatro puntos cardinales. Esta revisión cuádruple desde el círculo del loto fue una especie de orientación preliminar, una indispensable toma de posición que debía efectuar antes de disponerse a comenzar su obra creadora.

Una historia semejante se cuenta de Buda. En el momento de su nacimiento, surgió de la tierra una flor de loto, y él se subió a ella para otear las diez direcciones del espacio. (El loto, en este caso, tenía ocho pétalos, y Buda también miró arriba y abajo, haciendo diez direcciones.) Este gesto simbólico de revisar era el método más conciso de mostrar que, desde el momento de su nacimiento, el Buda era una personalidad única, predestinada a recibir iluminación. Su personalidad y su posterior existencia recibieron la impronta del completamiento.

La orientación espacial realizada por Brahma y Buda puede considerarse como simbolismo de la necesidad humana de orientación psíquica. Las cuatro funciones de la consciencia descrita por el Dr. Jung en su capítulo - pensar, sentir, intuir, percibir -, dotan al hombre para que trate las impresiones del mundo que recibe del interior y del exterior. Mediante esas funciones, comprende y asimila su experiencia; por medio de ellas puede reaccionar. El cuádruple oteamiento del universo de Brahma simboliza la necesaria integración de esas cuatro funciones que el hombre tiene que llevar a cabo. (En arte, el círculo tiene frecuentemente ocho radios. Esto expresa una recíproca superposición de las cuatro funciones de la consciencia, de tal modo que surgen otras cuatro funciones intermedias; por ejemplo, el pensamiento matizado por el sentimiento o la intuición, o el sentimiento tendiendo hacia la percepción.)

En el arte visual de la India y del Lejano Oriente, el círculo de cuatro o de ocho radios es el tipo corriente de las imágenes religiosas que sirven de instrumentos de meditación. Especialmente en el lamaísmo tibetano, desempeñan un papel muy importante los *mandalas*, ricamente representados. Por regla general, estos *mandalas* representan el cosmos en su relación con las potencias divinas.

Pero muchísimas de las figuras orientales de meditación son puros dibujos geométricos: a éstos se les llama *yantras*. Aparte del círculo, un motivo *yantra* muy común está formado por dos triángulos que se compenetran, uno con la punta hacia arriba y el otro con la punta hacia abajo. Tradicionalmente, esta forma simboliza la unión de Shiva y Shakti, las divinidades masculina, tema que también aparece en esculturas con incontables variantes. En términos de simbolismo psicológico, expresa la unión de opuestos: la unión del mundo personal y temporal del ego con el mundo impersonal e intemporal del no-ego. En definitiva, esa unión es la plenitud y meta de todas las religiones: es la unión del alma con Dios. Los dos triángulos que se compenetran tienen un significado simbólico análogo al del más común *mandala* circular. Representan el completamiento de la psique o "sí-mismo", de la cual la consciencia es sólo una parte como también lo es el inconsciente.

En los *yantras* triangulares y en las representaciones escultóricas de la unión de Shiva y Shakti, lo importante está en la tensión entre los opuestos. De ahí el marcado carácter erótico y emotivo de ellos. esa cualidad dinámica implica un proceso - de creación, de llegar a ser, de completamiento -, mientras que los círculos de cuatro u ocho radios representan el completamiento como tal, como una entidad existente.

El círculo abstracto también figura en la pintura Zen. Hablando de una pintura titulada El Círculo. del famoso sacerdote Zen Sangai, otro maestro Zen escribe: "En la secta Zen, el círculo representa iluminación. Simboliza la perfección humana".

En el arte cristiano europeo también aparecen *mandalas* abstractos. Algunos de los ejemplos más espléndidos son los rosetones de las catedrales. Son representaciones del "sí-mismo" del hombre transpuestas al plano cósmico. (Un *mandala* cósmico en forma de brillante rosa blanca le fue revelado a Dante en una visión.) Podemos considerar *mandalas* los halos de Cristo y de los santos cristianos en las pinturas religiosas. En muchos casos, el halo de Cristo está solo y dividido en cuatro, alusión significativa a sus sufrimientos como Hijo del Hombre y a su muerte en la cruz y, al mismo tiempo, un símbolo de su completamiento diferenciado. En las paredes de las primitivas iglesias románicas, a veces se encuentran figuras circulares abstractas; pueden remontarse a sus originales paganos.

En el arte no cristiano tales círculos se llaman "ruedas solares". Aparecen grabados en rocas que datan del período neolítico, antes que se hubiera inventado la rueda. Como ha indicado Jung, la denominación de "rueda solar" denota sólo el aspecto externo de la figura. Lo que realmente importaba en todos los tiempos era la experiencia de una imagen interior arquetípica que el hombre de la Edad Media de Piedra plasmó en su arte tan fielmente como pintó toros, gacelas o caballos salvajes.

Muchos *mandalas* pictóricos se pueden hallar en el arte cristiano: por ejemplo, la pintura, más bien rara, de la Virgen en el centro de un árbol circular, que es el símbolo de Dios de la zarza ardiente. Los *mandalas* más difundidos en el arte cristiano son los de Cristo rodeado por los cuatro evangelistas. Se remontan a las antiguas representaciones egipcias del dios Horus y sus cuatro hijos.

En arquitectura también desempeña el *mandala* un papel importante, pero muchas veces pasa inadvertido. Forma la planta de edificios seculares y sagrados en casi todas las civilizaciones; entra en la urbanización clásica, medieval y moderna. Un ejemplo clásico lo hallamos en el relato que hace Plutarco de la fundación de Roma. Según Plutarco, Rómulo envió a buscar constructores a Etruria para que le instruyeran en las costumbres sacras y escribieran las normas acerca de todas las ceremonias que habrían de observarse en la misma forma "que en los misterios". Primeramente cavaron un hoyo circular, donde el Comitium, o Tribunal de la Asamblea, está hoy día, y en ese hoyo arrojaron ofrendas simbólicas de frutos de la tierra. Luego, cada hombre cogió un puñado de tierra del campo de donde procedía y los echaron mezclados en el hoyo. Al hoyo se le dio el nombre de mundus (que también significa cosmos). Alrededor de él Rómulo trazó en círculo los límites de la ciudad con un arado arrastrado por un toro y una vaca. Allí donde se proyectaba una puerta, levantaba la reja del arado y el arado pasaba de largo.

La ciudad fundada con esa ceremonia solemne era de forma circular. Sin embargo, la antigua y famosa descripción de Roma es urbs quadrata, la ciudad cuadrada. Según una teoría que intenta reconciliar esa contradicción, la palabra *quadrata* debe entenderse como "cuatripartita", es decir, la ciudad circular fue dividida en cuatro partes por dos arterias principales que iban de norte a sur y de oeste a este. El punto de intersección coincidía con el mundus mencionado por Plutarco.

Según otra teoría, la contradicción puede entenderse sólo como un símbolo, es decir, como representación visual del problema matemáticamente irresoluble de la cuadratura del círculo, que tanto preocupó a los griegos y desempeñaría tan importante papel en la alquimia. Aunque parezca extraño, antes de contar la ceremonia circular de la fundación de la ciudad realizada por Rómulo, Plutarco también habla de Roma como *Roma quadrata*, una ciudad cuadrada. Para él, Roma era, a la vez, circular y cuadrada.

En las dos teorías está implicado un verdadero *mandala*, y eso entronca con la afirmación de Plutarco de que la fundación de la ciudad fue enseñada por los etruscos en la misma forma "que en los misterios", como rito secreto. Era algo más que una pura forma externa. Con su plano de *mandala*, la ciudad, y sus habitantes, se exalta sobre el mero reino secular. Esto se subraya aún más por el hecho que la ciudad tiene un centro, el mundus, que establece la relación de la ciudad con el "otro" reino, la mansión de los espíritus ancestrales. (El *mundus* fue cubierto con una gran piedra llamada "piedra del alma". La piedra se quitaba determinados días y luego, se decía, los espíritus de los muertos surgían del hoyo.)

Algunas ciudades medievales fueron fundadas sobre planos de *mandala* y fueron rodeadas con murallas aproximadamente circulares. En esas ciudades, como en Roma, dos arterias principales las dividen en "cuartos" y conducen a las cuatro puertas. La iglesia o catedral se halla en el punto de intersección de esas dos arterias. La inspiradora de la ciudad medieval, con sus cuartos, era "la ciudad santa, Jerusalén" (según el Apocalipsis), que tiene planta cuadrangular y murallas y su número de puertas es tres veces cuatro. Pero Jerusalén no tenía templo en el centro porque la presencia inmediata de Dios era su centro. (El plano en forma de *mandala* para una ciudad no está en modo alguno pasado de moda. Un ejemplo moderno es la ciudad de Washington, capital de los Estados Unidos.)

Sea en fundaciones clásicas o primitivas, el plano *mandala* nunca fue trazado por consideraciones estéticas o económicas. Fue la transformación de la ciudad en un cosmos ordenado, un lugar sagrado vinculado por su centro con el otro mundo. Y esa transformación armoniza con los sentimientos vitales y las necesidades del hombre religioso.

Todo edificio, sea religioso o secular, que tenga planta de *mandala* es la proyección de una imagen arquetípica que surge del inconsciente humano hacia el mundo exterior. La ciudad, la fortaleza y el templo se convierten en símbolos del completamiento psíquico y de ese modo ejercen una influencia específica en el ser humano que entra o vive en ellos. (Apenas es necesario subrayar que, aún en arquitectura, la proyección del contenido psíquico era un proceso puramente inconsciente. "Tales cosas no pueden pensarse - escribió el Dr. Jung -, pero tienen que volver a surgir de las olvidadas profundidades si han de expresar los más profundos conocimientos internos de la consciencia y las intuiciones supremas del espíritu, amalgamando así la unicidad de la consciencia del día de hoy con el antiquísimo pasado de la humanidad.")

El símbolo central del arte cristiano no es el *mandala*, sino la cruz o el crucifijo. Hasta los tiempos carolingios, la cruz de brazos iguales o griega era la forma usual y, por tanto, el *mandala* estaba implicado indirectamente. Pero con el transcurso del tiempo, el centro ascendió, hasta que la cruz tomó la forma latina, con palo largo y un travesaño, que es la forma usual hoy día. Este desarrollo es importante porque corresponde al desarrollo interior del cristianismo hasta la alta Edad Media. En términos simples, simboliza la tendencia a desplazar de la tierra el centro del hombre y su fe y a "elevarlo" a la esfera espiritual. Esta tendencia surge del deseo de poner en acción lo dicho por Cristo: "Mi reino no es de este mundo." La vida terrenal, el mundo y el cuerpo eran, por tanto, fuerzas que había que vencer. La esperanza del hombre medieval se dirige de ese modo al más allá, pues era sólo desde el paraíso de donde le llamaba la promesa de plenitud.

Este esfuerzo alcanzó su culmen en la Edad Media y en el misticismo medieval. La esperanza del más allá encontró expresión no sólo en la elevación del centro de la cruz; también puede verse en la creciente altura de las catedrales góticas que parecen desafiar las leyes de la gravedad. Su planta cruciforme es la de la alargada cruz latina (aunque los baptisterios, con la pila en el centro, tienen una verdadera planta de *mandala*.)

Con el alborear del Renacimiento, se inició un cambio revolucionario en el concepto que tenía el hombre acerca del mundo. El movimiento "hacia arriba" (que alcanzó su ápice en los finales de la Edad Media) llegó a invertirse; el hombre regresó a la tierra. Redescubrió las bellezas de la naturaleza y del cuerpo, comenzó la primera circunnavegación del globo terrestre y se demostró que el mundo era una esfera. Las leyes de la mecánica y la causalidad se convirtieron en los fundamentos de la ciencia. El mundo de los sentimientos religiosos, de lo irracional y del misticismo, que había desempeñado papel tan importante en los tiempos medievales, iba quedando cada vez más sumergido por los triunfos del pensamiento lógico.

Análogamente, el arte se hizo más realista y sensorial. Rompió con los temas religiosos de la Edad Media y abarcó todo el mundo visible. Quedó abrumado con la diversidad de la tierra, con su esplendor y su horror, y se convirtió en lo que el arte gótico había sido anteriormente: un símbolo verdadero de la espiritualidad de su tiempo. Por tanto, difícilmente puede considerarse como accidental que también se produjera un cambio en los edificios eclesiásticos. En contraste con las elevadísimas catedrales góticas, hubo más plantas circulares. El círculo reemplazó a la cruz latina.

Sin embargo, este cambio en la forma - y éste es el punto importante para la historia del simbolismo -, debe atribuirse a causas estéticas, no religiosas. Esta es la única explicación posible para el hecho que el centro de esas iglesias redondas (el verdadero lugar "sagrado") esté vacío y que el altar esté situado en un retroceso de la pared lejana del centro. Por esa razón, la planta no puede describirse como un verdadero *mandala*. Una excepción importante es la basílica de San Pedro en Roma, que fue construida según los planos de Bramante y Miguel Angel. Aquí el altar está en el centro. No obstante, nos sentimos tentados a atribuir esa excepción a la genialidad de sus arquitectos, porque los grandes genios son siempre, a la vez, de su tiempo y de fuera de él.

A pesar de los cambios de gran alcance que en arte, filosofía y ciencia trajo el Renacimiento, el símbolo central del cristianismo permaneció inalterable. A Cristo se le siguió representando en la cruz latina como lo es hoy día. Esto significa que el centro del hombre religioso se fijó en un plano superior, más espiritual que el del hombre terrenal que había vuelto a la naturaleza. De ese modo se produjo una resquebrajadura entre el cristianismo tradicional del hombre y su mente racional o intelectual. Desde ese momento, esos dos lados del hombre moderno nunca han llegado a unirse. En el transcurso de los siglos, con el acrecentamiento del conocimiento profundo de la naturaleza y sus leyes, la división se ha ido agrandando, y aún escinde la psique de los cristianos occidentales en el siglo XX.

Desde luego, el breve resumen histórico dado aquí está supersimplificado. Además omite los movimientos religiosos secretos dentro del cristianismo que tuvieron en cuenta, en sus creencias, lo que fue generalmente ignorado por la mayoría de los cristianos: la cuestión del mal, del espíritu tectónico (o terrenal). Tales movimientos estuvieron siempre en minoría y rara vez tuvieron una influencia muy visible; pero, a su modo, cumplieron el importante cometido de acompañamiento de contrapunto de la espiritualidad cristiana.

Entre las numerosas sectas y los movimientos que surgieron hacia el año 1000 d. C., los alquimistas desempeñaron un papel muy importante. Exaltaron los misterios de la materia y los equipararon a los del espíritu "celestial" del cristianismo. Lo que buscaban era la totalidad del hombre abarcando la mente y el cuerpo e inventaron un millar de nombres y símbolos para ella. Uno de sus símbolos centrales fue la *quadratura circuli* (cuadratura del círculo), que no es más que el verdadero *mandala*.

Los alquimistas no sólo recogieron su labor en sus escritos; crearon un rico acervo de pinturas de sus sueños y visiones; pinturas simbólicas que son tan profundas como engañosas. Estaban inspiradas por el lado oscuro de la naturaleza: el mal, los sueños, el espíritu de la tierra. La forma de expresión era siempre fabulosa, onírica e irreal, tanto en palabra como en pintura. El gran pintor flamenco del siglo XV Hieronymus Bosch puede considerarse como el representante de mayor importancia de esa clase de arte imaginativo.

Pero al mismo tiempo, los pintores renacentistas más característicos (trabajando a la plena luz del día, por así decir) estaban produciendo las obras más espléndidas del arte sensorial. Su fascinación con la tierra y la naturaleza llegó a tal profundidad que, prácticamente, determinó el desarrollo del arte visual para los cinco siglos siguientes. Los últimos grandes representantes del arte sensorial, del arte del momento fugaz, de la luz y del aire, fueron los impresionistas del siglo XIX.

Podemos distinguir aquí entre dos modalidades de la representación artística radicalmente diferentes. Se han hecho muchos intentos para definir sus características. Recientemente Herbert Kühn (cuya obra sobre las pinturas rupestres ya hemos mencionado) ha tratado de trazar la distinción entre lo que él llama estilos "imaginativo" y "sensorial". El estilo "sensorial" generalmente pinta una reproducción directa de la naturaleza o del tema pictórico. El "imaginativo", por otra parte, presenta una fantasía o experiencia del artista de una manera "irrealista", incluso onírica y, a veces, "abstracta". Los dos conceptos de Kühn parecen tan sencillos y claros que me es grato poder utilizarlos.

Los primitivos comienzos del arte imaginativo se remontan muy atrás en la historia. En la cuenca mediterránea, su florecimiento data del tercer milenio a. C. Sólo muy recientemente se ha comprendido que esas obras de arte tan antiguas no son el resultado de inhabilidad o de ignorancia; son modos de expresar una emoción religiosa o espiritual perfectamente definida. Y tienen hoy día un atractivo especial porque, durante la primera mitad del presente siglo, el arte pasó, una vez más, por una fase que puede describirse con el término "imaginativa".

Hoy día, el símbolo geométrico o "abstracto" del círculo ha vuelto a desempeñar un papel importante en la pintura. Pero con pocas excepciones, la modalidad tradicional de representación ha sufrido una transformación característica que se corresponde con el dilema de la existencia del hombre moderno. El círculo ya no es una figura de un solo significado que abarca todo un mundo y domina la pintura. A veces el artista lo quita de su posición dominante y lo reemplaza por un grupo de círculos negligentemente ordenados. En otras ocasiones, el plano del círculo es asimétrico.

Un ejemplo de ese plano circular asimétrico puede verse en el famoso disco solar del pintor francés Robert Dalaunay. Una pintura del moderno pintor inglés Ceri Richards, hoy día en la colección del Dr. Jung, contiene un plano circular enteramente asimétrico, mientras que muy a la izquierda aparece un círculo mucho más pequeño y vacío.

En el cuadro del pintor francés Henri Matisse, titulado *Naturaleza muerta con florero de nasturcios*, el foco de visión es una esfera verde sobre una viga negra inclinada, que parece reunir en sí los múltiples círculos de las hojas de los nasturcios. La esfera se sobrepone a una figura rectangular, cuyo ángulo superior izquierdo está doblado. Dada la perfección artística de la pintura, es fácil olvidar que, en el pasado, esas dos figuras abstractas (el círculo y el cuadrado) estarían unidas y habrían expresado todo un mundo de pensamientos y sentimientos. Pero quien recuerde y plantee la cuestión de significado, encontrará materia para pensar: las dos figuras que desde el principio de los tiempos formaron un todo están puestas aparte en esta pintura o relacionadas incoherentemente. Sin embargo, están las dos y se tocan mutuamente.

En un cuadro pintado por el artista de procedencia rusa Wassily Kandinsky hay una reunión descuidada de bolas o círculos de colores que parecen haber surgido como pompas de jabón. También están tenuemente relacionadas con el fondo de un gran rectángulo que contiene dos rectángulos pequeños y casi cuadrados. En otro cuadro que tituló *Algunos círculos*, una nube oscura (¿o es un ave cerniéndose?), también contiene un grupo desordenado de bolas o círculos brillantes.

Los círculos aparecen con frecuencia en relaciones inesperadas en las misteriosas composiciones del artista inglés Paul Nash. En la soledad primitiva de su paisaje *Suceso en los Downs*, hay una bola en primer término a la derecha. Aunque, aparentemente, es una pelota de tenis, el dibujo de su superficie forma el *Tai-gi-tu*, el símbolo chino de eternidad; de ese modo abre una nueva dimensión en la soledad del paisaje. Algo análogo ocurre en el *Paisaje desde un sueño*, de Nash. Las bolas ruedan fuera de la vista en un paisaje infinitamente amplio reflejado en un espejo, con un gran sol visible en el horizonte. Otra bola está en primer término, delante del espejo toscamente cuadrado.

En su dibujo *Límites del entendimiento*, el artista suizo Paul Klee coloca la simple figura de una esfera o un círculo encima de una compleja estructura de escaleras y líneas. El Dr. Jung ha señalado que un verdadero símbolo aparece solamente cuando hay necesidad de expresar lo que el pensamiento no puede pensar o lo que sólo se adivina o siente; ése es el propósito de la sencilla figura de Klee en los "límites del entendimiento".

Es importante observar que el cuadrado, o grupos de rectángulos y cuadrados, o rectángulos y romboides han aparecido en el arte moderno con tanta frecuencia como el círculo. El maestro de las composiciones armoniosas (incluso "musicales") con rectángulos es el artista de origen holandés Piet Mondrian. Por regla general, no hay centro efectivo en ninguna de sus pinturas, sin embargo, forma un todo ordenado en colocación estricta, casi ascética. Aún más comunes son las pinturas, de otros artistas, con composiciones cuaternarias irregulares, o numerosos rectángulos combinados en grupos más o menos desordenados.

El círculo es un símbolo de la psique (hasta Platón describe la psique como una esfera.) El cuadrado (y con frecuencia el rectángulo) es un símbolo de materia terrenal, del cuerpo y de la realidad. En la mayoría del arte moderno, la conexión entre esas dos formas primarias es inexistente o libre y casual. Su superación es otra expresión simbólica del estado psíquico del hombre del siglo XX: su alma ha perdido las raíces y él está amenazado por la disociación. Aún en la situación mundial de hoy día (como señaló el Dr. Jung en su capítulo preliminar), esa división se ha hecho evidente: las mitades occidental y oriental de la tierra están separadas por el telón de acero.

Pero la frecuencia con que aparecen el cuadrado y el círculo no debe desdeñarse. Parece haber una ininterrumpida incitación psíquica para traer a la consciencia los factores básicos de la vida que ellos simbolizan. También, en ciertas pinturas abstractas de nuestros tiempos (que meramente representan una estructura coloreada o una especie de "materia prima"), esas formas aparecen, a veces, como si fuesen gérmenes de un nuevo crecimiento.

El símbolo del círculo ha desempeñado una parte curiosa en un fenómeno muy diferente de la vida contemporánea y, ocasionalmente, lo sigue desempeñando. En los últimos años de la segunda guerra mundial, surgió el "rumor visionario" de cuerpos redondeados y voladores conocidos como "platillos voladores" u OVNI (objetos voladores no identificados). Jung los ha explicado como proyecciones de un contenido psíquico (o completamiento), que en todo tiempo se simbolizó con el círculo. En otras palabras, ese "rumor visionario", como también puede verse en muchos sueños de nuestro tiempo, es un intento de la psique inconsciente colectiva de reparar la división en nuestra era apocalíptica mediante el símbolo del círculo.

La pintura moderna como símbolo

Las denominaciones "arte moderno" y "pintura moderna" se emplean en este capítulo tal como las usa el profano. De lo que trataré, utilizando la calificación de Kühn, es de la pintura *imaginativa* moderna. Las pinturas de esta clase pueden ser "abstractas" (o, más bien, "no-figurativas"), pero no siempre necesitan serlo. No intentaremos distinguir entre las diversas formas como fauvismo, cubismo, expresionismo, orfismo y demás. Toda alusión específica a alguno de esos grupos será totalmente excepcional.

Y no me preocupo de la diferenciación estética de las pinturas modernas; ni, sobre todo, de valoraciones artísticas. La pintura imaginativa moderna se toma aquí, simplemente, como un fenómeno de nuestro tiempo. Esta es la única forma en que puede justificarse y responderse a la cuestión de su contenido simbólico. En este breve capítulo sólo es posible mencionar a algunos artistas y seleccionar algunas de sus obras un tanto al azar. Tengo que conformarme con estudiar la pintura moderna en función de un número reducido de sus representantes.

Mi punto de partida es el hecho psicológico que el artista ha sido en todos los tiempos el instrumento y portavoz del espíritu de su época. Su obra sólo puede ser entendida parcialmente en función de su psicología personal. Consciente o inconscientemente, el artista da forma a la naturaleza y los valores de su tiempo que, a su vez, le forman a él.

El propio artista moderno reconoce con frecuencia la interrelación de la obra de arte y su tiempo. Así, el crítico y pintor francés Jean Bazaine escribe en sus *Notas sobre la pintura contemporánea:* "Nadie pinta como quiere. Todo lo que puede hacer un pintor es querer con toda su fuerza la pintura de que es capaz su tiempo". El artista alemán Franz Marc, que murió en la guerra europea, dijo: "Los grandes artistas no buscan sus formas en las brumas del pasado, sino que toman las resonancias más hondas que pueden del centro de gravedad auténtico y más profundo de su tiempo." Y, ya en 1911, Kandinsky escribió en su famoso ensayo *Acerca de lo espiritual en el arte*: "Cada época recibe su propia medida de libertad artística, y aún el genio más creador no puede saltar los límites de la libertad".

Durante los últimos cincuenta años, el "arte moderno" ha sido una general manzana de discordia y la discusión no ha perdido nada de su acaloramiento. Los sonoros "síes" son tan apasionados como los rotundos "noes"; sin embargo, la reiterada profecía de que el arte "moderno" se ha terminado, jamás ha llegado a ser verdad. La nueva forma de expresión ha triunfado hasta un grado inimaginable. Si, en definitiva, es amenazado será porque ha degenerado en manierismo y en moda. (En la Unión Soviética, donde el arte no-figurativo con frecuencia ha sido desalentado oficialmente y producido sólo en privado, el arte figurativo está amenazado por una degeneración análoga).

El público en general, en Europa en todo caso, aún está en el ardor de la pelea. La violencia de la discusión muestra que los sentimientos suben muy alto en ambos campos. Aún aquellos que son hostiles al arte moderno no pueden evitar que les impresionen las obras que rechazan; están irritados o repelidos, pero (como demuestra la violencia de sus sentimientos) están emocionados. Por regla general, la fascinación negativa no es menos fuerte que la positiva. El torrente de visitantes a las exposiciones de arte moderno, dondequiera y cuando quiera que se celebren, atestigua algo más que curiosidad. La curiosidad bien pronto quedaría satisfecha. Y los precios fantásticos que se pagan por obras de arte moderno son una medida de la categoría que se les concede por la sociedad.

La fascinación se produce cuando se ha conmovido el inconsciente. El efecto producido por las obras de arte moderno no puede explicarse totalmente por su forma visible. Para los ojos educados en el arte "clásico" o "sensorial", son nuevas y ajenas. Nada de las obras de arte no-figurativo recuerda al observador su propio mundo: ningún objeto de su medio ambiente cotidiano, ningún ser humano o animal que le hablen un lenguaje conocido. No hay bienvenida ni acuerdo visible en el cosmos creado por el artista. Y, sin embargo, incuestionablemente hay un vínculo humano. Incluso puede ser más intenso que en las obras de arte sensorial, que atraen directamente al sentimiento y la fantasía.

La finalidad del artista moderno es dar expresión a su visión interior del hombre, al fondo espiritual de la vida y del mundo. La moderna obra de arte ha abandonado no sólo el reino del mundo concreto "natural", sensorial, sino también el del mundo individual. Se ha hecho eminentemente colectiva y, por tanto (aún en la abreviación del jeroglífico pictórico), conmueve no sólo a pocos, sino a muchos. Lo que permanece individual es la manera de representación, el estilo y calidad de la moderna obra de arte. Con frecuencia resulta difícil para el profano reconocer si la intención del artista es auténtica y espontánea su expresión, no imitada ni buscada para producir efecto. En muchos casos, tiene que acostumbrarse a nuevas clases de líneas y de colores. Tienen que aprendérselas, como aprendería una lengua extranjera, antes de poder juzgar su expresión y calidad.

Los precursores del arte moderno comprendieron aparentemente cuánto estaban pidiendo al público. Jamás habían publicado los artistas tantos "manifiestos" y explicaciones de sus propósitos como en el siglo XX. Sin embargo, no va sólo dirigido a los demás su esfuerzo por explicar y justificar lo que hacen; también va dirigido a ellos mismos. En su mayor parte, esos manifiestos son confesiones de fe artística; intentos, poéticos y muchas veces autocontradictorios de aclarar la extraña producción de la actividad artística de hoy día.

Lo que realmente interesa, desde luego, es (y siempre lo ha sido) el encuentro directo con la obra de arte. Aunque, para el psicólogo interesado en el contenido simbólico del arte moderno, es más instructivo el estudio de esos escritos. Por esta razón, permitiremos que los artistas, siempre que sea posible, hablen por sí mismos en el estudio que va a continuación.

Los comienzos del arte moderno aparecieron al iniciarse el presente siglo. Una de las personalidades más impresionantes de esa fase de iniciación fue Kandinsky, cuya influencia aún se puede hallar claramente en las pinturas de la segunda mitad del siglo. Muchas de sus ideas han resultado proféticas. En su ensayo *Concerniente a la forma*, escribió: "El arte de hoy día incorpora la madurez espiritual hasta el extremo de la revelación. Las formas de esta incorporación pueden situarse entre dos polos: 1) gran abstracción; 2) gran realismo. Estos dos polos abren dos caminos que conducen, ambos, a una meta final. Estos dos elementos han estado siempre presentes en el arte; el primero estaba expresado en el segundo. Hoy día parece como si fueran a llevar existencias separadas. El arte parece haber puesto fin al agradable completamiento de lo abstracto por lo concreto y viceversa."

Como ilustración del punto de Kandinsky que los dos elementos del arte, lo abstracto y lo concreto, se han separado: en 1913, el pintor ruso Kasimir Malevich pintó un cuadro que consistía sólo en un cuadrado negro sobre un fondo blanco. Fue quizás el primer cuadro puramente "abstracto" jamás pintado. Escribió acerca de él: "En mi lucha desesperada para liberar al arte del lastre del mundo de los objetos, me refugié en la forma del cuadrado".

Un año después, el pintor francés Marcel Duchamp colocó un objeto cogido al azar (un anaquel de botellas) en un pedestal y lo expuso. Jean Bazaine escribió: "Este anaquel, arrancado de su medio utilitario y hallado en la playa, ha sido investido con la dignidad solitaria de lo abandonado. Sin valer para nada, ahí está para utilizarlo; dispuesto para nada, está vivo. Vive en el borde de la existencia su propia vida absurda, obstructora. El objeto que estorba: ése es el primer paso del arte."

En su extraña dignidad y en su abandono, el objeto quedaba inconmensurablemente exaltado y recibía una significación que sólo podía llamarse mágica. De ahí su "vida absurda, obstructora". Se convirtió en un ídolo y, al mismo tiempo, en objeto de burla. Su realidad intrínseca quedó aniquilada.

El cuadrado de Malevich y el anaquel de Duchamp fueron actitudes simbólicas que nada tenían que ver con el arte en el sentido estricto de la palabra. Sin embargo, marcan los dos extremos ("gran abstracción" y "gran realismo") entre los cuales se puede alinear comprender el arte imaginativo de los decenios siguientes.

Desde el punto de vista psicológico, las dos actitudes hacia el objeto desnudo (materia) y el no-objeto desnudo (espíritu) señalan una colectiva fisura psíquica que creó su expresión simbólica en los años anteriores a la catástrofe de la guerra europea. Esta fisura apareció primero en el Renacimiento, cuando se hizo manifiesta como conflicto entre el entendimiento y la fe. Mientras tanto, la civilización iba alejando más y más al hombre de sus fundamentos instintivos de tal modo que se abrió una brecha entre la naturaleza y la mente, entre el inconsciente y la consciencia. Estos opuestos caracterizan la situación psíquica que busca expresión en el arte moderno .

El alma secreta de las cosas

Como hemos visto, el punto de partida de "lo concreto" fue el famoso - o notorio - anaquel de botellas de Duchamp. No se propuso que el anaquel fuese artístico en sí mismo. Duchamp se calificaba de "antiartista". Pero sacó a luz un elemento que significó mucho para los artistas durante mucho tiempo después. El nombre que le dieron fue *objet trouvé* o "preparado".

El pintor español Joan Miró, por ejemplo, va todos los días a la playa, al amanecer, "para recoger cosas traídas por la marea. Las cosas están allí, esperando que alguien descubra su personalidad".

Guarda en el estudio sus hallazgos. De cuando en cuando junta algunos de ellos y resultan las composiciones más curiosas: "El artista se sorprende con frecuencia de las formas de su propia creación".

Ya en 1912, el pintor nacido en España Pablo Picasso y el pintor francés Georges Braque hicieron lo que ellos llamaron *collages* con trozos de desperdicios. Max Ernst recortó pedazos de revistas ilustradas en la llamada época de los grandes negocios, los juntó según le pareció y así transformó la recargada pesadez de la época burguesa en una irrealidad demoníaca y onírica. El pintor alemán Kurt Schwitters trabajó con el contenido del cubo de la basura: utilizó clavos, papel de estraza, trozos de papel de periódico, billetes de tren y trapos. Consiguió juntar estos desperdicios con tal seriedad y novedad que obtuvo efectos sorprendentes de extraña belleza. Sin embargo, en la obsesión de Schwitters respecto a las cosas, esa manera de componer llegó a ser, ocasionalmente, un mero absurdo. Hizo una construcción con escombros a la que llamó "catedral construida para las cosas". Trabajó en ella durante diez años y hubo que demoler tres pisos de su casa para conseguir el espacio que necesitaba.

La obra de Schwitters y la mágica exaltación del objeto fueron la primera insinuación del lugar del arte moderno en la historia de la mente humana y de su significado simbólico. Revelan la tradición que se estaba perpetuando inconscientemente. Es la tradición de las hermandades cristianas herméticas de la Edad Media, y de los alquimistas que confirieron incluso a la materia, elemento de la tierra, la dignidad de su contemplación religiosa.

La exaltación que hace Schwitters de los materiales más toscos hasta el rango de arte, de "catedral" (en la cual los escombros no dejarían espacio para un ser humano), seguía fielmente la vieja doctrina de los alquimistas según la cual la búsqueda de objetos preciosos se ha de hacer entre la basura. Kandinsky expresó las mismas ideas cuando escribió: "Todo lo que está *muerto* palpita. No sólo las cosas de la poesía, estrellas, luna, bosque, flores, sino aún un botón de calzoncillo brillando en el lodazal de la calle...Todo tiene un alma secreta, que guarda silencio con más frecuencia que habla." Lo que los artistas, al igual que los alquimistas, probablemente no percibieron era el hecho psicológico que estaban proyectando parte de su psique en la materia y objetos inanimados. De ahí la "misteriosa animación" que entraba en tales cosas y el gran valor atribuido incluso a los escombros. Proyectaron su propia oscuridad, su sombra terrenal, un contenido psíquico que ellos y su tiempo habían perdido y abandonado.

Sin embargo, a diferencia de los alquimistas, los hombres como Schwitters no estaban incluidos y protegidos por el orden cristiano. En cierto sentido, la obra de Schwitters se opone a él: una especie de monomanía le vincula a la materia, mientras que el cristianismo trata de vencerla. Y no obstante, paradójicamente, es la monomanía de Schwitters la que roba al material de sus creaciones su significado inherente de realidad concreta. En sus pinturas la materia se transforma en composición "abstracta". Por tanto, comienza a desechar su sustancialidad y a disolverla. En este verdadero proceso, esas pinturas se convierten en expresiones simbólicas de nuestro tiempo, que ha visto el concepto de la "absoluta" concreción de la materia indeterminada por la moderna física atómica.

Los pintores comenzaron a pensar acerca del "objeto mágico" y del "alma secreta" de las cosas. El pintor italiano Carlo Carrá escribió: "Son las cosas corrientes las que revelan aquellas formas de sencillez mediante las cuales podemos percibir esa situación superior y más significativa del ser donde reside todo el esplendor del arte". Paul Klee dijo: "El objeto se expande más allá de los límites de su apariencia por nuestro conocimiento de que la cosa es más que el exterior que nos presenta ante los ojos". Y Jean Bazaine escribió: "Un objeto despierta nuestro amor sólo porque parece ser el portador de poderes que son mayores que él".

Los pensamientos de ese tipo nos recuerdan el viejo concepto alquimista de un "espíritu en la materia", que se creía era el espíritu que había en objetos inanimados, y tras ellos, como el metal o la piedra. Interpretado psicológicamente, este espíritu es el inconsciente. Siempre se manifiesta cuando el conocimiento consciente o racional ha alcanzado sus límites y el misterio se instala en él, porque el hombre tiende a llenar lo inexplicable y misterioso con los contenidos de su inconsciente. Suele proyectarlos, como si dijéramos, en un recipiente oscuro y vacío.

La sensación de que el objeto era "más que lo que encuentran los ojos", compartida por muchos artistas, encontró una explicación notable en la obra del pintor italiano Giorgio de Chirico. Era místico por temperamento y un buscador trágico que nunca encontró lo que buscaba. En su autorretrato (1908) escribió: *"Et quid amabo nìsi quod aenigma est"* (¿Y qué voy a amar si no es el enigma?").

Chirico fue el fundador de la llamada *pittura metafísica*. "Todo objeto - escribió - tiene dos aspectos: el aspecto común, que es el que generalmente vemos y que todos ven, y el aspecto fantasmal y metafísico, que sólo ven raras personas en momentos de clarividencia y meditación metafísica. Una obra de arte tiene que contar algo que no aparece en su forma visible."

Las obras de Chirico revelan ese "aspecto fantasmal" de las cosas. Son transposiciones de la realidad análogas a sueños, que surgen como visiones procedentes del inconsciente. Pero su "abstracción metafísica" se expresa en una rigidez sobrecogida por el pánico, y la atmósfera de sus pinturas es la de una pesadilla y melancolía insondable. Las plazas de las ciudades de Italia, las torres y objetos están situados en una perspectiva agudísima como si estuviesen en el vacío, iluminados por una luz fría, inclemente, que procede de un origen invisible. Cabezas antiguas o estatuas de dioses conjuran el pasado clásico.

En una de sus más terribles pinturas ha colocado, junto a la cabeza de mármol de una diosa, un par de guantes de goma roja, un "objeto mágico" en el sentido moderno. Una pelota verde en el suelo actúa como símbolo uniendo las toscas oposiciones; sin ella, habría más de una insinuación de desintegración psíquica. Este cuadro no era, claramente, el resultado de una deliberación archiartificiosa; hay que tomarlo como una pintura onírica.

Chirico estaba profundamente influido por las filosofías de Nietzsche y Schopenhauer. Escribió: "Schopenhauer y Nietzsche fueron los primeros en enseñar la profunda significación de la necedad de la vida y en mostrar cómo esa necedad podía transformarse en arte...El terrible vacío que descubrieron es la verdadera belleza desalmada e impasible de la materia". Podría dudarse si Chirico consiguió convertir el "terrible vacío" en "belleza impasible". Algunas de sus pinturas son extremadamente turbadoras; muchas son terribles como pesadillas. Pero en su esfuerzo por encontrar la expresión artística del vacío, penetró hasta el meollo del dilema existencial del hombre contemporáneo.

Nietzsche, a quien Chirico cita como autoridad, había dado nombre al "terrible vacío" al decir "Dios está muerto". Sin referirse a Nietzsche, Kandinsky escribió en *Sobre lo espiritual en Arte*: "El cielo está vacío. Dios está muerto". Una frase de este tono puede sonar abominablemente. Pero no es nueva. La idea de la "muerte de Dios" y su consecuencia inmediata, el "vacío metafísico" preocupó las mentes de los poetas del siglo XIX, especialmente en Francia y Alemania. Fue un largo proceso que, en el siglo XX, alcanzó la etapa de discusión libre y encontró expresión en el arte. La escisión entre el arte moderno y el cristianismo se realizó definitivamente.

El Dr. Jung también llegó a darse cuenta que este extraño y misterioso fenómeno de la muerte de Dios es un hecho psíquico de nuestro tiempo. En 1937 escribió: "Sé - y expreso aquí lo que otras incontables personas saben -, que el tiempo presente es el tiempo de la desaparición y muerte de Dios". Durante años, Jung ha estado observando en los sueños de sus pacientes el marchitamiento de la imagen cristiana de Dios, es decir, en el inconsciente de los hombres modernos. La pérdida de esa imagen es la pérdida del factor supremo que da vida a un significado.

Debe señalarse, sin embargo, que ni la afirmación de Nietzsche que Dios está muerto, ni el "vacío metafísico" de Chirico, ni las deducciones que Jung extrae de las imágenes inconscientes, tienen nada definitivo que decir acerca de la realidad y existencia de Dios o de un trascendental ser o no-ser. Son afirmaciones humanas. En cada caso están basadas, como Jung ha demostrado en *Psicología y Religión*, en contenidos de la psique inconsciente que entraron en la consciencia en forma tangible de imágenes, sueños, ideas o intuiciones. El origen de esos contenidos, y la causa de tal transformación (de un Dios vivo a uno muerto), tiene que permanecer desconocido, en la frontera del misterio.

Chirico nunca llegó a la solución del problema que le planteó el inconsciente. Su fracaso puede verse más claramente en su representación de la figura humana. Dada la actual situación religiosa, es el propio hombre a quien habría que conceder una nueva, aunque impersonal, dignidad y responsabilidad (Jung la describió como una responsabilidad para la consciencia.) Pero en la obra de Chirico, el hombre está privado de alma; se convierte en un manichino, un maniquí sin rostro (y por tanto, también sin consciencia).

En las distintas versiones de su *Gran metafísico*, una figura sin rostro está entronizada en un pedestal hecho de escombros. La figura es una representación consciente o inconscientemente irónica del hombre que se esfuerza por descubrir la "verdad" sobre la metafísica y, al mismo tiempo, un símbolo de soledad e insensatez definitivas. O quizá los *manichini* (que también frecuentan las obras de otros artistas contemporáneos) son una premonición del hombre sin rostro de las masas.

Cuando tenía cuarenta años, Chirico abandonó su *pittura metafísica*; volvió a las formas tradicionales, pero su obra perdió profundidad. Aquí tenemos una prueba cierta que no hay "regreso al sitio de donde se viene" para la mente creadora cuyo inconsciente se ha visto implicado en el dilema fundamental de la existencia moderna.

Podría considerarse que el complemento de Chirico era el pintor nacido en Rusia Marc Chagall. Su búsqueda en su obra es también una "poesía misteriosa y solitaria" y el "aspecto fantasmal de las cosas que sólo ven raras personas". Pero el rico simbolismo de Chagall está enraizado en la devoción del hassidismo judío oriental y en un ardiente sentimiento por la vida. No se enfrentó ni con el problema del vacío ni con la muerte de Dios. Escribió:

"Todo puede cambiar en nuestro desmoralizado mundo, excepto el corazón, el amor del hombre y su esfuerzo por conocer la divinidad. La pintura, como toda poesía, tiene su parte en la divinidad; la gente siente esto hoy día igual que lo sintió siempre."

El autor inglés Sir Herbert Read escribió una vez de Chagall que él jamás cruzó totalmente el umbral del inconsciente, pero que "siempre había mantenido un pie en la tierra que le había nutrido". Esta es exactamente la "adecuada" relación con el inconsciente. Lo más importante de todo, como Read recalca, es que "Chagall sigue siendo uno de los artistas de mayor influencia de nuestro tiempo".

Con la comparación entre Chagall y Chirico, surge una pregunta que es importante para la comprensión del simbolismo en el arte moderno: ¿Cómo toma forma en la obra de los artistas modernos la relación entre lo consciente y lo inconsciente? O, dicho de otro modo, ¿dónde está el hombre?

Puede encontrarse una respuesta en el movimiento llamado surrealismo, del cual se considera fundador el poeta francés André Breton. (Chirico también puede ser calificado de surrealista.) Como estudiante de medicina, Breton conoció la obra de Freud. De ese modo, los sueños vinieron a desempeñar un papel importante en sus ideas. "¿No pueden utilizarse los sueños para resolver los problemas fundamentales de la vida? - escribió -. Creo que el aparente antagonismo entre sueño y realidad deberá resolverse en una especie de realidad absoluta: surrealismo."

Breton captó admirablemente la cuestión. Lo que él buscaba era una reconciliación de los opuestos, consciencia e inconsciente. Pero el camino que tomó para alcanzar su meta sólo podía desviarle. Comenzó a experimentar con el método de libre asociación de Freud, así como con la escritura automática, en la que las palabras y frases surgen del inconsciente y se escriben sin ningún control consciente. Breton lo llamó: "Dictado del pensar con ausencia de todo control ejercido por la razón y al margen de toda preocupación estética o moral".

Pero ese proceso significa sencillamente que el camino está abierto al torrente de las imágenes inconscientes, y se ignora el papel importante, incluso decisivo, que ha de desempeñar la consciencia. Como ha dicho el doctor Jung en su capítulo, es la consciencia la que guarda la llave de los valores del inconsciente y que, por tanto, desempeña el papel decisivo. Sólo la consciencia está capacitada para determinar el significado de las imágenes y para reconocer su importancia para el hombre aquí y ahora, en la realidad concreta del presente. Sólo en un *juego mutuo* de consciencia e inconsciente puede el inconsciente demostrar su valor y, quizás, hasta mostrar una forma de vencer la melancolía del vacío. Si al inconsciente, una vez en acción, se le deja por sí mismo, existe el riesgo que sus contenidos se hagan todopoderosos o manifiesten su lado negativo y destructivo.

Si miramos las pinturas surrealistas (como *La jirafa ardiente*, de Salvador Dalí) con eso en la mente, podemos percibir la riqueza de su fantasía y la fuerza abrumadora de sus imágenes inconscientes, pero notamos el horror y el simbolismo del fin de todas las cosas que hablan en muchas de ellas. El inconsciente es naturaleza pura y, al igual que la naturaleza, derrama profundamente sus dones. Pero dejado en sí mismo y sin la respuesta humana de la consciencia, puede (también como la naturaleza) destruir sus propios dones y, antes o después, arrastrarlos a la aniquilación.

La cuestión del papel de la consciencia en la pintura moderna también se plantea respecto al empleo del *azar* como medio de componer pintura. En *Más allá de la pintura*, Max Ernst escribió: "La asociación de una máquina de coser y una sombrilla en una mesa de operaciones (está citando al poeta Lautréamont) es un ejemplo conocido, que ahora se ha hecho clásico, del fenómeno descubierto por los surrealistas de que la asociación de dos (o más) elementos aparentemente ajenos en un plano ajeno a ambos es el provocador de chispa más poderoso de la poesía."

Eso probablemente es tan difícil de comprender por el profano como el comentario hecho por Breton acerca del mismo efecto. "El hombre que no pueda imaginar un caballo galopando sobre un tomate es un idiota". (Podríamos recordar aquí la asociación al *azar* de la cabeza de mármol y el guante de goma roja en el cuadro de Chirico). Por supuesto, muchas de esas asociaciones eran bromas o insensateces. Pero la mayoría de los artistas modernos se han ocupado de algo radicalmente distinto a las bromas.

El azar desempeña un papel importante en la obra del escultor francés Jean (o Hans) Arp. Sus grabados en madera, de hojas y otras formas, puestas juntas al azar, eran otra expresión de la búsqueda, según decía él, de "un significado primordial y secreto que dormita bajo el mundo de las apariencias". El las llamó *Hojas agrupadas según las leyes del azar* y *Cuadrados agrupados según las leyes del azar*. En estas composiciones es el azar el que da profundidad a la obra de arte; señala hacia un principio de orden, desconocido pero activo, y significado que se hace manifiesto en las cosas como su "alma secreta".

Era, sobre todo, el deseo de "hacer esencial el azar" (según palabras de Paul Klee) lo que subyacía en los esfuerzos de los surrealistas por tomar las vetas de la madera, las formaciones de nubes y demás, como punto de partida de su pintura visionaria. Max Ernst, por ejemplo, volvió a Leonardo da Vinci, que escribió un ensayo sobre la observación de Botticelli de que si se arroja contra la pared una esponja empapada en pintura, en la mancha que deja podremos ver cabezas, animales, paisajes y una multitud de configuraciones diversas.

Ernst ha descrito cómo le persiguió una visión en 1925. Se le impuso cuando contemplaba un suelo embaldosado marcado por miles de rayaduras. "Con el fin de cimentar mi capacidad de meditación y alucinación, hice una serie de dibujos de las baldosas echando sobre ellas, al azar, hojas de papel y luego ennegreciéndolas por frotación con un lápiz. Cuando puse los ojos sobre el resultado, quedé atónito con una súbita sensación aguda de series alucinantes de dibujos superpuestos y en contrastes. Reuní los primeros resultados obtenidos en esos *frottages* y los llamé *Historia Natural*.

Es importante observar que Ernst colocó encima o detrás de algunos de esos *frottages* un anillo o círculo que daba al dibujo una atmósfera y profundidad peculiares. Aquí puede reconocer el psicólogo el impulso inconsciente a oponerse al azar caótico del lenguaje natural de la imagen por medio del símbolo de una totalidad psíquica autocontenida, estableciendo así el equilibrio. El anillo o círculo domina el dibujo. La totalidad psíquica rige a la naturaleza, significativa por sí misma y dando significado.

En los esfuerzos de Max Ernst por perseguir los modelos secretos de las cosas, podemos descubrir una afinidad con los románticos del siglo XIX. Ellos hablaban del "manuscrito" de la naturaleza que podía verse por todas partes, en alas, cascarones de huevo, nubes, nieve, hielo, cristales y otras "extrañas conjunciones de azares", tanto como en los sueños y visiones. Ven todo como la expresión de un mismo "lenguaje pictórico de la naturaleza". Por eso fue una auténtica actitud romántica la de Max Ernst al llamar a las pinturas producidas con sus experimentos "historia natural". Y tenía razón, porque el inconsciente (que había conjurado las pinturas en la configuración casual de las cosas) es naturaleza.

Con la *Historia Natural* de Ernst o con las composiciones al azar de Arp comienzan las reflexiones del psicólogo. Este se enfrenta con la cuestión de qué significado puede tener para el hombre que se halla ante una distribución casual, siempre y cuando ésta se produzca. Con esta cuestión, el hombre y la consciencia entran en materia, y con ellos, la posibilidad de significado.

La pintura creada al azar puede ser hermosa o fea, armoniosa o discordante, rica de contenido o pobre, bien o mal pintada. Estos factores determinan su valor artístico, pero no pueden satisfacer al psicólogo (con frecuencia, para la aflicción del artista o de quien encuentra satisfacción suprema en la contemplación de la forma). El psicólogo busca algo más y trata de comprender el "código secreto" de la distribución casual, hasta el punto en que al hombre le sea posible descifrarla. El número y la forma de los objetos echados juntos al azar por Arp plantean tantas cuestiones como cualquier detalle de los *frottages* de Ernst. Para el psicólogo, son símbolos y, por tanto, no sólo pueden ser percibidos (hasta cierto punto), sino también interpretados.

La retirada, aparente o efectiva, del hombre de muchas modernas obras de arte, la falta de reflexión y el predominio del inconsciente sobre la consciencia ofrecen frecuentes puntos de ataque críticos. Se habla de arte patológico o se le compara con las pinturas de los locos porque es característico de la psicosis que la consciencia y la personalidad del ego queden sumergidas y "ahogadas" por las oleadas de contenidos procedentes de las regiones inconscientes de la psique. Cierto es que la comparación no resulta tan odiosa hoy día a como lo era hace sólo una generación. Cuando el Dr. Jung señaló una relación de ese tipo en su ensayo sobre Picasso (1932), provocó una tormenta de indignación. Hoy día, el catálogo de una conocida sala de arte de Zurich habla de la "casi esquizofrénica obsesión" de un famoso artista, y el escritor alemán Rudolf Kassner describe a Georg Trakl como "uno de los más grandes poetas alemanes" y continúa: "Hay algo de esquizofrénico en él. Puede notarse en su obra; también hay en ella un toque de esquizofrenia. Sí, Trakl es un gran poeta".

Ahora se percibe que el estado de esquizofrenia y la visión artística no se excluyen mutuamente. A nuestro entender, los famosos experimentos con mescalina y otras drogas análogas han contribuido a este cambio de actitud. Esas drogas crean un estado que va acompañado de visiones intensas de colores y formas; algo semejante ocurre en la esquizofrenia. Más de un artista de hoy día ha buscado su inspiración en tal droga.

Retirada de la realidad

Franz Marc dijo una vez: "El arte que está viniendo dará expresión formal a nuestra convicción científica". Esta fue una frase verdaderamente profética. Hemos esbozado la influencia del psicoanálisis de Freud en los artistas y la del descubrimiento (o redescubrimiento) del inconsciente en los primeros años del siglo XX. Otro punto importante es la relación entre el arte moderno y los resultados de la investigación en física nuclear.

Diciéndolo en términos sencillos, no científicos, la física nuclear ha quitado a las unidades básicas de la materia su concreción absoluta. Ha hecho misteriosa la materia. Paradójicamente, masa y energía, onda y partícula han resultado intercambiables. Las leyes de causa y efecto ya sólo valen hasta cierto punto. En definitiva, no importa que esas relatividades, discontinuidades y paradojas sean únicamente aplicables en los márgenes de nuestro mundo, sólo para lo infinitamente pequeño (el átomo) y lo infinitamente grande (el cosmos). Han producido un cambio revolucionario en el concepto de realidad, pues una realidad nueva, totalmente distinta e irracional ha surgido tras la realidad de nuestro mundo "natural" que está regido por las leyes de la física clásica.

Relatividades y paradojas correspondientes se descubrieron el dominio de la psique. Aquí, también, ha surgido otro mundo en el margen del mundo de la consciencia, regido por unas leyes nuevas, y hasta ahora desconocidas, que están extrañamente emparentadas con las de la física nuclear. El paralelismo entre la física nuclear y la psicología del inconsciente colectivo fue con frecuencia tema de discusión entre Jung y Wolfgang Pauli, premio Nobel de física. El continuo espacio-tiempo de la física y el inconsciente colectivo pueden considerarse, por así decir, como los aspectos exterior e interior de una misma realidad tras las apariencias. (Las relaciones entre la física y la psicología las tratará la doctora M. L. von Franz en su ensayo final).

Es característico de ese mundo único que está tras los mundos de la física y de la psique que sus leyes, procesos y contenidos son inimaginables. Ese es un hecho de importancia sobresaliente para la comprensión del arte de nuestro tiempo. Porque el tema principal del arte moderno es, en cierto sentido, también inimaginable. Por tanto, mucho del arte moderno se ha hecho "abstracto". Los grandes artistas de este siglo han buscado dar forma visible a la "vida que hay tras las cosas" y de ese modo sus obras son una expresión simbólica de un mundo que está tras la consciencia (o, por supuesto, tras los sueños, porque los sueños raramente no son figurativos). De ese modo, apuntan a la realidad "una", a la vida "una" que parece ser el fondo común de los dos dominios de las apariencias físicas y psíquicas.

Sólo algunos artistas se dieron cuenta de la relación entre sus formas de expresión y la física y la psicología. Kandinsky es uno de los maestros que expresó la profunda emoción sentida con los primeros descubrimientos de la moderna investigación física. "A mi parecer, la escisión del átomo fue la escisión del mundo entero: de repente, se derrumbaron las paredes más fuertes. Todo se volvió inestable, inseguro y blando. No me hubiera sorprendido si una piedra se hubiera disipado en aire ante mis ojos. La ciencia parecía haber sido aniquilada." El resultado de esa desilusión fue que el artista se retiró del "reino de la naturaleza", del "populoso fondo de las cosas". "Pareció - añadía Kandinsky - como si yo viera que el arte se libraba firmemente de la naturaleza."

Esta separación del mundo de las cosas también se les ocurrió, aproximadamente al mismo tiempo, a otros artistas. Franz Marc escribió: "¿No hemos aprendido después de un millar de años de experiencia que las cosas cesan de hablar cuanto más exponemos a la vista su apariencia? La apariencia es eternamente plana..."

Para Marc, la meta del arte era "revelar la vida supernatural que hay tras de todas las cosas, romper el espejo de la vida de tal modo que podamos mirar al rostro del ser". Paul Klee escribió: "El artista no adscribe a la forma natural de la apariencia la misma significancia convincente que los realistas que son sus críticos. No se siente tan íntimamente ligado a esa realidad, porque no puede ver en los productos formales de la naturaleza la esencia del proceso creativo. Le conciernen más las fuerzas formativas que los productos formales". Piet Mondrian acusaba al cubismo de no haber llevado el cubismo a su final lógico, "la expresión de la realidad pura". Eso sólo lo puede alcanzar la "creación de la forma pura", no condicionada por sentimientos e ideas subjetivas. "Tras las cambiantes forman naturales reside la incambiable realidad pura".

Muchos artistas estuvieron tratando de llevar las pasadas apariencias a la "realidad" del fondo o el "espíritu en la materia" por medio de una transmutación de las cosas: mediante fantasía, surrealismo, pinturas oníricas, empleo del azar, etc. Los artistas "abstractos", sin embargo, volvieron la espalda a las cosas. Sus pinturas no contenían objetos concretos identificables; eran, según una acertada frase de Piet Mondrian, simplemente "forma pura".

Pero ha de tenerse en cuenta que aquello de lo que se ocupaban esos artistas era algo mucho mayor que un problema de forma y de distinción entre "concreto" y "abstracto", figurativo y no figurativo. Su meta era el centro vital y las cosas, su fondo sin cambio y una certeza interior. El arte se convirtió en misticismo.

El espíritu en cuyo misterio estaba sumergido el arte era un espíritu terrenal al que los alquimistas medievales llamaban Mercurius. Es un símbolo del espíritu que adivinaron o buscaron esos artistas tras la naturaleza y las cosas, "tras la apariencia de la naturaleza". Su misticismo era ajeno al cristianismo porque ese espíritu "mercurial" es ajeno a un espíritu "celestial". Por supuesto, era el oscuro adversario del cristianismo el que se abría camino en el arte. Aquí comenzamos a ver la verdadera significación histórica y simbólica del "arte moderno". Al igual que los movimientos herméticos de la Edad Media, tiene que entenderse como misticismo del espíritu de la tierra y, por tanto, como expresión de nuestro tiempo compensadora del cristianismo.

Ningún artista percibió ese fondo místico del arte con mayor claridad o habló de él con más apasionamiento que Kandinsky. La importancia de las grandes obras de arte de todos los tiempos no residía, a su modo de ver, "en la superficie, en lo externo, sino en la raíz de todas las raíces: en el contenido místico del arte." Por tanto, dice: "Los ojos del artista han de volverse siempre hacia su vida interior, y sus oídos han de estar siempre alerta a la voz de la necesidad interior. Esta es la única forma de dar expresión a lo que ordena la visión mística."

Kandinsky llamó a su pintura expresión espiritual del cosmos, música de las esferas, armonía de colores y formas. "La forma, aunque sea totalmente abstracta y geométrica, tiene un tañido interior; es un ser espiritual con efectos que coinciden absolutamente con esa forma". "El impacto del ángulo agudo de un triángulo en un círculo es, realmente, tan abrumador en su efecto como el dedo de Dios tocando el dedo de Adán en Miguel Angel."

En 1914, Franz Marc escribió en sus *Aforismos*: "La materia es una cosa que, en el mejor de los casos, el hombre puede tolerar; pero no quiere reconocerlo. La contemplación del mundo se ha convertido en la penetración del mundo. No hay místico que, en el momento de su rapto más sublime, no alcance siempre la abstracción perfecta del pensamiento moderno, o haga sus sondeos con la sonda más profunda."

Paul Klee, que puede ser considerado el poeta de los pintores modernos, dice: "Es misión del artista penetrar cuanto sea posible en ese terreno secreto donde la ley primordial alimenta el desarrollo. ¿Qué artista no desearía habitar el órgano central de todo movimiento en el espacio-tiempo (sea el cerebro o el corazón de la creación) del cual derivan su vida todas las funciones? ¿En el seno de la naturaleza, en el terreno primordial de la creación, donde está escondida la clave secreta de todas las cosas...? Nuestro latiente corazón nos lleva hacia abajo, muy abajo del terreno primordial." Lo que se encuentre en ese viaje "debe tomarse con la mayor seriedad cuando está perfectamente fundido con los medios artísticos apropiados, en forma visible", porque, como agrega Klee, no es cuestión de reproducir meramente lo que se ve; "lo percibido secretamente se hace visible". La obra de Klee está enraizada en el terreno primordial. "Mi mano es totalmente el instrumento de una esfera más distante. Ni es mi cabeza la que funciona en mi obra; es algo más...." En su obra, el espíritu de la naturaleza y el espíritu del inconsciente se hacen inseparables. Le han arrastrado, y nos arrastran a los espectadores, a su círculo mágico.

La obra de Klee es la expresión más compleja - ya sea poética o demoníaca - del espíritu tectónico. El humor y las ideas quiméricas tienden un puente desde el reino del oscuro mundo inferior al mundo humano; el vínculo entre su fantasía y la tierra es la observación minuciosa de las leyes de la naturaleza y el amor por todas las criaturas. "Para el artista - escribió una vez - el diálogo con la naturaleza es la *conditio sine qua non de su obra"*.

Puede encontrarse una expresión distinta de ese escondido espíritu inconsciente en uno de los pintores "abstractos" más notables y más jóvenes, Jackson Pollock, el norteamericano que murió en un accidente de automóvil cuando tenía cuarenta y cuatro años. Su obra ha ejercido gran influencia en los artistas jóvenes de nuestro tiempo. En *Mi pintura* reveló que pintaba en una especie de trance: "Cuando estoy pintando no me doy cuenta de lo que hago. Solamente después de un período de "alcanzar conocimiento" veo lo que he estado haciendo. No tengo miedo a hacer cambios, destruir la imagen, etc., porque la pintura tiene una vida propia. Trato de dejarla ir por su cuenta. Sólo cuando pierdo contacto con la pintura, es cuando resulta una mezcolanza. De no ser así, hay armonía pura, un sencillo toma y daca, y la pintura sale bien".

Las pinturas de Pollock, que prácticamente las realizó estando inconsciente, están cargadas de ilimitada vehemencia emotiva. En su falta de estructura, son casi caóticas, un río de lava hirviente, de colores, líneas, planos y puntos. Pueden considerarse como el paralelo de lo que los alquimistas llamaban la *massa confusa*, la *prima materia*, o caos: todas las formas de definir la preciosa materia prima del proceso alquímico, el punto de partida para la búsqueda de la esencia del ser. Las pinturas de Pollock representan la nada que es todo, es decir, el propio inconsciente. Parecen vivir en un tiempo anterior al surgimiento de la consciencia y el ser, o que son paisajes fantásticos de un tiempo posterior a la extinción de la consciencia y el ser.

A mediados de nuestro siglo, la pintura puramente abstracta sin ningún orden regular de formas y colores se ha hecho la expresión más frecuente en pintura. Cuanto más profunda es la disolución de la "realidad", más pierde la pintura su contenido simbólico. La causa de esto reside en la naturaleza del símbolo y su función. El símbolo es un objeto del mundo conocido, sugiriendo algo que es desconocido; es lo conocido expresando la vida y sentido de lo inexpresable. Pero en las pinturas meramente abstractas, el mundo de lo conocido ha desaparecido completamente. Nada queda para tender un puente a lo desconocido.

Por otra parte, esas pinturas revelan un fondo inesperado, un sentido oculto. Muchas veces resultan ser imágenes más o menos exactas de la propia naturaleza, mostrando una semejanza asombrosa con la estructura molecular de elementos orgánicos e inorgánicos de la naturaleza. Esto es un hecho que nos deja perplejos. La abstracción pura se ha convertido en imagen de la naturaleza concreta. Pero Jung puede darnos la clave para comprenderlo:

"Los estratos más profundos de la psique - ha dicho - pierden su unicidad individual cuanto más se retiran hacia la oscuridad. "Más abajo", es decir, cuando se aproximan a los sistemas funcionales autónomos, se van haciendo más colectivos hasta que se universalizan y se extinguen en la materialidad del cuerpo, esto es, en sustancias químicas. El carbono del cuerpo es simple carbón. De ahí que, en el fondo, la psique no sea más que simple "mundo".

La comparación de las pinturas abstractas con las microfotografías muestran que la extremada abstracción del arte imaginativo se ha convertido, de forma secreta y sorprendente, en "naturalista" convirtiéndose sus temas en elementos de la materia. La "gran abstracción" y el "gran realismo" que se separaron a principios de nuestro siglo han vuelto a juntarse. Recordamos las palabras de Kandinsky: "Los polos abren dos caminos y los dos conducen a *una* meta final." Esta "meta", el punto de unión, se alcanza en las modernas pinturas abstractas. Pero se alcanza de modo totalmente inconsciente. La intención del artista no participa en el proceso.

Este punto conduce a un hecho más importante respecto al arte moderno: el artista es, como si dijéramos, no tal libre en su labor creadora como él puede creérselo. Si su obra la realiza de una forma más o menos inconsciente, está regida por leyes de la naturaleza que, en el nivel más profundo, corresponden a las leyes de la psique, y viceversa.

Los grandes precursores del arte moderno dieron la más clara expresión a sus verdaderos designios y a las profundidades desde las cuales se alza el espíritu que deja su impronta en ellos. Este punto es importante, aunque artistas posteriores, que pueden haber fracasado en percibirlo, no siempre sondaron las mismas profundidades. Aunque ni Kandinsky, ni Klee, ni ningún otro de los primeros maestros de la pintura moderna se dieron cuenta nunca del grave peligro psicológico que estaban corriendo con la inmersión mística en el espíritu tectónico y el terreno primordial de la naturaleza. Debemos explicar ahora ese peligro.

Como punto de partida podemos tomar otro aspecto del arte abstracto. El escritor alemán Wihelm Worringer interpretaba el arte abstracto como la expresión de la inquietud y la ansiedad metafísicas que le parecían estar más acentuadas en los pueblos septentrionales. Según explicaba, sufrían con la realidad. El naturalismo de los pueblos meridionales les está negado a ellos y están ansiando un mundo suprarreal y supersensual al que dan expresión en el arte imaginativo o abstracto.

Pero, como observa sir Herbert Read en su Historia concisa del arte moderno, la ansiedad metafísica no es sólo alemana y septentrional; hoy día caracteriza a todo el mundo moderno. Read cita a Klee, quien escribe en su Diario a principios de 1915: "Cuanto más horrible se vuelve este mundo (como es en nuestros días), más abstracto se vuelve el arte; mientras que un mundo en paz produce arte realista." Para Franz Marc, la abstracción ofreció un refugio contra el mal y la fealdad de este mundo. "Muy pronto en mi vida noté que el hombre era feo. Los animales parecían más amables y puros; sin embargo, aún entre ellos, descubrí tanto que era repugnante y horrible que mi pintura se fue haciendo más y más esquemática y abstracta."

Mucho se puede aprender de una conversación mantenida en 1958 entre el escultor italiano Marino Marini y el escritor Edouard Roditi. El tema tratado por Marini durante años, con diversas variantes, es la figura desnuda de un joven montado a caballo. En las primeras versiones, que él describió en la conversación como "símbolo de esperanza y gratitud" (después de la segunda guerra mundial), el jinete está sentado en el caballo manteniendo los brazos extendidos, el cuerpo ligeramente echado hacia atrás. Con el transcurso de los años la forma de tratar el tema se fue haciendo más "abstracta". Paulatinamente, se fue disolviendo la forma más o menos clásica del jinete.

Al hablar del sentimiento subyacente en ese cambio, dijo Marini: "Si mira usted mis estatuas ecuestres de los últimos doce años en el orden del tiempo, notará que se acrecienta constantemente el pánico del animal, pero que está helado de terror y paralizado, más que retrocediendo o tratando de huir. Todo esto es porque creo que nos estamos aproximando al fin del mundo. En cada figura me esforcé por expresar un profundo miedo y desesperación. De esa forma, intento simbolizar la última etapa de un mito agonizante, el mito del héroe individual y victorioso, del hombre de virtud, del humanista."

En los cuentos de hadas y en los mitos, el "héroe victorioso" es un símbolo de la consciencia. Su derrota, como dice el propio Marini, significa la muerte del individualismo, un fenómeno que aparece en un contexto social como la inmersión del individuo en la masa, y en el arte como la decadencia del elemento humano.

Cuando Roditi preguntó si el estilo de Marini estaba abandonando el canon clásico para llegar a ser "abstracto", Marini respondió: "Desde el momento en que el Arte tiene que expresar miedo, ha de apartarse del ideal clásico". Encontró temas para su obra en los cuerpos extraídos en Pompeya. Roditi llamó al arte de Marini un "estilo Hiroshima", porque conjura visiones del fin de un mundo. Marini lo admitió. Sentía, según dijo, como si hubiera sido expulsado de un paraíso terrenal. "Hasta hace muy poco, el escultor tendía hacia las formas plenamente sensuales y poderosas. Pero en los últimos quince años, la escultura prefiere formas en desintegración".

La conversación entre Marini y Roditi explica la transformación del arte "sensorial" en abstracción que resultaría clara para todo el que siempre haya estado con los ojos abiertos en una exposición de arte moderno. A pesar de lo mucho que puede apreciar o admirar sus cualidades formales, apenas podrá dejar de sentir el miedo, la desesperación, la agresividad y la burla que suenan como un grito en muchas de las obras. La "ansiedad metafísica" expresada por la angustia de esas pinturas y esculturas puede haber surgido de la desesperación de un mundo condenado, como ocurría en Marini. En otros casos, lo importante puede estar en el factor religioso, en la impresión de que Dios está muerto. Hay una íntima conexión entre ambas cosas.

En la raíz de esa angustia interior se halla la derrota (o más bien la retirada) de la consciencia. Al producirse la experiencia mística, todo lo que ataba al hombre al mundo humano, a la tierra, al tiempo y al espacio, a la materia y a la vida natural, se queda a un lado o se disipa. Pero, a menos que el inconsciente esté equilibrado con la experiencia de la consciencia, revelará implacablemente su aspecto contrario o negativo. La riqueza del sonido creador que produce la armonía de las esferas, o el misterio maravilloso de la tierra primigenia, se han rendido ante la destrucción y la desesperación. En más de un caso, el artista se ha convertido en la víctima pasiva del inconsciente.

En la física, también, el mundo del fondo ha revelado su naturaleza paradójica; las leyes de los elementos internos de la naturaleza, las recientemente descubiertas estructuras y relaciones en su unidad básica, el átomo, se han convertido en los fundamentos científicos de las armas de destrucción sin precedentes y han abierto el camino de la aniquilación. El conocimiento final y la destrucción del mundo son los dos aspectos del descubrimiento de la base primaria de la naturaleza.

Jung, que estaba tan familiarizado con la peligrosa naturaleza doble del inconsciente como con la importancia de la consciencia humana, sólo pudo ofrecer a la humanidad un arma contra la catástrofe: el llamamiento a la consciencia individual, que parece tan sencillo y, sin embargo, es tan arduo. La consciencia no sólo es indispensable como contrapeso del inconsciente y no sólo brinda la posibilidad de dar significado a la vida, tiene también una función eminentemente práctica. El mal atestiguado en el mundo exterior, en el contorno o en el prójimo, puede hacerse consciente como los malos contenidos de nuestra propia psique también, y esta comprensión profunda sería el primer paso hacia un cambio radical en nuestra actitud hacia el prójimo.

La envidia, la codicia, la sensualidad, la mentira y todos los vicios conocidos son el aspecto negativo, "oscuro" del inconsciente, que puede manifestarse de dos modos. En el sentido positivo aparece como un "espíritu de la naturaleza", animando creadoramente a hombre, a las cosas y al mundo. Es el "espíritu tectónico" tantas veces mencionado en este capítulo. En el sentido negativo, el inconsciente (ese mismo espíritu) se manifiesta como espíritu del mal, como un impulso hacia la destrucción.

Como ya hemos señalado, los alquimistas personificaban ese espíritu como "el espíritu de Mercurio" y le llamaban acertadamente *Mercurius duplex* (Mercurio de dos caras o doble). En el lenguaje religioso del cristianismo se le llama demonio. Pero, aunque pueda parecer inverosímil, el demonio también tiene un aspecto doble. En el sentido positivo aparece como Lucifer (literalmente, portador de luz).

Visto a la luz de esas ideas difíciles y paradójicas, el arte moderno (al que hemos reconocido como símbolo del espíritu tectónico) también tiene un aspecto doble. En el sentido positivo es la expresión de un misticismo natural misteriosamente profundo; en el sentido negativo sólo puede ser interpretado como la expresión de un espíritu malo o destructivo. Los dos aspectos van juntos porque lo paradójico es una de las cualidades básicas del inconsciente y de sus contenidos.

Para evitar toda mala interpretación, hemos de insistir una vez más en que estas consideraciones nada tienen que ver con los valores artísticos y estéticos, sino que únicamente se refieren a la interpretación del arte moderno como símbolo de nuestro tiempo.

Unión de opuestos

Hay aún que exponer otro punto. El espíritu de nuestro tiempo está en movimiento constante. Es como un río que fluye, invisible, pero constante, y dado el momento de vida de nuestro siglo, incluso sólo diez años son un espacio de tiempo muy largo.

Hacia mediados de este siglo comenzó a producirse un cambio en pintura. No fue nada revolucionario, nada que se pareciera al cambio ocurrido hacia 1910, que significó la reconstrucción del arte sobre sus verdaderos cimientos. Pero hubo grupos de artistas que expresaron sus propósitos en formas inauditas hasta entonces. Esta transformación se está produciendo dentro de las fronteras de la pintura abstracta.

La representación de la realidad concreta, que surge de la primaria necesidad humana de cazar al vuelo el momento fugaz, se ha convertido en un arte sensitivo verdaderamente concreto en hombres como el francés Henri Cartier-Bresson, el suizo Werner Bischof y otros. Por tanto, podemos comprender por qué para los artistas jóvenes, el arte abstracto, tal como se ha practicado durante muchos años, no ofrecía aventura alguna, ni campo de conquista. Buscando lo nuevo, lo encontraron en lo que tenían más cerca, pero que se había perdido: en la naturaleza y el hombre. No les importaba, ni les importa, la reproducción de la naturaleza en la pintura, sino la expresión de su propia experiencia emotiva de la naturaleza.

El pintor francés Alfred Manessier definió las metas de su arte con estas palabras: "Lo que tenemos que reconquistar es el peso de la perdida realidad. Tenemos que hacernos por nuestra cuenta un nuevo corazón, un nuevo espíritu, una nueva alma a la medida del hombre. La verdadera realidad del pintor no reside en la abstracción ni en el realismo, sino en la reconquista de su peso como ser humano. En la actualidad, el arte no figurativo me parece que ofrece al pintor la única posibilidad de acceso a su propia realidad interior y de captar la consciencia de su mismidad esencial o, incluso, de su ser. Creo que sólo con la reconquista de su posición podrá el pintor, en el futuro, volver lentamente a sí mismo, redescubrir su propio paso y, de ese modo, fortalecerse para poder alcanzar la realidad exterior del mundo."

Jean Bazaine habla en forma análoga: "Para el pintor de hoy día es una gran tentación pintar el puro ritmo de sus sensaciones, los latidos más secretos de su corazón, en vez de incorporarlos en una forma concreta. Sin embargo, esto solamente conduce a unas matemáticas secas o a una especie de expresionismo abstracto que acaba en monotonía y en un progresivo empobrecimiento de la forma...Pero una forma que puede reconciliar al hombre con su mundo es un "arte de comunión", por el cual puede el hombre, en todo momento, reconocer su imagen sin forma en el mundo".

Lo que, de hecho, tienen hoy día los artistas en el corazón es una reunión consciente de su propia realidad interior con la realidad del mundo o de la naturaleza; o, en último caso, una nueva unión de cuerpo y alma, materia y espíritu. Ese es su camino para la "reconquista de su peso como seres humanos". Sólo ahora se empieza a percibir la gran escisión existente en el arte moderno (entre "gran abstracción" y "gran realismo") y se está en camino de allanarla.

Para el observador, la primera se manifiesta en el cambiado ambiente de las obras de estos artistas. Desde las pinturas de artistas como Alfred Manessier o del pintor, nacido en Bélgica, Gustave Singier, a pesar de toda su abstracción, irradia una creencia en el mundo y, a pesar de toda la intensidad de sensaciones, una armonía de formas y colores que con frecuencia alcanzan la serenidad. En los famosos tapices del pintor francés Jean Lurcat, del decenio 1950-60, la exuberancia de la naturaleza invade la pintura. Su arte podría llamarse sensorial, así como también imaginativo.

Encontramos también una serena armonía de formas y colores en las obras de Paul Klee. Esa armonía era lo que siempre había tratado de alcanzar. Sobre todo, se había dado cuenta de la necesidad de no negar el mal. "Aún el mal no debe ser un enemigo vencedor o degradante, sino una fuerza colaboradora en el conjunto". Pero el punto de partida de Klee no era el mismo. Vivió cerca "de lo muerto y nonato" a una distancia casi cósmica de este mundo, mientras que la más joven generación de pintores puede muy bien decirse que está más firmemente enraizada en la tierra.

Un punto importante que ha de notarse es que la pintura moderna, precisamente cuando ha avanzado lo suficiente para percibir la unión de opuestos, ha reanudado los temas religiosos. El "vacío metafísico" parece que se ha vencido. Y ha ocurrido lo que no se esperaba en absoluto: la Iglesia se ha hecho protectora del arte moderno. Sólo necesitamos mencionar aquí Todos los Santos en Basilea, con vidrieras de Alfred Manessier; la Iglesia de Assy, con pinturas de numerosos artistas modernos; la capilla de Matisse, en Vence; y la iglesia de Audincourt, que tiene obras de Jean Bazaine y del artista francés Fernand Léger.

La admisión del arte moderno en la Iglesia significa más que un acto de tolerancia por parte de sus protectores. Es un símbolo del hecho de que el papel representado por el arte moderno respecto al cristianismo está cambiando. La función compensadora de los viejos movimientos herméticos ha dado paso a la posibilidad de colaboración. Al hablar de los símbolos animales de Cristo, dijimos que la luz y los espíritus tectónicos se pertenecían mutuamente. Parece como si hoy día hubiera llegado el momento en que se alcanzara una nueva etapa en la solución de ese problema milenario.

No podemos saber lo que nos traerá el futuro, si la unión de opuestos dará resultados positivos o si el camino conducirá todavía catástrofes más inimaginables. Hay demasiada ansiedad y demasiado miedo actuando en el mundo, y ése sigue siendo el factor predominante en el arte y en la sociedad. Sobre todo, hay aún demasiada falta de inclinación por parte del individuo a aplicarse a sí mismo y a su vida las conclusiones que pueden extraerse del arte, aunque esté dispuesto a aplicarlas al arte. Con frecuencia, el artista puede expresar muchas cosas, inconscientemente y sin despierta hostilidad, que produce resentimiento cuando las expresa el psicólogo (hecho que podría demostrarse más categóricamente en la literatura que en las artes visuales). Ante las afirmaciones del psicólogo, el individuo se siente desafiado directamente; pero lo que el artista tiene que decir, en especial en nuestro siglo, generalmente permanece en una esfera impersonal.

Y, sin embargo, parece importante que la sugestión de una forma de expresión más total y, por tanto, más humana, se hubiera hecho visible en nuestro tiempo. Es una vaga esperanza, simbolizada para mí (en el momento de escribir: 1961) por ciertas pinturas del artista francés Pierre Soulages. Tras una catarata de amasijos gruesos y negros asoma un azul claro y puro o un amarillo radiante. La luz está naciendo tras las tinieblas.

5

Símbolos en un análisis individual
JOLANDE JACOBI

El comienzo del análisis

Existe la creencia, muy extendida, que los métodos de la psicología junguiana sólo son aplicables a las personas de edad intermedia. En verdad, muchos hombres y mujeres llegan a la mediana edad sin alcanzar la madurez psicológica y, por tanto, es necesario ayudarlos en las fases despreciadas de su desarrollo. No han completado la primera parte del proceso de individuación que ha descrito la doctora M. L. von Franz. Pero también es verdad que una persona joven puede encontrar graves problemas en su desarrollo. Si una persona joven le teme a la vida y encuentra difícil ajustarla a la realidad, puede preferir refugiarse en sus fantasías o permanecer como un niño. En una persona joven así (especialmente si es introvertida), a veces se pueden descubrir inesperados tesoros en el inconsciente y, trayéndolos a la consciencia, fortalecer su ego y darle la energía psíquica que necesita para llegar a ser una persona madura. Esa es la función del poderoso simbolismo de nuestros sueños.

Otros colaboradores de este libro han descrito la naturaleza de esos símbolos y el papel que desempeñan en la naturaleza psicológica humana. Es mi intención mostrar cómo el análisis puede ayudar al proceso de individuación tomando el ejemplo de un joven ingeniero de veinticinco años, al que llamaré Henry.

Henry procedía de un distrito rural del este de Suiza. Su padre, de ascendencia campesina protestante, era médico general. Henry lo describía como un hombre de elevadas normas morales, pero un tanto retraído y difícil de comparar con otras personas. Más padre era para sus pacientes que para sus hijos. En el hogar, la madre de Henry era la personalidad dominante. "Fuimos educados por la fuerte mano de nuestra madre", dijo en una ocasión. Ella procedía de una familia de ambiente académico y con amplios intereses artísticos. A pesar de su severidad, tenía un vasto horizonte espiritual; era impulsiva y romántica (sentía un gran amor por Italia). Aunque había nacido en el seno de una familia católica, sus hijos fueron educados en el protestantismo paterno. Henry tenía una hermana mayor que él, con la que se llevaba muy bien.

Henry era introvertido, tímido, de rasgos delicados y muy alto, de pelo rubio, frente alta y pálida y ojos azules con sombras oscuras. Él no creía que una neurosis (el motivo más corriente) le había llevado hasta mí sino, más bien, una incitación interior a ocuparse de su psique. Sin embargo, un fuerte vínculo materno y el temor a comprometerse con la vida se ocultaban tras esa incitación; pero ambas cosas sólo se descubrieron durante el análisis que hicimos. Acababa de terminar sus estudios, de ocupar un puesto en una gran fábrica y se enfrentaba con los numerosos problemas de un joven en el umbral de la virilidad. "Me parece - escribió en una carta en la que me pedía una entrevista - que esta fase de mi vida es particularmente importante y significativa. Tengo que decidir entre permanecer inconsciente en una seguridad bien protegida y aventurarme en un camino aún desconocido en el que tengo grandes esperanzas." Por tanto, la elección con la que se enfrentaba era o permanecer como joven solitario, vacilante e irreal o convertirse en un adulto independiente y responsable.

Henry me dijo que prefería los libros a la sociedad; se sentía cohibido ante la gente, y con frecuencia se sentía atormentado con dudas y autocriticismo. Había leído mucho para su edad y tenía inclinación hacia el intelectualismo estético. Después de una primitiva etapa atea se hizo ferviente protestante, pero, al fin, su actitud religiosa llegó a ser completamente neutral. Eligió estudios técnicos porque se sentía con inclinación hacia las matemáticas y la geometría. Poseía una mente lógica, adiestrada en las ciencias físico-naturales, pero también tenía cierta propensión a lo irracional y místico que no quería admitir ni ante sí mismo.

Unos dos años antes que comenzara su análisis, Henry se había comprometido con una muchacha católica de la parte francesa de Suiza. La describía como encantadora, eficiente y llena de iniciativas. Sin embargo, no estaba seguro de si debía cargar con la responsabilidad del matrimonio. Puesto que tenía tan escaso conocimiento acerca de las muchachas, pensó que sería mejor esperar o, incluso, permanecer soltero, dedicándose a una vida de estudios. Sus dudas eran lo bastante fuertes para impedirle llegar a una decisión; necesitó un paso más hacia la madurez antes que pudiera sentirse seguro de sí mismo.

Aunque en Henry se combinaban las cualidades de sus padres, estaba marcadamente vinculado a su madre. En su consciencia, estaba identificado con su madre verdadera (o "luz"), que representaba ideales elevados y ambiciones intelectuales. Pero en su inconsciente estaba profundamente en poder de los aspectos oscuros de su vinculación materna. Su inconsciente aún mantenía al ego en situación asfixiante. Todos sus netos pensamientos y sus esfuerzos para encontrar un punto de apoyo firme en lo puramente racional no eran más que un ejercicio intelectual.

La necesidad de escapar de ea "prisión materna" se expresaba en reacciones hostiles hacia su madre verdadera y a rechazar la "madre interior" como símbolo del lado femenino de su inconsciente. Pero una fuerza interior trataba de retrotraerle a la niñez, haciendo resistencia a cuanto le atrajera hacia el mundo exterior. Aún los atractivos de su novia no fueron suficientes para librarle de sus lazos maternos y ayudarle a que se encontrara a sí mismo. No se daba cuenta que su incitación interior a desarrollarse (que sentía con fuerza) incluía la necesidad de apartarse de su madre.

Mi labor analítica con Henry duró nueve meses. En total fueron 35 sesiones, en las que él expuso 50 sueños. Suele ser raro un análisis tan corto. Sólo es posible cuando hay sueños cargados de energía, como los de Henry, que aceleran el proceso de desarrollo. Por supuesto, desde el punto de vista junguiano, no hay norma alguna respecto al tiempo requerido para un análisis positivo. Todo depende de la predisposición del paciente a percibir hechos interiores y del material presentado por su inconsciente.

Al igual que la mayoría de los introvertidos, Henry llevaba una vida exterior un tanto monótona. Durante el día estaba totalmente dedicado a su trabajo. Por la tarde, a veces salía con su novia o con sus amigos, con los cuales le gustaba hablar de literatura. Muy frecuentemente se sentaba en su alojamiento absorto en la lectura de un libro o en sus propios pensamientos. Aunque examinábamos regularmente los sucesos de su vida diaria, y también su niñez y adolescencia, por lo general, pronto veníamos a parar a la investigación de sus sueños y de los problemas que le planteaba su vida interior. Resultaba extraordinario ver de qué modo tan enérgico insistían los sueños en su "llamada" al desarrollo espiritual.

Pero debo aclarar que no todo lo descrito aquí se lo dije a Henry. En los análisis, siempre debemos tener presente cuán explosivos pueden ser para el soñante los símbolos de sus sueños. El analista difícilmente logra ser lo bastante cuidadoso y reservado. Si se echa una luz demasiado brillante sobre el lenguaje onírico de los símbolos, el soñante puede caer en ansiedad y, de ese modo, desembocar en la racionalización como sistema de defensa. O puede no desear ya asimilarlos y caer en una grave crisis psíquica. También los sueños relatados y comentados aquí no son, en modo alguno, todos los sueños tenidos por Henry durante el análisis. Puedo exponer sólo algunos importantes que influyeron en su desarrollo.

Al comienzo de nuestra labor surgieron los recuerdos de niñez con importantes significados simbólicos. El más antiguo se remonta a cuando Henry tenía cuatro años. Dijo: "Una mañana me permitieron ir con mi madre a la panadería, y allí la panadera me dio un panecillo de media luna. No me comí el panecillo, pero lo llevaba ufanamente en la mano. Sólo estaban delante mi madre y la panadera; por tanto, yo era el único hombre." A tales medias lunas se las llama popularmente "diente de luna", y esa alusión simbólica a la luna subraya el poder dominante de lo femenino, un poder al que el niño podía haberse sentido expuesto y al que, como "único hombre", se sentía orgulloso de enfrentarse.

Otro recuerdo de su niñez procedía de sus cinco años. Se refería a la hermana de Henry, que acababa de llegar a casa después de examinarse en la escuela y le encontró construyendo una cabaña de juguete. La cabaña estaba hecha con bloques de madera dispuestos en forma rectangular y rodeados con una especie de muro que parecía el almenado de un castillo. Henry estaba satisfecho de su obra, y dijo para hacer rabiar a su hermana: "Has comenzado en la escuela, pero ya estás de vacaciones." La respuesta de su hermana de que él estaba siempre de vacaciones le contrarió mucho. Se sintió profundamente herido porque su "obra" no fue tomada en serio.

Aún, años después, Henry no había olvidado la amarga ofensa y la injusticia que sintió cuando su construcción fue rechazada. Sus problemas posteriores concernientes a la afirmación de su masculinidad y el conflicto entre valores racionales y valores fantásticos ya se ven en su primera experiencia. Y esos problemas también se han de ver en las imágenes de su primer sueño.

El sueño inicial

Al día siguiente de visitarme por primera vez, Henry tuvo el siguiente sueño:

"Iba de excursión con un grupo de personas a las que no conocía. Nos dirigíamos al Zinalrothorn. Habíamos partido de Samaden. Sólo anduvimos aproximadamente una hora porque íbamos a acampar y a representar algunas obras de teatro. Yo no tomaba parte en ellas. Recuerdo especialmente a una de las actrices, una joven con un papel patético que llevaba un ropaje largo y flotante.

"Era mediodía y yo quería continuar el camino. Como todos los demás prefirieron quedarse, me fui solo dejando mi impedimenta. Sin embargo, me encontré de vuelta en el valle y totalmente desorientado. Tuve que volver con mis acompañantes, pero no sabía qué ladera de la montaña había que escalar. Dudé en preguntarlo. Finalmente, una mujer vieja me indicó qué camino debía seguir.

"Entonces ascendí partiendo de un punto distinto al que había utilizado nuestro grupo por la mañana. Se trataba de dar la vuelta a cierta altitud y luego seguir la ladera de la montaña para volver al grupo. Ascendí por la vía de un ferrocarril de cremallera por el lado derecho. A mi izquierda, constantemente cruzaban cochecitos en cuyo interior llevaban todos un hombrecillo escondido e hinchado con traje azul. Se decía que estaban muertos. Yo temía a otros coches que venían de atrás y estuve mirando alrededor para que no me atropellaran. Mi ansiedad era innecesaria.

"En el lugar donde tenía que torcer a la derecha, había gente que me esperaba. Me llevaron a una posada. Comenzó a caer un chaparrón. Lamenté no tener allí mi impedimenta - la mochila y la bicicleta de motor -, pero me habían dicho que no la cogiera hasta la mañana siguiente. Acepté el consejo."

El Dr. Jung concedía gran importancia al primer sueño en un análisis porque, según él, con frecuencia tiene un valor anticipatorio. La decisión de comenzar un análisis generalmente suele ir acompañada de una conmoción emotiva que perturba los profundos estratos psíquicos de donde surgen los símbolos arquetípicos. Por tanto, los primeros sueños con frecuencia presentan "imágenes colectivas" que proporcionan una perspectiva para el análisis como conjunto y pueden dar al terapeuta una visión profunda de los conflictos psíquicos del soñante.

¿Qué nos dice el sueño contado antes sobre el futuro desarrollo de Henry? Primeramente hemos de examinar algunas de las asociaciones que el propio Henry nos proporcionó. El pueblo de Samaden había sido la patria chica de Jürg Jenatsch, famoso luchador por la libertad, suizo, del siglo XVIII. Las "obras de teatro" aludían al pensamiento de *Wilhelm Meisters Lehrjahre*, de Goethe, del cual Henry gustaba mucho. En la mujer veía un parecido con la figura de un cuadro titulado Isla de los Muertos, del pintor suizo del siglo XIX, Arnold Böcklin. La "vieja sabia", como él la llamaba, parecía estar asociada, por una parte, con su analista; por otra parte, con la asistenta de la comedia de J. B. Priestley *They came to a City*. La vía del ferrocarril de cremallera le recordaba la cabaña (con almenas) que había construido de niño.

El sueño describe una "excursión" (una especie de "viaje a pie") que es un paralelo asombroso de la decisión de Henry de emprender un análisis. El proceso de individuación se simboliza frecuentemente con un viaje de descubrimiento a tierras desconocidas.

Tal viaje ocurre en el *Pilgrim's Progress*, de John Bunyan, o en la *Divina Comedia*, de Dante. El "viajero" en el poema de Dante, buscando un camino, llega a una montaña y decide ascenderla. Pero a causa de tres extraños animales (un motivo que también aparecerá en uno de los últimos sueños de Henry), se ve forzado a descender al valle e, incluso, al infierno. (Después vuelve a ascender al purgatorio y, finalmente, alcanza el paraíso.) De este paralelismo se puede deducir que podía haber para Henry un período análogo de desorientación y búsqueda solitaria almacenado en él. La primera parte de ese viaje vital, representada como la ascensión a una montaña, nos ofrece el ascenso desde el inconsciente a un punto de vista elevado del ego, es decir, a una consciencia incrementada.

Samaden se nombra como el punto de partida de la excursión. Allí es donde Jenatsch (a quien podemos tomar como corporización del sentido de "búsqueda de la libertad" dentro del inconsciente de Henry) inició su campaña para liberar la región de la Valtelina, de la Suiza sometida a Francia. Jenatsch tenía otras características comunes con Henry: era un protestante que se había enamorado de una muchacha católica; y, al igual que Henry, cuyo análisis le iba a liberar de sus vínculos maternos y del miedo a la vida, Jenatsch también luchó por la liberación. Podría interpretarse esto como un augurio favorable del éxito de Henry en su lucha por liberarse.

La meta de la excursión era el Zinalrothorn, una montaña de la Suiza occidental que él no conocía.

La palabra *rot* ("rojo") en Zinalrothorn toca el problema emotivo de Henry. El rojo suele ser el símbolo del sentimiento o la pasión; aquí señala hacia el valor de la función de sentimiento, que estaba poco desarrollada en Henry. Y la palabra *horn* ("cuerno") recuerda uno de los panecillos de media luna en la panadería de la niñez de Henry.

Después de un corto paseo, hay un alto, y Henry puede volver a su estado de pasividad. Esto también pertenece a su naturaleza. El punto está subrayado por las "obras de teatro". Asistir al teatro (que es una imitación de la vida) es una forma popular de evadirse de una parte activa del drama de la vida. El espectador puede identificarse con la obra y, sin embargo, seguir siendo intermediario de sus propias fantasías. Esta clase de identificación permitió a los griegos experimentar la catarsis, al igual, en gran parte, que el psicodrama iniciado por el psiquiatra J. L. Moreno se utiliza hoy día como ayuda terapéutica. Algunos de tales procesos pueden haber permitido a Henry soportar el desarrollo interior cuando sus asociaciones provocaron el recuerdo de *Wilhelm Meister*, la novela de Goethe sobre la maduración de un joven.

Tampoco es sorprendente que Henry se sintiera impresionado por el aspecto romántico de una mujer. Esa figura se parece a la madre de Henry y es, al mismo tiempo, una personificación del propio lado femenino de su inconsciente. La relación que Henry establece entre ella y la *Isla de los Muertos*, de Böcklin, señala hacia su humor depresivo, tan fielmente expresado por la pintura al mostrar una figura vestida de blanco y con aspecto sacerdotal dirigiendo una barca, en la que lleva un ataúd hacia la isla. Aquí tenemos una significativa paradoja doble: la quilla de la barca parece sugerir un curso contrario, alejado de la isla; y el "sacerdote" es una figura de sexo inseguro. En las asociaciones de Henry esta figura es, con certeza, hermafrodita. La doble paradoja coincide con la ambivalencia de Henry: las oposiciones de su alma están aún demasiado indiferenciadas para que puedan separarse claramente.

Después de ese interludio en el sueño, Henry, de repente, se da cuenta que es mediodía y que debe continuar. De ese modo, vuelve a ponerse en camino. Un camino montañero es un conocido símbolo de una "situación intermedia", que conduce desde una vieja actitud mental a otra nueva. Henry tiene que ir solo: es esencial para su ego coronar la prueba sin ayuda. Por eso deja la mochila, una acción que significa que su equipo mental se ha convertido en una carga o que debe cambiar su fondo normal de tomar las cosas.

Pero no alcanza el camino. Deja su impedimenta y se encuentra de vuelta en el valle. Este fracaso muestra que mientras el ego de

Henry se decide por la actividad, sus otras entidades psíquicas (representadas por los otros miembros de la excursión), permanecen en el viejo estado de pasividad y rehusan acompañar al ego. (Cuando el propio soñante aparece en un sueño, por lo general representa sólo su ego consciente; las otras figuras representan a sus cualidades inconscientes más o menos conocidas.)

Henry está en una situación en la que se encuentra sin ayuda, aunque le avergüenza admitirlo. En ese momento se encuentra con una mujer vieja, que le indica el camino conveniente. Él no puede hacer otra cosa sino aceptar el consejo. La útil "mujer vieja" es conocida en los mitos y cuentos de hadas como símbolo de la sabiduría de la eterna naturaleza femenina. El racionalista Henry duda en aceptar su ayuda, porque tal aceptación requiere un *sacrificium intellectus*, un sacrificio o desechamiento de una forma racional de pensamiento. (Esta exigencia volverá a presentarse con frecuencia en los últimos sueños de Henry.) Tal sacrificio es inevitable; se aplica a su relación con el análisis, así como a la vida diaria.

Henry asociaba la figura de la "mujer vieja" con la asistenta de la comedia de Priestley acerca de una ciudad de "sueño" (quizá una analogía con la Nueva Jerusalén del Apocalipsis), en la que los personajes sólo pueden entrar después de una especie de iniciación. Esta asociación parece mostrar que Henry había reconocido intuitivamente esa confrontación como decisiva para él. La asistenta de la comedia de Priestley dice que en la ciudad "me han prometido una habitación para mí". Una vez esté allí, ella confiará en sí misma y será independiente, tal como Henry trata de ser.

Si un joven técnicamente predispuesto, como Henry, elige conscientemente el camino del desarrollo psíquico, tiene que estar preparado para el cambio completo de sus viejas concepciones mentales. Por tanto, por consejo de la mujer tiene que iniciar su ascensión desde un lugar distinto. Sólo entonces le será posible juzgar a qué altura deberá desviarse para alcanzar al grupo - las otras cualidades de su psique - que ha dejado atrás.

Asciende por la vía de un ferrocarril de cremallera (un motivo que, quizá, refleja su cultura técnica) y se mantiene al lado derecho de la vía, que es el lado consciente. (En la historia del simbolismo, el lado derecho generalmente representa el reino de la consciencia; el izquierdo, el inconsciente.) Por la izquierda, van bajando cochecitos en cuyo interior se esconde un hombrecillo. Henry teme que le atropellen los coches que venían por detrás. Su inquietud no tiene fundamento, pero revela que Henry teme lo que, por así decir, yace tras su ego.

Los hombres hinchados y con traje azul podrían simbolizar los estériles pensamientos intelectualistas que se van desencadenando mecánicamente. El azul con frecuencia denota la función de pensar. Así es que los hombres podrían ser símbolos de ideas o actitudes que han muerto en las alturas intelectuales, donde el aire es demasiado fino. También podrían representar las partes interiores y sin vida de la psique de Henry.

En el sueño se hace un comentario acerca de esos hombres: "Se decía que estaban muertos". Pero Henry está solo. ¿Quién dice eso? Es una voz, y cuando en un sueño se oye una voz es un hecho muy significativo. El doctor Jung identifica la aparición de una voz en sueños con la intervención del "sí-mismo". Representa un conocimiento que tiene sus raíces en los fundamentos colectivos de la psique. Lo que dice la voz no puede discutirse.

El conocimiento profundo de Henry ha progresado acerca de las "fórmulas" muertas, a las que estuvo tan apegado, y marca un punto de giro en el sueño. Al fin, ha alcanzado el lugar adecuado para tomar una nueva dirección, a la derecha (la dirección consciente), hacia la consciencia y el mundo exterior. Allí encuentra esperándole las personas que se dejó atrás; y así puede llegar a tener consciencia de aspectos de su personalidad anteriormente desconocidos. Puesto que su ego ha sobrepasado los peligros con que se enfrentó estando solo (hazaña que podía hacerle más maduro y estable), puede volver a unirse al grupo o "colectividad" y encontrar refugio y comida.

Luego viene la lluvia, un chaparrón que afloja la tensión y hace fértil a la tierra. En mitología, se consideraba con frecuencia que la lluvia era una "unión amorosa" entre el cielo y la tierra. En los misterios eleusinos, por ejemplo, después que todo había sido purificado con agua, venía la invocación al cielo: "¡Llueve!" y luego a la tierra: "¡Fructifica!". Eso se consideraba un matrimonio sagrado de los dioses. De este modo, puede decirse que la lluvia representa una "solución" en el sentido literal de la palabra.

Al descender, Henry vuelve a encontrar los valores colectivos simbolizados por la mochila y la bicicleta de motor. Ha pasado por una fase en la que ha fortalecido su consciencia del ego demostrando que puede valerse por sí solo y se le renueva su necesidad de contacto social. Sin embargo, acepta la sugerencia de sus amigos de que debe esperar y recoger sus cosas a la mañana siguiente. De este modo se somete por segunda vez a un consejo que viene de cualquier parte: la primera vez, al consejo de una mujer vieja, a un poder subjetivo, a una figura arquetípica; la segunda vez, a un modelo colectivo. Con este paso, Henry ha rebasado una piedra miliar en el camino de la madurez.

Como una anticipación del desarrollo interior que Henry esperaría alcanzar mediante el análisis, este sueño era extraordinariamente prometedor. Las oposiciones en conflicto que mantenían en tensión el alma de Henry estaban simbolizadas en forma impresionante. Por una parte, estaba su incitación consciente a ascender y por otra, su tendencia a la contemplación pasiva. También la imagen de la joven patética con su vestidura blanca (representante de la sensibilidad y el romanticismo de Henry), contrasta con los cadáveres hinchados vestidos de azul (que representan su estéril mundo intelectual). Sin embargo, a Henry, vencer esos obstáculos y alcanzar el equilibrio sólo le sería posible después de las más duras pruebas.

Miedo al inconsciente

Los problemas que encontramos en el sueño inicial de Henry se presentaron en otros muchos: problemas como la vacilación entre la actividad masculina y la pasividad femenina, o una tendencia a esconderse tras el ascetismo intelectual. Le tenía miedo al mundo, sin embargo, le atraía. Fundamentalmente, temía las obligaciones del matrimonio, las cuales exigían que formalizara unas relaciones serias con una mujer. Tal ambivalencia no es rara para quien está en el umbral de la virilidad. Aunque por su edad Henry había rebasado esa fase, su madurez interior no corría pareja con sus sueños. Este problema se encuentra con frecuencia en los introvertidos con su miedo a la realidad y al mundo exterior.

El cuarto sueño que Henry contó proporcionó una chocante ilustración de su estado psicológico:

"Me parece que he tenido este sueño infinidad de veces. Servicio militar, carrera de larga distancia. Voy yo solo. Jamás llego a la meta. ¿Seré el último? El camino lo conozco muy bien, todo él *déjà vu*. La salida es en un bosquecillo, y el suelo está cubierto de hoja secas. El terreno corre en suave pendiente hacia un riachuelo idílico que invita a detenerse. Después, hay un camino polvoriento. Conduce hacia Hombrechtikon, un pueblecillo junto al lago alto de Zurich. Un arroyo bordeado de sauces semejantes a un cuadro de Böcklin en el que una vagorosa figura femenina sigue el curso del agua. Se hace de noche. En un pueblo, pregunto en qué dirección está el camino. Me dicen que el camino sigue durante unas siete horas hasta un sendero. Me recupero y continúo.

"Sin embargo, esta vez el final del sueño es distinto. Después del arroyo bordeado de sauces, llego a un bosque. Descubro allí una cervatilla que se aleja corriendo. Me ufano al contemplarla. La cervatilla ha aparecido por la izquierda y yo tuerzo a la derecha. Veo allí tres extrañas criaturas, mitad cerdos, mitad perros con patas de canguro. Las caras no se distinguen y tienen largas orejas caídas de perro. Puede que sean personas disfrazadas. Cuando yo era muchacho, una vez me disfracé con un disfraz circense de burro."

El comienzo de este sueño de Henry es de evidente parecido con el primero. Vuelve a aparecer una figura femenina vagorosa y la ambientación del sueño se asocia con otra pintura de Böcklin. Ese cuadro, titulado *Pensamientos de otoño*, y las hojas secas mencionadas a comienzos del sueño, subrayan el carácter otoñal. También aparece en este sueño un ambiente romántico. Aparentemente este paisaje interior, que representa la melancolía de Henry, le es muy conocido. Vuelve a estar con un grupo de personas; esta vez con camaradas militares en una carrera de larga distancia.

Toda esa situación (como también lo sugiere el servicio militar) podría considerarse como representación del destino medio de un hombre. El propio Henry dice: "Es un símbolo de la vida". Pero el soñante no desea someterse a él. Continúa solo, lo cual, probablemente, siempre fue el caso de Henry. Por eso tiene la impresión de que todo es *déjà vu*. Su pensamiento ("Jamás llego a la meta") indica una fuerte sensación de inferioridad y la creencia de que no puede ganar la "carrera de larga distancia".

El camino le lleva a Hombrechtikon, nombre que le recuerda sus planes secretos de abandonar o romper con su casa (*Hom* = hogar, casa; *brechen* = romper). Pero como esa rotura no se produce, vuelve a perder (como en el primer sueño) el sentido de orientación, y tiene que preguntar la dirección.

Los sueños compensan más o menos explícitamente la actitud mental consciente del soñante. La figura romántica y femenina del ideal consciente de Henry está contrapesada con la aparición de los animales extraños con aspectos de hembras. El mundo de los instintos de Henry está simbolizado por algo que es femenino. El bosque es un símbolo de una zona inconsciente, un lugar oscuro donde viven animales. Al principio, surge una cervatilla - símbolo de la feminidad, tímida, huidiza, inocente -, pero sólo por un momento. Luego ve Henry tres animales mixtos, de apariencia extraña y repulsiva. Parecen representar el instinto indiferenciado, una especie de masa confusa de sus instintos que contienen la materia prima de un desarrollo posterior. Su característica más notable es que, virtualmente, todos carecen de rostro y, por tanto, sin la más leve vislumbre de consciencia.

En el concepto de mucha gente, el cerdo está asociado íntimamente con la lujuria (Circe, por ejemplo, convertía en cerdos a los hombres que la deseaban.) El perro puede representar la lealtad, pero también la promiscuidad, porque no distingue al elegir pareja. Sin embargo, el canguro es, con frecuencia, símbolo de maternalidad y capacidad de ternura.

Todos estos animales sólo presentan rasgos rudimentarios y aún éstos, están contaminados de falta de sentido. En alquimia, la "materia prima" solía representarse con tales criaturas monstruosas y fabulosas, formas animales mezcladas. En términos psicológicos probablemente simbolizarían todo el inconsciente originario, del cual puede elevarse el ego individual y comenzar a desarrollarse hacia la madurez.

El miedo de Henry a los monstruos se evidencia con su intento de hacerlos parecer inofensivos. Necesita convencerse que sólo son gente disfrazada, como él mismo se disfrazó siendo muchacho. Su ansiedad es natural. El hombre que descubre tales monstruos inhumanos en su propio interior, como símbolos de ciertos rasgos de su inconsciente, tiene toda la razón para sentir miedo.

Otro sueño también muestra el miedo de Henry a las profundidades de su inconsciente:

"Soy grumete en un barco de vela. Paradójicamente, las velas están desplegadas, aunque hay una calma completa. Mi tarea consiste en sostener una cuerda que sirve para atar un mástil. Aunque parezca extraño, la borda es una pared cubierta con losas de piedra. Toda esa estructura está exactamente hasta el límite entre el agua y el barco de vela que flota en ella solo. Sujeto con firmeza la cuerda (no el mástil), y me está prohibido mirar al agua".

En este sueño, Henry está en una situación psicológica fronteriza. la borda es una pared que le protege pero, al mismo tiempo, le obstruye la vista. Le está prohibido mirar al agua (donde puede descubrir fuerzas desconocidas). Todas estas imágenes revelan su duda y su miedo.

El hombre que teme las comunicaciones de sus profundidades interiores (como Henry), le tiene tanto miedo al elemento femenino que hay dentro de sí como a la mujer real. Hay momentos en que se siente fascinado por ella, en otros, trata de huirla; fascinado y aterrado, huye para no ser su "presa". No se atreve a acercarse con su sexualidad animal a una mujer amada (y, por tanto, idealizada).

Como resultado típico de su vínculo materno, Henry tenía dificultad para dar a una misma mujer su sentimiento y su sensualidad. Una y otra vez, sus sueños demostraban sus deseos de librarse de ese dilema. En uno de los sueños, era un "monje con una misión secreta". En otro, sus instintos le tentaron en un burdel:

"Junto con un camarada del ejército, que había tenido muchas aventuras eróticas, me encuentro esperando frente a una casa en una calle oscura de una ciudad desconocida. Sólo se permite la entrada a las mujeres. Por tanto, en el vestíbulo, mi amigo se pone una pequeña careta de carnaval con cara de mujer y sube por la escalera. Posiblemente, yo hice lo mismo que él, pero no lo recuerdo claramente."

Lo que este sueño propone satisfaría la curiosidad de Henry, pero al precio de un fraude. Como hombre, carece del atrevimiento para entrar en la casa que, evidentemente, es un burdel. Pero si prescinde de su masculinidad, podría ver por dentro ese mundo prohibido, prohibido por su mente consciente. Sin embargo, el sueño no nos dice si se decide a entrar. Henry aún no ha vencido sus inhibiciones, fracaso comprensible si consideramos las implicaciones de entrar en un burdel.

Este sueño me parece que revela en Henry una veta erótica homosexual: parecía sentir que una "careta" femenina le haría atractivo para los hombres. Esta hipótesis la apoya el siguiente sueño:

"Me encuentro que he retrocedido a mis cinco o seis años de edad. Mi compañero de juego de esos días me dice cómo participó en una acción obscena con el director de una fábrica. Mi amigo ponía la mano derecha en el pene del hombre para mantenerlo caliente y, a la vez, para calentarse la mano. El director era un amigo íntimo de mi padre y al que yo admiraba por su interés amplio y variado. Pero nos reíamos de él porque era un "joven eterno".

En los niños de esa edad los juegos eróticos homosexuales no son infrecuentes. Que Henry vuelva a ellos en sus sueños sugiere que se sentía abrumado por sentimientos culpables y, por tanto, fuertemente reprimidos. Tales sentimientos estaban vinculados a su profundo miedo a formalizar lazos duraderos con una mujer. Otro sueño, y sus asociaciones, aclaran ese conflicto:

"Participo en la boda de una pareja desconocida. A la una de la mañana, los participantes en la boda regresan de las ceremonias; los contrayentes, y el invitado y la invitada de honor. Entraron en un patio grande donde yo les esperaba. Parece que los recién casados ya han tenido una pelea, y también la otra pareja. Finalmente, encuentran la solución retirándose separadamente los dos hombres y las dos mujeres."

Henry explicó: "Aquí ve usted la guerra de sexos tal como la describe Giraudoux." Y luego añade: "El palacio de Baviera, donde recuerdo haber visto este patio del sueño, ha estado hasta hace poco desfigurado con alojamientos de urgencia para gente pobre. Cuando yo lo visité, me pregunté si no hubiera sido preferible llevar una existencia pobre en las ruinas de una belleza clásica que llevar una vida activa estando rodeado por la fealdad de una gran ciudad. También me pregunté, cuando fui testigo en la boda de un camarada, si su matrimonio sería duradero porque la novia me produjo una impresión desfavorable".

El ardiente deseo de retirarse hacia la pasividad y la introversión, el miedo a un fracaso matrimonial, la separación de sexos de su sueño, todos éstos son síntomas inconfundibles de las dudas secretas ocultas bajo la consciencia de Henry.

El santo y la prostituta

La situación psíquica de Henry quedó más netamente retratada en el siguiente sueño, en el cual se exponía su miedo a la sensualidad primitiva y su deseo de evadirse hacia una especie de ascetismo. En este sueño se puede ver la dirección que estaba tomando su desarrollo. Por tanto, el sueño lo interpretaremos por extenso.

"Me encuentro en un estrecho camino de montaña. A la izquierda (según se desciende) hay un profundo abismo; a la derecha, un muro de rocas. A lo largo del camino hay diversidad de cuevas, refugios, cortados en la roca, como protección de la intemperie para los vagabundos solitarios. En una de esas cuevas, medio escondida, se había refugiado una prostituta. Aunque parezca extraño, la veo desde atrás, desde el lado de las rocas. Tiene un cuerpo sin formas, esponjoso. La miro con curiosidad y le toco las nalgas. Quizá, eso me parece de repente, no es una mujer sino una especia de prostituta masculina.

"Esa misma criatura va entonces hacia adelante como un santo, con una chaqueta corta color carmesí echada por los hombros. Baja al camino y entra en otra cueva mucho mayor provista de sillas y bancos toscos. Con mirada altiva echa a todos los que ya estaban presentes, y a mí también. Luego, él y sus seguidores entran y se instalan."

La asociación personal que Henry atribuyó a la prostituta era la *Venus de Willendorf*, una estatuilla (de la Edad Paleolítica) de una mujer carnosa, probablemente una diosa de la naturaleza o de la fertilidad. Después añadió: "Oí primeramente que tocar las nalgas es un rito de fertilidad, cuando estuve de viaje por el Wallis (cantón de la Suiza francesa), donde visité antiguas tumbas célticas y excavaciones. Allí me dijeron que en otro tiempo había una suave superficie inclinada hecha de baldosas embadurnadas con toda clase de sustancias. Las mujeres estériles tenían que deslizarse por allí sobre las nalgas desnudas con el fin de curarse su esterilidad".

A la chaqueta del "santo", Henry asociada esto: "Mi novia tenía un chaquetón de forma parecida, pero era blanco. La tarde anterior al sueño estuvimos bailando y ella llevaba ese chaquetón blanco. Otra muchacha, amiga suya, estaba con nosotros. Tenía un chaquetón carmesí, que me gustaba más."

Si los sueños no son satisfacciones de los deseos (como creía Freud), sino, más bien, como suponía Jung, "autorrepresentaciones del inconsciente", entonces tenemos que admitir que la situación psíquica de Henry difícilmente podía estar mejor representada que en la descripción dada del "santo" en el sueño.

Henry es un "vagabundo solitario" en el camino estrecho. Pero (quizá gracias al análisis) ya está descendiendo de las inhospitalarias alturas. A la izquierda, en el lado del inconsciente, el camino está bordeado por las terribles profundidades de un abismo. A la derecha, el lado de la consciencia, el camino está bloqueado por el rígido muro de roca de sus ideas conscientes. Sin embargo, en las cuevas (que pudieran representar, por así decir, las zonas inconscientes del campo de la consciencia de Henry), hay lugares donde puede encontrarse refugio cuando llega el mal tiempo, en otras palabras, cuando las tensiones exteriores se hacen demasiado amenazadoras.

Las cuevas son el resultado de intencionada labor humana: están excavadas en la roca. En cierto modo, se parecen a las fisuras que se producen en nuestra consciencia cuando nuestro poder de concentración ha alcanzado sus límites y se rompe, de tal modo que el material de la fantasía puede penetrar sin restricción. En tales momentos, algo inesperado puede revelarse y permitir una mirada profunda en el fondo de la psique, un rápido vistazo a las regiones del inconsciente donde nuestra imaginación se desenvuelve libremente. Además, las cuevas rocosas pueden ser símbolos del seno de la Madre Tierra, que aparecen como cavernas misteriosas en las que puede producirse la transformación y el renacer.

Por tanto, el sueño parece representar la retirada introvertida de Henry - cuando el mundo llega a ser demasiado difícil para él - a una "cueva" dentro de su consciencia donde puede someterse a sus fantasías subjetivas. Esta interpretación también explicaría por qué él ve la figura femenina, que es una réplica de algunos de los rasgos femeninos interiores de su psique. Ella es una prostituta sin forma, esponjosa, medio escondida, que representa la imagen, reprimida en su inconsciente, de una mujer a la que Henry nunca se habría acercado en la vida consciente. Ella habría sido siempre para él completamente tabú a pesar del hecho que (como opuesto a una madre excesivamente venerada), la prostituta tuviera una secreta fascinación para él, como para todo hijo con complejo materno.

La idea de restringir las relaciones con una mujer a una sensualidad puramente animal, excluido todo sentimentalismo, tienta con frecuencia a los jóvenes de tal índole. En semejante unión él puede mantener sus sentimientos sin división y, por tanto, puede seguir siendo "sincero" con su madre en último sentido. De ese modo, a pesar de todo, el tabú establecido por la madre contra toda otra mujer permanece inflexiblemente efectivo en la psique del hijo.

Henry, que parece haberse retirado completamente al fondo de la cueva de su fantasía, ve a la prostituta sólo "desde atrás". No se atreve a mirarla a la cara. Pero "por la espalda" también significa desde su lado menos humano: sus nalgas (es decir, la parte de su cuerpo que estimulará la actividad sensual del macho).

Al tocar las nalgas de la prostituta, Henry lleva a cabo inconscientemente una especie de rito de fertilidad, análogo a los ritos que se practican en muchas tribus primitivas. La imposición de manos y la curación van juntas con frecuencia; de la misma forma, tocar con la mano puede ser una defensa o una maldición.

Inmediatamente, le surge la idea de que la figura no es una mujer, sino una prostituta masculina. Así, la figura se hace hermafrodítica, como muchas figuras mitológicas (y como la figura "sacerdotal" del primer sueño). La inseguridad concerniente a su propio sexo puede observarse con frecuencia en los púberes; y por esa razón, la homosexualidad en la adolescencia no se considera infrecuente. Ni es tal incertidumbre excepcional para un joven con la estructura psicológica de Henry; él ya ha dado a entender eso en algunos de sus primeros sueños.

Pero la represión (como la incertidumbre sexual) puede causar la confusión acerca del sexo de la prostituta. La figura femenina que, a la vez, atrajo y repelió al soñante se transforma, primeramente, en un hombre, y después en un santo. La segunda transformación elimina de la imagen todo lo sexual e implica que el único medio de escapar de la realidad del sexo está en la adopción de una vida ascética y santa, negando la carne. Tales cambios dramáticos son corrientes en los sueños: algo se convierte en su opuesto (como la prostituta se vuelve un santo) para demostrar que con la transmutación aún los opuestos más extremos pueden cambiarse uno en otro.

Henry también vio algo significativo en la chaqueta del santo. Una chaqueta suele ser el símbolo de la cubierta protectora o máscara (que Jung llamó la *persona*) que un individuo presenta ante el mundo. Tiene dos propósitos: primero, producir una impresión específica en los demás; segundo, esconder el "sí-mismo" interior del individuo a los ojos escrutadores ajenos. La *persona* que Henry da en su sueño al santo nos dice algo acerca de su actitud respecto a su novia y su amiga. La chaqueta del santo tiene el color del chaquetón de la amiga, que Henry ha admirado, pero también tiene la forma del chaquetón de la novia. Esto puede implicar que el inconsciente de Henry deseaba atribuir santidad a ambas mujeres con el fin de protegerse de sus atractivos femeninos. También la chaqueta es roja que (como ya hemos dicho antes) es tradicionalmente el color simbólico del sentimiento y la pasión. Eso da a la figura del santo una especie de espiritualidad erotizada, cualidad que se encuentra con frecuencia en hombres que reprimen su propia sexualidad y tratan de fiarse solamente de su "espíritu" o razón.

Sin embargo, tal huida del mundo de la carne no es natural en un joven. En la primera mitad de la vida deberíamos aprender a aceptar nuestra sexualidad; es esencial para la preservación y continuación de nuestra especie. El sueño parece estar recordando a Henry precisamente ese punto.

Cuando el santo deja la cueva y desciende al camino (descendiendo de las alturas hacia el valle), entra en otra cueva con sillas y bancos toscos, que recuerda uno de los lugares de oración de los cristianos primitivos y de refugio contra la persecución. Esta cueva parece un lugar sagrado, de curación, un lugar de meditación y del misterio de transformación de lo terrenal a lo celestial, de lo carnal a lo espiritual.

A Henry no se le permite seguir al santo, sino que se vuelve de la cueva con todos los presentes (es decir, con sus entidades inconscientes.) Verosímilmente, a Henry y a todos los otros que no son seguidores del santo se les está diciendo que tienen que vivir en el mundo exterior. El sueño parece decir que Henry tiene, primeramente, que triunfar en la vida exterior antes que sea capaz de sumergirse en una esfera religiosa o espiritual. La figura del santo también parece simbolizar (de un modo anticipatorio, relativamente indiferenciado) el "sí-mismo", pero Henry aún no tiene suficiente madurez para permanecer junto a esa figura.

Cómo se desarrolló el análisis

A pesar del escepticismo y la resistencia iniciales, Henry comenzó a tomar vivo interés en los sucesos internos de su psique. Evidentemente, estaba impresionado por sus sueños. Parecían compensarle su vida consciente de forma significativa y darle valiosos conocimientos profundos de su ambivalencia, su vacilación y su preferencia por la pasividad.

Después de algún tiempo, aparecieron sueños más positivos que mostraban que Henry ya estaba "en el buen camino". Dos meses después que hubiera comenzado su análisis, contó el siguiente sueño:

"En el puerto de un pueblecito, no lejos de mi casa, y en la orilla de un lago de las cercanías, están extrayendo del fondo del lago locomotoras y furgones que habían sido hundidos en la última guerra. Primeramente sacan un gran cilindro, como la caldera de una locomotora. Luego un furgón enorme y lleno de herrumbre. Toda la escena tiene un aspecto horrible, pero pintoresco. Las piezas recuperadas tienen que ser transportadas por las vías y con cables de la cercana estación de ferrocarril. Entonces el fondo del lago se transforma en un verde prado."

Aquí vemos qué notable avance interior ha hecho Henry. Las locomotoras (probablemente símbolos de energía y dinamismo) habían sido "hundidas" - es decir, reprimidas en el inconsciente -, pero ahora son sacadas a la luz del día. Con ellas hay furgones en los que puede transportarse toda clase de mercancía valiosa (cualidades psíquicas). Ahora que esos "objetos" vuelven a estar al alcance de la vida consciente de Henry, puede empezar a darse cuenta de cuánta fuerza activa podría estar a su disposición. La transformación del oscuro fondo del lago en prado, subraya su capacidad para la acción positiva.

Algunas veces, en el "viaje solitario" de Henry hacia la madurez, él también recibe ayuda de su lado femenino. En su sueño vigésimo cuarto, se encuentra con una "muchacha jorobada":

"Voy camino de una escuela en compañía de una señorita desconocida de aspecto pequeño y delicado pero desfigurada por una joroba. Otras muchas personas van entrando en la escuela. Mientras otras se distribuyen por diversas aulas para lecciones de canto, la muchacha y yo nos sentamos ante una mesita cuadrada. Ella me da una lección particular de canto. Siento lástima de ella y, por tanto, la beso en la boca. Sin embargo, me doy cuenta que con ese acto soy infiel a mi novia, aún cuando pueda ser excusable".

Cantar es una de las expresiones inmediatas de los sentimientos. Pero (como hemos visto) Henry les tiene miedo a sus sentimientos; los conoce sólo de una forma adolescente idealizada. No obstante, en este sueño le enseñan a cantar (la expresión de los sentimientos) ante una mesa cuadrada. La mesa, con sus cuatro lados iguales, es una representación del motivo "cuádruple", que, generalmente, es un símbolo de completamiento. De ese modo, la relación entre el cantar y la mesa cuadrada parece indicar que Henry tiene que integrar su lado "sentimental" antes que pueda alcanzar el completamiento psíquico. De hecho, la lección de canto conmueve sus sentimientos, y besa a la muchacha en la boca. Por lo cual, en cierto sentido, se "desposa" con ella (de no ser así, no se habría sentido "infiel"); ha aprendido a relacionarse con "la mujer interior".

Otro sueño demuestra la parte que esa señorita jorobada ha desempeñado en le desarrollo interior de Henry:

"Estoy en una escuela desconocida. Durante la hora de clase me introduzco, a escondidas, en la casa, aunque no sé con qué fin. Me escondo en la habitación tras un pequeño armario cuadrado. La puerta del pasillo está entreabierta. Temo que me descubran. Un adulto pasa sin verme. Pero entra una muchachita jorobada y me ve inmediatamente. Me empuja y me saca de mi escondite".

No sólo aparece en los dos sueños la misma muchacha, sino que, ambas apariciones son en una escuela. En ambos casos, Henry tiene que aprender algo que le ayuda en su desarrollo. Verosímilmente, él desearía satisfacer su deseo de saber mientras permanecía inadvertido y pasivo.

La figura de una muchachita deforme aparece en numerosos cuentos de hadas. En esos cuentos la fealdad de la joroba suele esconder una gran belleza que se descubre cuando el "hombre adecuado" viene a libertar a la muchacha de su mágico encantamiento, generalmente con un beso. La muchacha del sueño de Henry puede ser un símbolo del alma de Henry, la cual también tiene que ser librada del "hechizo" que la ha afeado.

Cuando la muchacha jorobada trata de despertar los sentimientos de Henry por medio del canto, o le saca de su oscuro escondite (obligándole a afrontar la luz del día), ella se muestra como guía útil. En cierto sentido, Henry puede y debe pertenecer, simultáneamente, a su novia y a la muchachita jorobada (a la primera, como representante de la mujer real, exterior, y a la segunda como encarnación del ánima psíquica interior).

El sueño oráculo

La gente que confía totalmente en su pensamiento racional y desecha o reprime toda manifestación de su vida psíquica, con frecuencia tiene inclinación, casi inexplicable, hacia la superstición. Escucha los oráculos y profecías y puede ser fácilmente embaucada o influida por magos y prestidigitadores. Y como los sueños compensan nuestra vida exterior, la importancia que esa gente da a su intelecto está contrapesada por los sueños en los que se encuentra con lo irracional y no puede librarse de ello.

Henry experimentó ese fenómeno, durante el curso del análisis, de una forma impresionante. Cuatro sueños extraordinarios, basados en esos temas irracionales, representaron hitos decisivos en su desarrollo espiritual. El primero de ellos lo tuvo unas diez semanas después de haber comenzado el análisis. Así contó Henry su sueño:

"Solitario en un viaje aventurero por Sudamérica, siento, al fin, el deseo de volver a mi patria. En una ciudad extranjera situada en una montaña, trato de llegar a la estación de ferrocarril que, instintivamente, sospecho que está en el centro de la ciudad, en su parte más elevada. Temo que sea demasiado tarde.

"Sin embargo, por fortuna, un pasadizo abovedado se abre paso por la hilera de casas a mi derecha, construidas muy hacinadas como en la arquitectura de la Edad Media, formando un muro impenetrable tras del cual es probable que se encuentre la estación. Toda la escena ofrece un aspecto muy pintoresco. Veo las soleadas y pintadas fachadas de las casas, el oscuro pasadizo en cuyas sombras cuatro figuras harapientas se han instalado en el suelo. Con un suspiro de alivio, me apresuré hacia el pasadizo y, de repente, un tipo extraño como de trampero, apareció delante de mí, evidentemente con el mismo deseo de coger el tren.

"Al acercarnos, los cuatro porteros, que resultaron ser chinos, se abalanzaron para impedirnos la entrada. Durante la lucha que se produjo, resulta herida mi pierna izquierda con las largas uñas del pie izquierdo de uno de los chinos. Ahora un oráculo tiene que decidir si nos han de franquear la entrada o si nos han de quitar la vida.

"Soy el primero del que se han de ocupar. Mientras mi compañero es atado y llevado aparte, los chinos consultan el oráculo utilizando varillas de marfil. La sentencia es en contra de mí, pero me conceden otra posibilidad. Me esposan y me llevan aparte, precisamente donde estaba mi compañero, y él ocupa ahora mi puesto. En su presencia, el oráculo tiene que decidir mi sino por segunda vez. En esta ocasión es a mi favor. Estoy salvado."

Inmediatamente se da uno cuenta de la singularidad y el significado excepcional de este sueño, su riqueza de símbolos y su concisión. Sin embargo, parecía como si la mente consciente de Henry quisiera ignorar el sueño. A causa del escepticismo hacia los productos de su inconsciente, era importante no exponer el sueño al peligro de la racionalización sino, más bien, dejar que actuara sobre él sin interferencia. Por tanto, al principio, refrené mi interpretación. En cambio, sólo le ofrecí una sugerencia: le aconsejé leer y después consultar (como hicieron los chinos de su sueño), el famoso libro chino de oráculos, el *I Ching*.

El *I Ching*, el llamado "Libro de los cambios" es un libro muy antiguo de sabiduría; sus raíces se remontan a tiempos míticos y nos ha llegado en su forma actual desde el año 3.000 a. C. Según Richard Wilhelm (que lo tradujo al alemán y proporcionó un comentario admirable), las dos ramas principales de la filosofía china - taoísmo y confucianismo - tienen su origen común en el *I Ching*. El libro se basa en la hipótesis de la *singularidad* del hombre y del cosmos circundante, y en la pareja de opuestos complementarios Yang y Yin (es decir, los principios masculino y femenino). Consta de 64 "signos", representado cada uno por un dibujo hecho con seis líneas. En esos signos están contenidas todas las combinaciones posibles de Yang y Yin. Las líneas rectas se consideran masculinas, y las quebradas, femeninas.

Cada signo describe cambios en la situación humana o cósmica y cada una prescribe, en un lenguaje pintoresco, el curso de la acción que ha de seguirse en tales momentos. Los chinos consultaban ese oráculo por medios que indicaban cuál de los signos era el adecuado en un momento determinado. Lo hacían utilizando cincuenta varillas, de una forma un tanto complicada, que proporcionaba un determinado número. (Por cierto, Henry dijo que, una vez, había leído - probablemente en el comentario de Jung sobre "El secreto de la flor de oro" - acerca de un extraño juego que, a veces, utilizaban los chinos para predecir el futuro).

Hoy día, el método más corriente de consultar el *I Ching* es utilizar tres monedas. Cada tirada de las tres monedas da una línea. Las "caras" que representan una línea masculina, cuentan como tres; las "cruces", una línea quebrada femenina, cuentan como dos. Las monedas se tiran seis veces, y los números que se producen indican el signo o exagrama (es decir, el conjunto de seis líneas) que hay que consultar.

Pero ¿qué valor tiene tal "adivinación del porvenir" en nuestro tiempo? Aún aquellos que aceptan la idea de que el *I Ching* es un almacén de sabiduría encontrarán difícil creer que consultar el oráculo es algo más que un experimento en lo oculto. Por supuesto, es difícil captar que hay algo más, porque la persona corriente de hoy día desecha conscientemente toda técnica adivinatoria como tontería arcaica. Sin embargo, no son tonterías. Como ha demostrado el Dr. Jung, están basadas en lo que él llama "principio de sincronicidad" (o, más llanamente, coincidencia significativa). Él ha descrito esta difícil idea nueva en su ensayo *Sincronicidad: principio de conexión acausal*. Está basado en la idea de un conocimiento interior inconsciente que enlaza un suceso físico con una situación psíquica de tal modo que cierto suceso que aparece como "accidental" o "coincidente" puede, de hecho, ser psíquicamente significativo; y su significado con frecuencia se indica simbólicamente por medio de sueños que coinciden con el suceso.

Varias semanas después de haber estudiado el *I Ching*, Henry siguió mi sugerencia (con gran escepticismo) y tiró las monedas. Lo que encontró en el libro le produjo una tremenda impresión. En resumen, el oráculo al que él consultó tenía varias referencias asombrosas a sus sueños y a su situación psicológica en general. Por una notable coincidencia "sincrónica", el signo que quedó indicado con el procedimiento de las monedas se llamaba MENG, o "tontería juvenil". En este capítulo hay varios paralelos con los motivos del sueño en cuestión. Según el texto del *I Ching*, las tres líneas superiores de ese exagrama simbolizan una montaña y tienen el significado de "mantenerse tranquilo"; también pueden interpretarse como una puerta. Las tres líneas inferiores simbolizan agua, abismo y luna. Todos estos símbolos se habían producido en los sueños anteriores de Henry. Entre otras muchas afirmaciones que parecían aplicables a Henry estaba la siguiente advertencia: "Para la tontería juvenil, es lo más desesperanzador enredarse en imaginaciones vacías. Cuanto más obstinadamente se adhiera a las fantasías irreales con más certeza le sorprenderá la humillación"

De este y de otros modos complejos, el oráculo parecía aludir directamente al problema de Henry. Esto le inquietó. Al principio, trató de librarse de sus efectos con fuerza de voluntad, pero no pudo librarse de sus efectos ni aún en sueños. El mensaje de *I Ching* pareció conmoverle profundamente a pesar del lenguaje enigmático en el que estaba expresado. Llegó a estar dominado por la verdadera irracionalidad cuya existencia había negado durante tanto tiempo. A veces silencioso, a veces irritado, leyendo las palabras que parecían coincidir con los símbolos de sus sueños, dijo: "Tengo que meditar todo esto muy despacio", y se marchó antes que terminara la sesión. Canceló por teléfono la sesión siguiente, a causa de la gripe, y no volvió. Esperé ("mantenerse tranquilo") porque supuse que él aún no había asimilado el oráculo.

Transcurrió un mes. Finalmente, Henry reapareció, excitado y desconcertado, y me contó lo que había ocurrido en el intervalo. Inicialmente, su intelecto (en el que, hasta entonces, tanto había confiado) sufrió una gran conmoción que, primeramente, trató de suprimir. Sin embargo, pronto tuvo que admitir que los mensajes del oráculo le perseguían. Se propuso volver a consultar el libro porque, en su sueño, el oráculo fue consultado dos veces. Pero el texto del capítulo "Tontería juvenil" le prohibía expresamente hacer una segunda pregunta. Durante dos noches, Henry estuvo dando vueltas en la cama sin poder dormir; pero, en la tercera, una luminosa imagen de gran fuerza apareció de repente ante sus ojos: un casco y una espada flotando en el espacio vacío.

Henry volvió a coger inmediatamente el *I Ching* y lo abrió al azar por el comentario del capítulo 39, donde (con gran sorpresa suya) leyó el siguiente pasaje: "El adherirse es fuego, significa cotas de malla, cascos, significa lanzas y armas. " Ahora creía comprender por qué estaba prohibida una segunda consulta intencionada del oráculo. Porque en su sueño, el ego estaba excluido de una segunda pregunta; era el trampero el que tenía que consultar al oráculo por segunda vez. De la misma forma, fue el acto semiconsciente de

Henry el que había hecho inintencionadamente la segunda pregunta al I Ching abriendo el libro al azar haciendo aparecer un símbolo que coincidía con su visión nocturna.

Henry estaba tan clara y profundamente excitado que parecía el momento adecuado para interpretar el sueño que había puesto en marcha la transformación. En vista de los sucesos del sueño, era evidente que los elementos oníricos tenían que interpretarse como contenidos interiores de la personalidad de Henry y las seis figuras oníricas como personificación de sus cualidades psíquicas. Tales sueños son relativamente raros pero, cuando se producen, sus efectos posteriores son todos muy poderosos. Por eso es por lo que pueden llamarse "sueños de transformación".

Con sueños de tal poder pictórico, raramente tiene el soñante más de algunas asociaciones personales. Todo lo que Henry podía aducir es que, hacía poco, había solicitado un empleo en Chile y no le habían aceptado porque no concederían el empleo a quienes no estuviesen casados. También sabía que algunos chinos se dejan crecer las uñas de la mano izquierda como señal de que, en vez de trabajar, se consagran a la meditación.

El fracaso de Henry (de obtener un empleo en Sudamérica) se le presentaba en su sueño. En él, se ve transportado a un caluroso mundo meridional, un mundo que, en contraste con Europa, él podría llamar primitivo, sin prohibiciones, y sensual. Representa un excelente cuadro simbólico del reino del inconsciente.

Este reino era lo opuesto al culto intelecto y al puritanismo suizo que regían la mente consciente de Henry. Era, de hecho, su natural "tierra sombría" por la que había esperado con impaciencia; pero al poco tiempo, ya no se sintió tan a gusto en ella. Desde las fuerzas tectónicas, oscuras, maternales (simbolizadas por Sudamérica) regresa en el sueño a la madre clara y personal y a la novia. De repente, se da cuenta cuánto se ha alejado de ellas; se encuentra solo en una "ciudad extranjera".

Este acrecentamiento de la consciencia está simbolizado en el sueño como "parte más elevada"; la ciudad estaba edificada en una montaña. Por tanto, Henry "asciende" a una mayor consciencia en la "tierra sombría": desde ahí, espera "encontrar su camino a la patria". Este problema de ascender una montaña ya se le planteó en el sueño inicial. Y, al igual que en el sueño del santo y la prostituta, o en muchos relatos mitológicos, una montaña suele simbolizar un lugar de revelación donde puede producirse la transformación y el cambio.

La "ciudad en la montaña" es también un conocido símbolo arquetípico que aparece en la historia de nuestra cultura con diversas variantes. La ciudad, que corresponde en su trazado a un *mandala*, representa esa "región del alma" en medio de la cual el "sí-mismo" (el centro más interno y totalidad de la psique) tiene su morada.

Es sorprendente que la sede del "sí-mismo" esté representada en el sueño de Henry como un centro de transportes de la colectividad humana: una estación de ferrocarril. Esto puede ser porque el "sí-mismo" (si el soñante es joven y tiene un nivel de desarrollo espiritual relativamente bajo) suele simbolizarse con un objeto del reino de su experiencia personal, muy frecuentemente un objeto trivial que compensa las elevadas aspiraciones del soñante. Sólo en la persona madura conocedora de las imágenes de su alma, el "sí-mismo" se conoce en un símbolo que corresponde a su valor único.

Aunque Henry no sabe en realidad dónde está la estación, supone que ha de encontrarse en el centro de la ciudad, en su punto más elevado. Aquí, como en los primeros sueños, recibe ayuda de su inconsciente. La mente consciente de Henry estaba identificada con su profesión de ingeniero; por tanto, también le gustaría que su mundo interior se relacionara con los productos racionales de la civilización, como es una estación de ferrocarril. Sin embargo, el sueño rechaza esa actitud e indica un camino completamente distinto.

El camino lleva "bajo" y a través de un pasadizo oscuro. Un pasadizo abovedado es también el símbolo de un umbral, un lugar donde acecha el peligro, un lugar que, al mismo tiempo, separa y une. En vez de la estación de ferrocarril que Henry buscaba, que iba a conectar la incivilizada Sudamérica con Europa, Henry se encuentra ante un oscuro pasadizo abovedado donde cuatro chinos harapientos, echados en el suelo, impiden el paso. El sueño no hace distinción entre ellos, por lo cual pueden considerarse como cuatro aspectos de la totalidad masculina aún sin diferenciar. (El número cuatro, símbolo de totalidad y completamiento, representa un arquetipo que el Dr. Jung ha estudiado por extenso en sus escritos).

Así es que los chinos representan las partes psíquicas masculinas del inconsciente de Henry que él no puede pasar, porque "el camino al sí-mismo" (es decir, al centro de la psique) está obstruido por ellos y aún tiene que ser abierto para él. Hasta que no se arregle, no puede seguir su viaje.

Sin darse aún cuenta del peligro inminente, Henry corre hacia el pasadizo, esperando, al fin, llegar a la estación. Pero en el camino, se encuentra con su "sombra", su lado primitivo y no vivido que aparece en la guisa de trampero tosco y terrenal. La aparición de esta figura probablemente significa que el ego introvertido de Henry se ha unido con su lado extravertido (compensatorio) que representa sus rasgos emotivos reprimidos e irracionales. Esta figura nebulosa rebasa al ego consciente en el primer término y, a causa que personifica la actividad y la autonomía de las cualidades inconscientes, se convierte en el portador adecuado del destino, mediante el cual todo sucede.

El sueño avanza hacia su punto culminante. Durante la lucha entre Henry, el trampero y los cuatro chinos harapientos, la pierna izquierda de Henry es arañada por las largas uñas del pie izquierdo de uno de los cuatro. (¿Aquí parece, el carácter europeo del ego consciente de Henry ha chocado con una personificación de la antigua sabiduría de Oriente, con el extremo opuesto de su ego. Los chinos vienen de un continente psíquico completamente distinto, de "otro lado" que aún es totalmente desconocido para Henry y que le parece peligroso.)

También puede decirse que los chinos representan la "tierra amarilla", pues la población china está relacionada con la tierra como pocas poblaciones lo están. Y es, precisamente, esa cualidad terrenal, tectónica, la que Henry tiene que aceptar. La inconsciente totalidad masculina de su psique, con la que se encuentra en su sueño, tenía un aspecto material tectónico de que carecía su lado consciente intelectual. Por tanto, el hecho que él reconociera las cuatro figuras harapientas como chinas, muestra que Henry había acrecentado su percepción interior respecto a la naturaleza de sus adversarios.

Henry había oído que los chinos, algunas veces, se dejaban crecer las uñas de la mano izquierda. Pero en el sueño, las uñas largas son del pie izquierdo; son, por así decir, garras. Esto puede indicar que los chinos tienen un punto de vista muy diferente al de Henry y que le hiere. Como sabemos, la actitud consciente de Henry hacia lo tectónico y lo femenino, hacia las profundidades materiales de su naturaleza, era más dudosa y ambivalente. Esta actitud, simbolizada por su "pierna izquierda" (el punto de vista de su lado femenino, inconsciente, del cual aún está asustado) fue herido por los chinos.

Sin embargo, esta "herida" no trajo, por sí misma, un cambio de Henry. toda transformación exige como condición previa "el fin de un mundo", el hundimiento de una vieja filosofía de vida. Como ya ha señalado anteriormente en este libro el Dr. Henderson, en las ceremonias de iniciación, el joven tiene que sufrir una muerte simbólica antes que pueda renacer como hombre y ser aceptado en la tribu como miembro pleno. Así, la actitud lógica y científica del ingeniero tiene que hundirse para dejar sitio a la nueva actitud.

En la psique de un ingeniero, puede reprimirse todo lo "irracional" y, por tanto, con frecuencia se revela en las dramáticas paradojas del mundo onírico. Así, lo irracional aparece en el sueño de Henry como un "juego de oráculo" de origen extranjero, con un poder terrible e inexplicable para decidir los destinos humanos. Al ego racional de Henry no le quedaba otra alternativa que rendirse incondicionalmente en un verdadero *sacrificium intellectus*.

Sin embargo, la mente consciente de una persona tan inexperimentada e inmadura como Henry no está suficientemente preparada para tal acto. Pierde los cambios de la suerte y su vida está confiscada. Está cogido, incapaz de seguir su camino acostumbrado o de volver a casa. de evadirse de sus responsabilidades de adulto. (Era esta visión profunda para la que Henry tenía que estar preparado mediante este "gran sueño").

Inmediatamente, el ego consciente y civilizado de Henry es atado y separado mientras al trampero primitivo se le permite ocupar su lugar y consultar al oráculo. La vida de Henry depende de la respuesta. Pero cuando el ego está prisionero y en aislamiento, esos contenidos del inconsciente que están personificados en la nebulosa figura, pueden proporcionar ayuda y solución. Esto se hace posible cuando se reconoce la existencia de tales contenidos y se ha experimentado su poder. Entonces pueden convertirse en nuestros compañeros conscientemente aceptados. Como el trampero (su sombra) gana el juego en su lugar, Henry está salvado.

Afrontando lo irracional

La inmediata conducta de Henry demostró claramente que el sueño (y el hecho que sus sueños y el libro de oráculos *I Ching* le hubieran puesto frente a profundas fuerzas irracionales dentro de sí mismo tuvieron un hondo efecto sobre él. Desde entonces, escuchó con avidez los mensajes de su inconsciente y el análisis adquirió un carácter más y más agitado. La tensión que, hasta entonces, había amenazado a las profundidades de su psique con rotura, subió a la superficie. No obstante, se aferró valientemente a la esperanza creciente de que se llegaría a una conclusión satisfactoria.

Apenas dos semanas después del sueño del oráculo (pero antes que fuera analizado e interpretado), Henry tuvo otro sueño en el que volvió a enfrentarse con el molesto problema de lo irracional:

"Estoy solo en mi cuarto. Un grupo de desagradables escarabajos negros van saliendo de un agujero y extendiéndose por mi tablero de dibujo. trato de hacerlos retroceder a su agujero por medio de una especie de magia. Lo consigo excepto con cuatro o cinco escarabajos que se van del tablero y se esparcen por toda la habitación. Renuncio a la idea de perseguirlos; ya no me son tan desagradables. Prendo fuego al escondrijo. Se levanta una elevada columna de llamas. Temo que pueda prenderse fuego a mi habitación, pero este temor es infundado."

Por entonces, Henry se había hecho relativamente hábil en la interpretación de sus sueños, así es que trató de darle una explicación. Dijo: "Los escarabajos son mis cualidades oscuras. Fueron despertadas por el análisis y suben ahora a la superficie. Existe el peligro de que puedan anegar mi trabajo profesional (simbolizado por el tablero de dibujo). Pero no me atreví a aplastar con la mano a los escarabajos, que me recordaban una especie de escarabajos negros, tal como lo intenté primero; por tanto, tuve que recurrir a la "magia". Al prender fuego a su escondrijo invocaba, por así decir, la colaboración de algo divino, ya que la columna ascendente de llamas me hizo pensar en el fuego que asocio al Arca de la Alianza."

Para profundizar en el simbolismo del sueño, ante todo, tenemos que notar que los escarabajos son negros, que es el color de las tinieblas, la depresión y la muerte. En el sueño, Henry está "solo" en su cuarto, situación que puede conducir a la introversión y los correspondientes estados de melancolía. En mitología, los escarabajos son de oro con frecuencia, en Egipto eran animales sagrados, símbolos del sol. Pero si son negros simbolizan el lado opuesto del sol, algo demoníaco. Por tanto, el instinto de Henry está acertado al desear combatir a los escarabajos por medio de la magia.

Aunque cuatro o cinco de los escarabajos continúan vivos, la disminución del número de escarabajos es suficiente para librar a Henry de su temor y desagrado. Entonces intenta destruir su nido por medio del fuego. Esto es un acto positivo, porque el fuego puede conducir simbólicamente a la transformación y el renacimiento (como, por ejemplo, lo hace en el antiguo mito del ave fénix).

En su vida despierta, Henry parece ahora lleno de espíritu emprendedor, pero es evidente que aún no ha aprendido a utilizarlo con eficacia. Por tanto, tengo que considerar otro sueño posterior que arroja luz más clara sobre su problema. Este sueño presenta, en lenguaje simbólico, el miedo de Henry a una relación responsable con una mujer y su tendencia a retirarse del lado sentimental de la vida:

"Un anciano está agonizando. Está rodeado de sus parientes, y yo estoy entre ellos. Más y más personas se van agrupando en la gran habitación, cada una caracterizándose con afirmaciones precisas. Hay unas cuarenta personas presentes. El anciano gime y musita algo sobre "vida no vivida". Su hija, que desea facilitarle su confesión, le pregunta en qué sentido debe entenderse "no vivida", si cultural o moralmente. El anciano no contestará. La hija me envía a una pequeña habitación contigua donde he de encontrar la respuesta echando las cartas. Un "nueve" que saque dará la respuesta, según el color.

"Espero sacar un nueve nada más comenzar, pero al principio, salen varios reyes y reinas. Me siento defraudado. Ahora no saco más que trozos de papel que nada tienen que ver con el juego. Finalmente, descubrí que no hay más cartas, sino sólo sobres y trozos de papel. Junto con mi hermana, que también está presente, busco cartas por todas partes. Finalmente, descubro una bajo un libro de texto o cuaderno de apuntes. Es un nueve, un nueve de picas (spades). Me parece que eso sólo significa una cosa: que eran cadenas morales las que impidieron al anciano "vivir su vida".

El mensaje especial de este extraño sueño era prevenir a Henry de lo que le esperaba si dejaba de "vivir su vida". El "anciano" probablemente representa el agonizante "principio rector", el principio que rige la consciencia de Henry, pero cuya naturaleza le es desconocida. Las cuarenta personas presentes simbolizan la totalidad de rasgos de la psique de Henry (40 es un número de totalidad, una forma elevada del número 4). Que el anciano está agonizando podría ser un signo de que la parte masculina de la personalidad de Henry está al borde de una transformación final.

La averiguación de la hija acerca de la posible causa de la muerte es la cuestión inevitable y decisiva. Parece haber la implicación de que la "moralidad" del anciano le ha impedido vivir cabalmente sus sentimientos e impulsos. Sin embargo, el propio agonizante guarda silencio. Por tanto, su hija (personificación del principio femenino intermediario, el ánima) tiene que entrar en acción.

Envía a Henry a descubrir la respuesta en las cartas adivinadoras de la suerte, la respuesta que dará el color del primer nueve que salga. La adivinación de la suerte tiene que realizarse en una habitación alejada que no se utiliza (lo cual revela qué alejado está ese hecho de la actitud consciente de Henry).

Se desilusiona cuando, al principio, sólo saca reyes y reinas (quizás, imágenes colectivas de su veneración juvenil al poderío y la riqueza). Esa desilusión se intensifica cuando las cartas se acaban porque eso demuestra que los símbolos de su mundo interior también se han agotado. Sólo quedan "trozos de papel" sin ninguna imagen. De ese modo se agota la fuente de pinturas en el sueño. Entonces Henry tiene que aceptar la ayuda de su lado femenino (esta vez representado por su hermana) para encontrar la última carta. Junto con ella encuentra, al fin, una carta: el nueve de picas. Es esta carta la que tiene que servir para indicar, por su color, lo que significa en el sueño la frase "vida no vivida". Y es significativo que la carta esté escondida bajo un libro de texto o cuaderno de apuntes, que probablemente representa las áridas fórmulas intelectuales de los intereses técnicos de Henry.

El nueve ha sido un "número mágico" durante siglos. Según el simbolismo tradicional de los números, representa la forma perfecta de la Trinidad perfecta en su triple elevación. Y hay otros innumerables significados asociados con el número nueve en diversos tiempos y culturas. El color del nueve de picas es el color de la muerte y de la falta de vida. También, la imagen de la "pica" sugiere la forma de una hoja y, por tanto, su negrura subraya que, en vez de estar verde, viva y natural, ahora está muerta. Además, la palabra *spade* (*pique*, de la baraja francesa) deriva de la palabra italiana spada, que significa "espada" o "pica". Tales armas significan con frecuencia la función penetrante, "cortante", del intelecto.

Así el sueño aclara que eran las "cadenas morales" (más que "culturales") las que no permitieron al anciano "vivir su vida". En el caso de Henry, esas "cadenas" eran probablemente su miedo a rendirse plenamente a la vida, a aceptar responsabilidades ante una mujer y, por tanto, convertirse en "infiel" con su madre. El sueño ha declarado que la "vida no vivida" es una enfermedad de la que se puede morir.

Henry ya no podría desentenderse del mensaje de este sueño. Se dio cuenta que se necesita algo más que razón como ayuda orientadora en los atolladeros de la vida; es necesario buscar la guía de fuerzas inconscientes que surgen, como símbolos, de las profundidades de la psique. Con este reconocimiento, se alcanzó la meta de esta parte de su análisis. Henry supo entonces que, al fin, fue expulsado del paraíso de una vida sin compromisos y que jamás podría volver a él.

El sueño final

Otro sueño vino a confirmar irrevocablemente el conocimiento profundo que Henry había adquirido. Después de algunos sueños cortos sin importancia referentes a su vida cotidiana, el último sueño (el quincuagésimo de la serie) apareció con toda la riqueza de símbolos que caracteriza a los llamados "grandes sueños".

"Cuatro de nosotros formamos un grupo amistoso, y tenemos las siguientes experiencias: *Tarde*: Estamos sentados en una mesa de tablas, larga y tosca, y bebiendo de tres distintos recipientes: de una copa de licor, un licor claro, amarillo, dulce; de un vaso de vino, Campari tinto oscuro; de un recipiente grande y típico, té. Además de nosotros, hay también una muchacha de naturaleza reservada y delicada. Echa su licor en el té.

"*Noche*: Hemos vuelto de una gran taberna. Uno de nosotros es el Presidente de la República Francesa. Estamos en su palacio. Saliendo al balcón, le vemos bajo nosotros, en una calle nevada cuando él, en su estado de embriaguez, orina sobre un montón de nieve. El contenido de su vejiga parece inagotable. Ahora corre tras una vieja solterona que lleva en sus brazos un niño envuelto en una manta color castaño. El rocía al niño con la orina. La solterona nota la humedad, pero se la achaca al niño. Ella se marcha de prisa a largos pasos.

"*Mañana*: Por la calle, que brilla bajo el sol invernal, va un negro; es una figura magnífica, completamente desnudo. Camina hacia el este, hacia Berna (es decir, la capital de Suiza). Estamos en la Suiza francesa. Decidimos ir a hacerle una visita.

"*Mediodía*: Después de un largo viaje en automóvil por una solitaria región nevada, llegamos a una ciudad y una casa oscura donde se dice que se ha alojado el negro. Tenemos el gran temor de que pudiera haberse muerto por congelación. Sin embargo, su criado, que es tan oscuro como él, nos recibe. El negro y el criado son mudos. Buscamos en las mochilas que hemos traído para ver qué puede dar cada uno como regalo al negro. Tiene que ser algún objeto característico de la civilización. Soy el primero en darme cuenta de ello y cojo del suelo una caja de cerillas y se la ofrezco con deferencia al negro. Después que todos han presentado sus regalos, nos unimos al negro en una fiesta feliz, una alegre diversión".

Aún a primera vista, el sueño, con sus cuatro partes, produce una impresión poco corriente. Abarca todo un día y se mueve hacia la "derecha", en la dirección de la creciente consciencia. El movimiento comienza en el anochecer, continúa en la noche y termina al mediodía, en que el sol está en su cenit. Así el ciclo del "día" aparece como conjunto completo.

En este sueño, los cuatro amigos parecen simbolizar la masculinidad en despliegue de la psique de Henry, y su progreso mediante los cuatro "actos" del sueño tiene un esquema geométrico que recuerda la construcción del *mandala*. Como primeramente vienen del este, luego del oeste, dirigiéndose hacia la "capital" de Suiza (es decir, al centro), parecen describir un itinerario que trata de unir los opuestos en un centro. Y este punto se subraya con el movimiento en el tiempo: el descenso en la noche del inconsciente, siguiendo el curso del sol, que es seguido por un ascenso al cenit brillante de la consciencia.

El sueño comienza por la tarde, tiempo en el que el umbral de la consciencia está más bajo y los impulsos e imágenes del inconsciente pueden cruzarlo. En tal situación (cuando el lado femenino de un hombre se evoca con mayor facilidad) es natural encontrar que una figura femenina se una a los cuatro amigos. Ella es la figura del ánima que pertenece a todos ellos ("reservada y delicada", que a Henry le recuerda a su hermana) y que los conecta mutuamente. En la mesa hay tres recipientes de distinto tipo, que por su forma cóncava acentúan la receptividad que es símbolo de lo femenino. El hecho que esos recipientes se utilicen por todos los presentes indica una relación mutua e íntima entre ellos. Los recipientes difieren en la forma (copa de licor, vaso de vino y un recipiente de forma clásica) y e el color de su contenido. Las oposiciones en que se dividen estos líquidos - dulce y amargo, rojo y amarillo, alcohólico y no alcohólico -, están todas entremezcladas al ser consumidos por cada una de las cinco personas presentes, que se sumergen en una comunión inconsciente.

La muchacha parece ser el agente secreto, el catalizador que precipita los sucesos (porque es misión del ánima conducir al hombre a su inconsciente y, de ese modo, forzarle a una rememoración más profunda y a acrecentar la consciencia). Es casi como si con la mezcla de licor y té la reunión se acercara a su culmen.

La segunda parte del sueño nos dice más de los sucesos de esa "noche". Los cuatro amigos se encuentran, de repente, en París (que, para los suizos, representa la ciudad de la sensualidad, de la alegría desenfrenada y el amor). Aquí se produce cierta diferenciación entre los cuatro, especialmente entre el ego en el sueño (que, en gran parte, se identifica con la función pensante conductora) y el "Presidente de la República", que representa la función de sentir inconsciente y sin desarrollar.

El ego (Henry y dos amigos, que pueden ser considerados como representantes de sus funciones semiconscientes) mira hacia abajo desde las alturas de un balcón y ve al Presidente, cuyas características son exactamente las que serían de esperar en el lado indiferenciado de la psique. Es inestable y se ha dejado llevar por sus instintos. Orina en la calle en estado de embriaguez; en inconsciente acerca de sí mismo, como una persona fuera de la civilización que sigue sólo sus naturales impulsos animales. Así el Presidente simboliza un gran contraste para las normas conscientemente aceptadas por un científico suizo de clase media elevada. Sólo en la más oscura noche del inconsciente podía revelarse ese lado de Henry.

Sin embargo, la figura del Presidente tiene también un aspecto muy positivo. Su orina (que podría ser el símbolo de una corriente de libido psíquica) parece ser inagotable. De pruebas de abundancia, de vigor creativo y vital. (Los pueblos primitivos, por ejemplo, consideraban todo lo procedente del cuerpo - pelo, excremento, orina o saliva - como fuerzas creadoras con poder mágico). Por tanto, esta desagradable imagen del Presidente también podría ser un signo del poder y la plenitud que con frecuencia se adhieren al lado sombrío del ego. No sólo orina sin cohibimiento, sino que corre tras una vieja que lleva a un niño.

Esta "vieja solterona" es, en cierto modo, lo opuesto o el complemento del ánima tímida y frágil de la primera parte del sueño. Es aún virgen, aunque es vieja y, en apariencia, madre; de hecho, Henry la asociaba a la imagen arquetípica de María con el niño Jesús. Pero el hecho que el niño vaya envuelto en una manta de color castaño (el color de la tierra) le hace parecer la contraimagen tectónica y terrenal del Salvador más que un niño celestial. El Presidente, que rocía al niño con la orina, parece realizar una parodia del bautismo. Si consideramos al niño como símbolo de una potencialidad dentro de Henry que es aún infantil, entonces podría recibir fuerza por medio de este ritual. Pero el sueño no nos dice nada más; la mujer se marcha con el niño.

Esta escena marca el punto de giro del sueño. Otra vez es por la mañana. Todo lo que era oscuro, negro, primitivo y poderoso en el último episodio, se ha reunido y simbolizado en un negro magnífico que aparece desnudo, es decir, real y verdadero.

Así como las tinieblas y la brillante mañana - u orina caliente y nieve fría - son opuestos, así ahora el hombre negro y el paisaje blanco forman una antítesis tajante. Los cuatro amigos tienen que orientarse ahora dentro de esas dimensiones nuevas. Ha cambiado su posición; el camino que los conducía por París los lleva, inesperadamente, a la Suiza francesa (de donde procede la novia de Henry). Se ha producido una transformación en Henry durante la primera fase, cuando fue dominado por los contenidos inconscientes de su psique. Ahora, por primera vez, puede empezar a encontrar su camino avanzando desde un lugar que era la patria de su novia (mostrando que él acepta el fondo psicológico de ella).

Al principio, él va de la Suiza oriental hacia París (del este al oeste, donde el camino conduce a la oscuridad, al inconsciente).

Ahora ha dado una vuelta de 180°, hacia el sol naciente y la siempre en aumento claridad de la consciencia. Ese camino apunta hacia la mitad de Suiza, a su capital, Berna, y simboliza los esfuerzos de Henry en busca de un centro que una las oposiciones que hay dentro de él.

El negro es para mucha gente la imagen arquetípica de la "oscura criatura primaria" y, por tanto, una personificación de ciertos contenidos del inconsciente. Quizá esto es una razón de por qué el negro es tan frecuentemente rechazado y temido por la gente de raza blanca. En él ve el hombre blanco su contrafigura viviente, su lado oscuro y oculto puesto ante sus ojos. (Esto es precisamente lo que la mayoría de la gente trata de evitar; trata de desgajarlo y reprimirlo). Los blancos proyectan en el negro los impulsos primitivos, las fuerzas arcaicas, los instintos indominables que no desean admitir en sí mismos, de los cuales son inconscientes y que, por tanto, designan como cualidades correspondientes de otras personas.

Para un joven de la edad de Henry, el negro puede representar, por una parte, la suma de todos los rasgos reprimidos en el inconsciente; por otra parte, puede representar la suma de sus fuerzas y potencialidad masculinas y primitivas, su poderío emotivo y físico. Que Henry y sus amigos intenten conscientemente encontrarse con el negro significa, por tanto, un paso decisivo en el camino de la virilidad.

Mientras tanto, ha llegado el mediodía, en el cual el sol está en su altura máxima y la consciencia ha alcanzado su mayor claridad. Podríamos decir que el ego de Henry se ha ido haciendo más y más sólido, que ha realzado conscientemente su capacidad para tomar una decisión. Todavía es invierno, lo cual puede indicar una falta de sentimiento y calor en Henry; su paisaje psíquico aún es invernal y, en apariencia, muy frío intelectualmente. Los cuatro amigos temen que el negro desnudo (por estar acostumbrado a un clima cálido) pueda helarse. Pero su temor resulta infundado, pues después de un largo viaje por unas tierras desiertas y cubiertas de nieve, se detienen en una ciudad extraña y entran en una casa oscura. Este viaje y las tierras desoladas simbolizan la larga y fatigosa búsqueda del autodesarrollo.

Una nueva complicación espera aquí a los cuatro amigos. El negro y su criado son mudos. Por tanto, no es posible entablar con ellos contacto verbal; los cuatro amigos tienen que buscar otros medios para ponerse en contacto con el negro. No pueden emplear medios intelectuales (palabras) sino gestos emotivos para acercarse a él. Le ofrecen un presente como se hace una ofrenda a los dioses, para ganar su interés y afecto. Y tiene que ser un objeto de nuestra civilización, perteneciente a los valores del intelectual hombre blanco. Nuevamente, se requiere un *sacrificium intellectus* para ganarse el favor del negro, quien representa a la naturaleza y el instinto.

Henry es el primero en darse cuenta de lo que hay que hacer. Esto es natural puesto que él es el portador del ego, cuya orgullosa consciencia *(o hybris)* tiene que ser humillada. Coge del suelo una caja de cerillas y se la presenta "con deferencia" al negro. A primera vista, puede parecer absurdo que un pequeño objeto tirado en el suelo y, probablemente desechado, fuera un regalo adecuado, pero era una elección acertada. Las cerillas son el fuego almacenado y dominado, un medio por el cual puede encenderse una llama y apagarse en cualquier momento. Fuego y llama simbolizan calor y amor, sentimiento y pasión; tienen cualidades del corazón, encontradas dondequiera existan seres humanos.

Al dar al negro tal presente, Henry combina simbólicamente un producto de elevado desarrollo civilizado de su ego consciente con el centro de su propio primitivismo y fuerza masculina, simbolizado por el negro. De este modo, Henry puede entrar en plena posesión de su lado masculino, con el cual debe su ego permanecer en contacto constante de ahora en adelante.

Ese fue el resultado. Las seis personas masculinas - los cuatro amigos, el negro y su criado - ahora están juntas con alegre humor en una comida comunal. Está claro que, aquí, la totalidad masculina de Henry se ha redondeado. Su ego parece haber encontrado la seguridad que necesitaba para capacitarle, consciente y libremente, para someterse a la personalidad arquetípica mayor que hay en él y que presagiaba el surgimiento del "sí-mismo".

Lo que ocurrió en el sueño tuvo también su paralelo en la vida despierta de Henry. Ahora estaba seguro de sí mismo. Decidiéndolo rápidamente, formalizó su compromiso. Exactamente nueve meses después de que hubiera comenzado su análisis, se casó en una iglesia de la Suiza occidental y, al día siguiente, salió con su joven esposa hacia el Canadá para tomar posesión de un empleo para el que había sido nombrado durante las decisivas semanas de sus últimos sueños. Desde entonces, ha estado haciendo una vida activa, creadora, como cabeza de una pequeña familia y desempeña un puesto directivo en una gran industria.

El caso de Henry revela, por así decir, una maduración acelerada hacia una hombría independiente y responsable. Representa la iniciación en la realidad de la vida exterior, el fortalecimiento del ego y su masculinidad, y con ello, el completamiento de la primera mitad del proceso de individuación. La segunda mitad - que es el establecimiento de una relación adecuada entre el ego y el "sí-mismo" - todavía le espera a Henry en la segunda mitad de su vida.

No todos los casos llevan un curso tan activo y afortunado, y no todos pueden ser tratados en forma análoga. Por el contrario, cada caso es diferente. No sólo los jóvenes y los viejos, o los hombres y las mujeres requieren tratamiento distinto, sino que así ocurre en cada caso individual en todas esas categorías. Aún los mismos símbolos requieren interpretación distinta en cada caso. Escogí éste porque representa un ejemplo especialmente impresionante de la autonomía del proceso inconsciente y muestra, por su abundancia de imágenes, el incansable poder de creación de símbolos del fondo psíquico. Demuestra que la acción autorreguladora de la psique (cuando no está estorbada por excesivas explicaciones racionales o disecciones) puede ayudar al proceso de desarrollo del alma.

Conclusión:
la ciencia y el inconsciente
M. L. Von Franz

En los capítulos precedentes, C. G. Jung y algunos de sus colaboradores han tratado de aclarar el papel desempeñado por la función creadora de símbolos de la psique inconsciente del hombre y señalar algunos campos de aplicación de esta zona recién descubierta de la vida. Aún estamos lejos de entender el inconsciente o los arquetipos - esos *nuclei* dinámicos de la psique - en todas sus consecuencias. Todo lo que ahora podemos ver es que los arquetipos dejan enorme huella en el individuo, formando sus emociones y su panorama ético y mental, influyendo en sus relaciones con los demás y, de ese modo, afectando la totalidad de su destino. También podemos ver que la disposición de los símbolos arquetípicos sigue un modelo de completamiento en el individuo, y que una comprensión adecuada de los símbolos puede tener un efecto curativo. Y podemos ver que los arquetipos pueden actuar en nuestra mente como fuerzas creadoras o destructoras: creadoras cuando inspiran nuevas ideas, destructoras cuando esas mismas ideas se afirman en prejuicios conscientes que impiden nuevos descubrimientos.

Jung ha demostrado en su capítulo qué sutiles y diferenciados tienen que ser todos los intentos de interpretación con el fin de no debilitar los específicos valores individuales y culturales de las ideas arquetípicas y los símbolos igualándolos, es decir, dándoles un significado estereotipado, formulado intelectualmente. El propio Jung dedicó toda su vida a tales investigaciones y labor interpretativa; naturalmente, este libro sólo esboza una parte infinitesimal de su vasta contribución a este nuevo campo de su descubrimiento psicológico. Fue un precursor y se daba perfecta cuenta que aún quedaban sin contestar numerosas preguntas que requerían más investigaciones. Esa es la razón de que sus conceptos e hipótesis estén concebidos con la más extensa base posible (sin hacerlos *demasiado* vagos y amplios) y de que sus ideas formen un llamado "sistema abierto" que no cierra la puerta a nuevos descubrimientos posibles.

Para Jung, sus conceptos eran meros instrumentos o hipótesis heurísticas que podían ayudarnos a explorar la vasta y nueva zona de realidad abierta por el descubrimiento del inconsciente, descubrimiento que no sólo ha ampliado toda nuestra visión del mundo sino que, de hecho, la ha duplicado. Ahora, tenemos siempre que preguntarnos si un fenómeno mental es consciente o inconsciente, y también si un fenómeno externo "real" se percibe por medios conscientes o inconscientes.

Las poderosas fuerzas del inconsciente aparecen con mayor frecuencia, no en el material clínico sino también en el mitológico, religioso, artístico, y todas las demás actividades culturales con las que se expresa el hombre. Evidentemente, si todos los hombres tienen heredadas en común normas de conducta emotiva y mental (que Jung llamó arquetipos) es de esperar que encontremos sus productos (fantasías simbólicas, pensamientos y actos) prácticamente en todo campo de actividad humana.

La labor de Jung ha influido profundamente en importantes investigaciones modernas en muchos de esos campos. Por ejemplo, esa influencia puede verse en el estudio de la literatura, en libros tales como *Literature and Western Man* de J. B. Priestley; *Faust's Weg zu Helena* de Gottfried Diener o *Shakespeare's Hamlet* de James Kirsch. Análogamente, la psicología junguiana ha contribuido al estudio del arte, como en los escritos de Herbert Read o de Aniela Jaffé, o el estudio de Erich Neumann sobre Henry Moore, o los estudios musicales de Michael Tippett. La labor histórica de Arnold Toynbee y la antropológica de Paul Radin se han beneficiado de las enseñanzas de Jung, y asimismo las contribuciones a la sinología hechas por Richard Wilhelm, Enwin Rousselle y Manfred Porkert.

Desde luego, esto no quiere decir que los rasgos especiales del arte y la literatura (incluidas sus interpretaciones) puedan comprenderse *solamente* por su fundamento arquetípico. Esos campos tienen todas sus propias leyes de actividad; como toda obra realmente creadora, no pueden ser, en definitiva, explicadas racionalmente. Pero dentro de sus zonas de acción se reconocen los modelos arquetípicos como una dinámica actividad de fondo. Y con frecuencia se descifra en ellos (como en los sueños) el mensaje de ciertas tendencias evolutivas verosímilmente intencionadas, del inconsciente.

La fecundidad de las ideas de Jung se comprende más directamente dentro de la zona de las actividades culturales del hombre. Evidentemente, si los arquetipos determinan nuestra conducta mental, *tienen* que aparecer en todos esos campos. Pero, inesperadamente, los conceptos de Jung han abierto también nuevos caminos para mirar las cosas en el reino de las ciencias naturales, por ejemplo, en biología.

El físico Wolfgang Pauli ha señalado que, a causa de nuevos descubrimientos, nuestra idea de la evolución de la vida requiere una revisión que puede tener en cuenta una zona de interrelación entre la psique inconsciente y el proceso biológico. Hasta hace poco, se daba por cierto que la mutación de especies ocurría al azar y que se producía la selección, por medio de la cual sobrevivían las variedades bien adaptadas y "significativas" y que las otras desaparecían. Pero los evolucionistas modernos han señalado que las selecciones de tales mutaciones por puro azar, habrían necesitado *mucho más tiempo* de lo que permite la edad conocida en nuestro planeta.

El concepto de Jung acerca de la sincronicidad puede servir aquí de ayuda, porque arroja luz sobre la producción de ciertos "fenómenos marginales" raros, o sucesos excepcionales; así podría explicar por qué las adaptaciones y mutaciones "significativas" podían suceder en menos tiempo que el requerido por mutaciones totalmente debidas al azar. Hoy día conocemos muchos ejemplos de significativos sucesos "casuales" que han ocurrido cuando se activa un arquetipo. Por ejemplo la historia de la ciencia contiene muchos casos de descubrimiento o invención simultánea. Uno de los más famosos de esos casos atañe a Darwin y a su teoría del origen de las especies. Darwin desarrolló su teoría en un largo ensayo y, en 1844, estuvo ocupado en ampliarla en un tratado más extenso.

Mientras trabajaba en ese proyecto, recibió un manuscrito de un joven biólogo, desconocido para Darwin, llamado A. R. Wallace. El manuscrito era una exposición, más corta pero paralela, de la teoría de Darwin. Por entonces, Wallace estaba en las islas Molucas, del archipiélago Malayo. Sabía que Darwin era naturalista, pero no tenía ni la menor idea de la clase de labor teórica en la que Darwin se ocupaba en aquellos días.

En uno y otro caso, un científico creador había llegado independientemente a una hipótesis que iba a cambiar por completo el desarrollo de la ciencia. Y cada uno había concebido inicialmente la hipótesis como un "relámpago" de intuición (posteriormente sustentado con pruebas documentales). De ese modo, los arquetipos parecen presentarse como agentes, por así decir, de una *creatio continua*. (Lo que Jung llama sucesos sincrónicos son, de hecho, algo semejante a "actos de creación en el tiempo".)

Análogas "coincidencias significativas" pueden decirse que ocurren cuando hay una necesidad vital para un individuo de saber acerca, digamos, de la muerte de un familiar o alguna posesión perdida. En gran cantidad de casos, tal información ha sido revelada por medio de percepción extrasensorial. Esto parece sugerir que pueden ocurrir fenómenos anormales al azar cuando se produce una necesidad vital o un acuciamiento; y esto, a su vez, puede explicar por qué una especie animal, bajo grandes presiones o en gran necesidad, puede producir cambios "significativos" *(pero incausados)* en su estructura material externa.

Pero el campo más prometedor para estudios futuros (como Jung lo vio) parece haberse abierto inesperadamente en conexión con el complejo campo de la microfísica. A primera vista, parece más inverosímil que podamos encontrar una relación entre la psicología y la microfísica. La interrelación de esas ciencias merece cierta explicación.

Los aspectos más obvios de tal conexión residen en el hecho que la mayoría de los conceptos básicos de la física (como espacio, tiempo, materia, energía, *continuum* o campo, partícula, etc.) fueron originariamente intuitivos, semimitológicos, ideas arquetípicas de los antiguos filósofos griegos, ideas que después evolucionaron lentamente y se hicieron más exactas y que, hoy día, se expresan, principalmente, en abstractos términos matemáticos. La idea de partícula, por ejemplo, fue formulada por el filósofo griego del siglo IV a. C. Leucipo y su discípulo Demócrito, quienes la llamaron "átomo", es decir, la "unidad indivisible". Aunque el átomo no ha resultado ser indivisible, aún concebimos la materia como formada, en definitiva, por ondas y partículas (o "quanta" discontinuos).

La idea de energía, y su relación con la fuerza y el movimiento, era también fundamental para los antiguos pensadores griegos y fue desarrollada por los filósofos estoicos. Postularon la existencia de una especie de "tensión" *(tonos)* dadora de vida, que sustenta y mueve todas las cosas. Evidentemente, eso es el germen semimitológico de nuestro concepto moderno de la energía.

Aún científicos y pensadores relativamente modernos han confiado en imágenes arquetípicas semimitológicas al construir nuevos conceptos. En el siglo XVII, por ejemplo, la validez absoluta de la ley de causalidad le parecía "demostrada" a René Descartes "por el hecho que Dios es inmutable en sus decisiones y actos". Y el gran astrónomo alemán Johannes Kepler afirmaba que no hay más ni menos que tres dimensiones de espacio a causa de la Trinidad.

Estos son sólo dos ejemplos, entre otros muchos, que muestran cómo aún nuestros conceptos científicos más modernos y básicos permanecieron por mucho tiempo ligados a ideas arquetípicas que originariamente procedieron del inconsciente. No expresan necesariamente hechos "objetivos" (o, al menos, no podemos demostrar que, en definitiva, los expresen), pero surgen de innatas tendencias mentales en el hombre, tendencias que le inducen a encontrar conexiones explicatorias, racionalmente "satisfactorias", entre los diversos hechos externos e internos con los cuales tiene que tratar. Al examinar la naturaleza y el universo, en vez de buscar y encontrar cualidades objetivas, "el hombre se encuentra a sí mismo", según frase del físico Werner Heisenberg.

A causa de las inferencias de este punto de vista, Wolfgang Pauli y otros científicos han comenzado a estudiar el papel del simbolismo arquetípico en el reino de los conceptos científicos. Pauli creía que debíamos establecer un paralelo entre nuestras investigaciones de los objetos exteriores y una investigación psicológica del *origen interior* de nuestros conceptos científicos. (Esta investigación podría arrojar nueva luz en un concepto de amplio alcance, del que hablaremos luego en este capítulo, del concepto de "unicidad" entre las esferas física y psicológica, y los aspectos cuantitativos y cualitativos de la realidad.)

Además de este vínculo casi evidente entre la psicología del inconsciente y la física, hay otras conexiones aún más interesantes. Jung (trabajando íntimamente con Pauli) descubrió que la psicología analítica se había visto obligada, por las investigaciones en su propio campo, a crear conceptos que luego resultaron asombrosamente análogos a los creados por los físicos cuando se encontraron ante fenómenos microfísicos. Uno de los conceptos más importantes entre los físicos es la idea de Niels Bohr sobre la *complementaridad.*

La moderna microfísica ha descubierto que la luz sólo puede describirse como medio de dos conceptos lógicamente opuestos, pero complementarios: las ideas de partículas y de ondas. En términos muy simplistas, podría decirse que, bajo ciertas condiciones experimentales, la luz se manifiesta como si estuviera compuesta de partículas; bajo otras condiciones, como si se compusiera de ondas. También se descubrió que podemos observar minuciosamente la posición o la velocidad de una partícula subatómica, pero no ambas a la vez. El observador tiene que escoger su prueba experimental, pero con ello excluye (o, más bien, tiene que "sacrificar") alguna otra prueba posible y sus resultados. Además, el aparato de medida tiene que ser incluido en la descripción de los hechos, porque tiene una influencia decisiva, pero incontrolable, en la prueba experimental.

Pauli dice: "La ciencia de la microfísica, a causa de su básica situación "complementaria", se enfrenta con la imposibilidad de eliminar los efectos del observador mediante correcciones determinables y, por tanto, tiene que abandonar, en principio, toda comprensión objetiva de los fenómenos físicos. Donde la física clásica aún ve "determinadas leyes causales naturales de la naturaleza", nosotros sólo vemos ahora "leyes estadísticas" con "posibilidades primarias".

En otras palabras, en microfísica, el observador se interfiere en el experimento en una forma que no puede medirse y que, por tanto, no puede eliminarse. No se pueden formular leyes naturales, diciendo "tal y tala cosa sucederán en cada caso". Todo lo que puede decir el microfísico es "tal y tal cosa son, según la probabilidad estadística, las que verosímilmente ocurran". Naturalmente, esto representa un tremendo problema para nuestro pensamiento de física clásica. Requiere considerar, en un experimento científico, el panorama mental del observador que interviene; por tanto, podría decirse que los científicos ya no pueden tener la esperanza de describir ningún aspecto o cualidad de los objetos exteriores de una forma "objetiva" completamente independiente.

La mayoría de los físicos modernos han aceptado el hecho que no se puede eliminar el papel desempeñado por las ideas conscientes del observador en todo experimento microfísico; pero no se sienten concernidos con la posibilidad de que la situación psicológica *total* (consciente e inconsciente) del observador desempeñe también un papel. Sin embargo, como Pauli observa, no tenemos, por lo menos, razones *a priori* para rechazar esa posibilidad. Pero tenemos que considerar esto como un problema aún sin resolver y sin explorar.

La idea de Bohr de la complementariedad es de especial interés para los psicólogos junguianos, pues Jung vio que la relación entre la mente consciente y la inconsciente también forma un par de oposiciones complementarias. Cada nuevo contenido procedente del inconsciente se altera en su naturaleza básica al ser parcialmente integrado en la mente consciente del observador. Aún los contenidos oníricos (si, en definitiva, se perciben) son, de esa forma, semiconscientes. Y cada ampliación de la consciencia del observador causada por la interpretación de los sueños vuelve a tener una repercusión y una influencia inconmensurables en el inconsciente. Así, el inconsciente sólo puede describirse aproximadamente, al igual que las partículas de la microfísica, por medio de conceptos paradójicos. Lo que realmente es "en sí mismo" jamás lo sabremos, como jamás sabremos lo que es la materia.

Continuemos con los paralelismos entre la psicología y la microfísica; lo que Jung llama los arquetipos (o modelos de conducta emotiva y mental en el hombre) también podrían llamarse, con palabras de Pauli, "posibilidades primarias" de las reacciones psíquicas. Como se ha insistido en este libro, no hay leyes que rijan la forma específica en que puede aparecer un arquetipo. Sólo hay "tendencias" que, nuevamente, nos permiten sólo decir que tal y tal cosa es probable que ocurra en ciertas situaciones psicológicas.

Como señaló una vez el psicólogo norteamericano William James, la idea de un inconsciente podría compararse al concepto de "campo" en la física. Podríamos decir que, así como en un campo magnético las partículas que hay en él aparecen en cierto orden, los contenidos psicológicos también aparecen de una forma ordenada dentro de esa zona psíquica que llamamos el inconsciente. Si a algo lo llamamos "racional" o "significativo" en nuestra mente consciente, y lo aceptamos como "explicación" satisfactoria de las cosas, probablemente se debe al hecho que nuestra explicación consciente está en armonía con cierta constelación preconsciente de contenidos en nuestro inconsciente.

En otras palabras, nuestras representaciones conscientes, a veces, están ordenadas (o dispuestas según un modelo) antes que se nos hayan hecho conscientes. El matemático alemán del siglo XVIII Karl Friedrich Gauss dio un ejemplo de una experiencia de tal orden inconsciente de ideas: dice que encontró cierta regla de la teoría de los números "no tras penosa investigación, sino por la gracia de Dios, por así decir. El enigma *se resolvió por sí mismo como un relámpago*, y yo mismo no podía decir o demostrar la relación entre lo que yo sabía antes, lo que utilicé después para experimentar y lo que produjo el éxito final". El científico francés Henri Poincaré es aún más explícito acerca de ese fenómeno; describe cómo durante una noche de insomnio, en realidad, estuvo observando sus representaciones matemáticas entrando en colisión dentro de él hasta que algunas de ellas "encontraron una conexión más estable. Uno se siente como si pudiera observar el propio trabajo inconsciente, la actividad inconsciente comenzando a manifestarse parcialmente a la consciencia sin perder su propio carácter. En tales momentos se tiene la intuición de la diferencia entre los mecanismos de los dos egos."

Como ejemplo final de desarrollos paralelos en microfísica y psicología, podemos considerar el concepto de Jung acerca del *significado*. Donde los hombres buscaban antes explicaciones causales (es decir, racionales) de los fenómenos, Jung introdujo la idea de buscar el significado (o, quizá podríamos decir, el "propósito"). Es decir, en vez de preguntar *por qué* sucedió algo (es decir, qué lo causó), Jung pregunta: ¿*Para qué* sucedió? Esta misma tendencia aparece en la física: muchos físicos modernos buscan ahora más las "conexiones" en la naturaleza que las leyes causales (determinismo).

Pauli esperaba que la idea del inconsciente se extendería más allá de la "estrecha armazón del uso terapéutico", y que influiría en todas las ciencias naturales que tratan de los fenómenos generales de vida. Desde el momento en que Pauli sugirió ese desarrollo halló eco en algunos físicos que se ocupan de la nueva ciencia de la cibernética: el estudio comparativo del sistema de "control" formado por el cerebro y el sistema nervioso y la información mecánica o electrónica y los sistemas de control y computadores. En resumen, según lo ha dicho el moderno científico francés Oliver Costa de Beauregard, ciencia y psicología deberán en el futuro "entrar en diálogo activo".

Los inesperados paralelismos de ideas en psicología y física sugieren, como señala Jung, una posible y definitiva *unicidad* de ambos campos de realidad, que estudian la física y la psicología, es decir, una unicidad psicofísica de todos los fenómenos de la vida. Jung estaba incluso convencido que lo que él llamaba el inconsciente se enlazaba, de algún modo, con la estructura de la materia inorgánica, un enlace al que parece apuntar el problema de las enfermedades llamadas "psicosomáticas". El concepto de una idea unitaria de la realidad (que ha sido seguido por Pauli y Erich Neumann) fue llamado por Jung el *unus mundus* (el mundo único, dentro del cual la materia y la psique no están, sin embargo, discriminadas o separadas en realidad). Preparó el camino para tal punto de vista unitario, señalando que un arquetipo muestra una aspecto "psicoide" (es decir, no puramente psíquico, sino casi material) cuando aparece en un suceso sincrónico, pues tal suceso es, en efecto, un arreglo significativo de hechos psíquicos interiores y hechos *externos*.

En otras palabras, los arquetipos no sólo encajan en situaciones externas (como los modelos de conducta animal encajan en su naturaleza circundante); en el fondo, tienden a manifestarse en un "arreglo sincrónico" que incluye, a la vez, materia y psique. Pero estas afirmaciones son sólo sugerencias en ciertas direcciones en las que pueden ir las investigaciones de los fenómenos de la vida. Jung consideraba que primeramente tendríamos que aprender mucho más acerca de la interrelación de esas dos zonas (materia y psique) antes de lanzarnos a demasiadas especulaciones abstractas acerca de ello.

El campo que el propio Jung consideraba sería más fructífero para investigaciones posteriores era el estudio de nuestra básica *axiomata* matemática, que Pauli llamaba "intuiciones matemáticas primarias", y entre las cuales menciona especialmente las ideas de una serie infinita de números en aritmética, o un *continuum* en geometría, etc. Como ha dicho el escritor de origen alemán Hannah Arendt, "con el nacimiento de la modernidad, las matemáticas no sólo aumentan su contenido o alcance en el infinito para hacerse aplicables a la inmensidad de un universo en expansión infinito e infinitamente creciente, sino que, en definitiva, dejan de concernir a la apariencia. Ya no son el comienzo de la filosofía, o de la "ciencia" del Ser en su verdadera apariencia, sino que, en cambio, se transforman en la ciencia de la estructura de la mente humana". (Un junguiano preguntaría inmediatamente: ¿Qué mente? ¿La consciente o la inconsciente?).

Como hemos visto al mencionar las experiencias de Gauss y Poincaré, los matemáticos también descubrieron el hecho de que nuestras representaciones están "ordenadas" antes que nos demos cuenta de ellas. B. L. van der Waerden, que cita muchos ejemplos de visiones profundas esencialmente matemáticas surgidas del inconsciente, llega a la conclusión "...el inconsciente no es sólo capaz de asociar y combinar, sino de *juzgar*. El juicio del inconsciente es intuitivo, pero bajo circunstancias favorables es completamente seguro."

Entre las muchas intuiciones matemáticas primarias, o ideas *a priori*, los "números naturales" parecen los más interesantes psicológicamente. No sólo sirven cotidianamente para nuestras conscientes medidas y operaciones de contabilidad, han sido durante siglos los únicos medios existentes para "leer" el significado de esas formas antiguas de adivinación como astrología, numerología, geomancia, etc., todas las cuales se basan en cálculos aritméticos y todas han sido investigadas por Jung en su teoría de la sincronicidad. Además, los números naturales - vistos desde un ángulo psicológico - tienen que ser, en verdad, representaciones arquetípicas, pues nos vemos forzados a pensar en ellos en ciertas formas definidas. Nadie, por ejemplo, puede negar que 2 es el único número par primo, aunque nadie hubiera pensado sobre ello conscientemente. En otras palabras, los números no son conceptos inventados conscientemente por los hombres con fines de cálculo, son productos espontáneos y autónomos del inconsciente, como lo son otros símbolos arquetípicos.

Pero los números naturales también son cualidades inherentes a los objetos exteriores: podemos afirmar y contar que hay dos piedras aquí o tres árboles allí. Aún si privamos a los objetos exteriores de todas las cualidades, como son color, temperatura, tamaño, etc., todavía permanece su "numerosidad" o multiplicidad especial. Sin embargo, esos mismos números son también partes indiscutibles de nuestra propia organización mental, conceptos abstractos que podemos examinar sin mirar los objetos exteriores. Por tanto, los números aparecen como conexiones tangibles entre las esferas de la materia y la psique. Según las sugerencias proporcionadas por Jung, es ahí donde puede encontrarse el campo más fructífero de futuras investigaciones.

Menciono resumidamente estos conceptos un tanto difíciles con el fin de mostrar que, para mí, las ideas de Jung no forman una "doctrina", sino que son el comienzo de un nuevo panorama que continuará evolucionando y expandiéndose. Espero que den al lector un atisbo de lo que me parece haber sido la actitud científica esencial y típica de Jung. Siempre estuvo investigando, con inusitada libertad respecto a los prejuicios corrientes, y al mismo tiempo con gran modestia y exactitud, para comprender el fenómeno de la vida. No prosiguió en las ideas arriba mencionadas porque pensó que aún no tenía suficientes hechos al alcance para poder decir algo importante acerca de ellas, así como, en general, esperó varios años antes de publicar sus nuevos conocimientos profundos, comprobándolos una y otra vez mientras tanto y planteándose él mismo todas las posibles dudas que pudiera haber respecto a ellos.

Por tanto, lo que, a primera vista, pudiera parecer chocante al lector respecto a cierta vaguedad en sus ideas, procede, de hecho, de su actitud científica de modestia intelectual, actitud que no excluye (por seudoexplicaciones irreflexivas, superficiales y excesivamente simplistas) nuevos descubrimientos posibles, y que respeta la complejidad del fenómeno de la vida. Porque este fenómeno siempre fue un misterio excitante para Jung. Nunca fue, como lo es para la gente de mente estrecha, una realidad "explicada" acerca de la cual se puede suponer que lo sabemos todo.

En mi opinión, las ideas creadoras muestran su valor en que, como las llaves, sirven para "abrir" conexiones de hechos hasta ahora ininteligibles y que permiten al hombre penetrar más profundamente en el misterio de la vida. Tengo el convencimiento que las ideas de Jung pueden servir de ese modo para encontrar e interpretar nuevos hechos en muchos campos de la ciencia (y también de la vida cotidiana), conduciendo, simultáneamente, el individuo a un panorama consciente más equilibrado, más ético y más amplio. Si el lector se sintiera estimulado a nuevos trabajos en la investigación y asimilación del inconsciente - que siempre comienza operando sobe uno mismo -, se vería satisfecho el propósito de este libro.

Indice